現代青年期の心理学

適応から自己形成の時代へ

溝上慎一 著

有斐閣選書

はじめに

勉学志向の現代大学生

一九九〇年代後半以降、大学生の学生生活が勉学志向へと変化してきている。

図0-1は、全国大学生活協同組合連合会が毎年行っている全国の国公立・私立大学全国調査(『学生の消費生活に関する実態調査』)の中で、学生に「大学生活での重点」を一つ選ばせた結果である。それをみると、一九九〇年代末以降、「勉学第一」と答える者の割合が高まっていることがわかる。そして、八〇年代までは多数派であった「豊かな人間関係」が減少の一途をたどっている。このデータは、大学生の現代性にいち早く着目した武内(二〇〇三)が、その現代性を説明するのに用いた根拠資料の一つである。

もっとも、この「大学生活での重点」という質問から得られる結果の解釈には、若干注意が必要である。

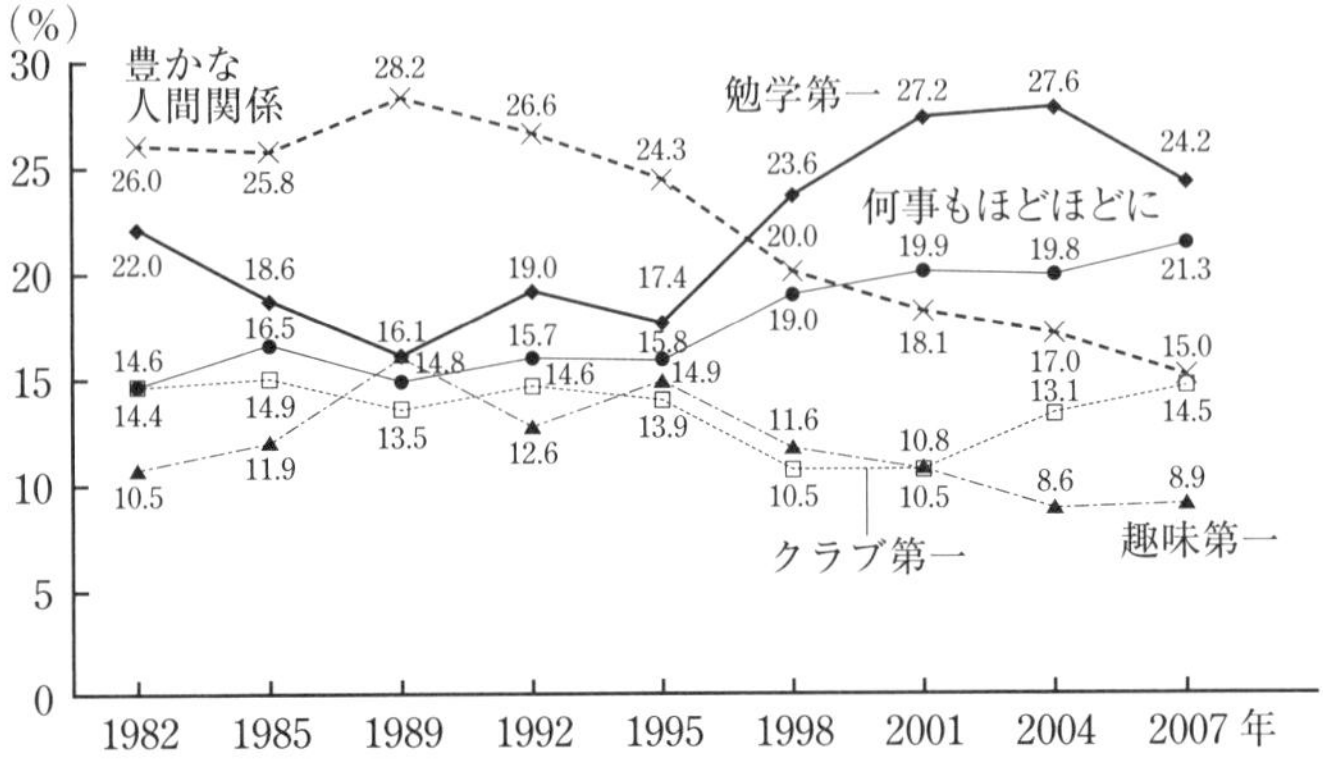

図 0-1　大学生活の重点

（注 1）　全国大学生活協同組合連合会『学生の消費生活に関する実態調査』各年度より作成。

（注 2）　例えば，2007 年度の調査対象者・回答数は，全国 4 年制の国公立・私立大学の大学生 9736 名である。

（注 3）　調査では，図の項目以外にも，「資格取得第一」や「アルバイト・貯金」「なんとなく」「その他」などの選択肢がある。ここでは，10%以上の該当率をもつ項目を抽出して作図している。

第一に、「勉学第一」と回答する学生群が、イコール勉強熱心では必ずしもないことである。そういう学生も多く含まれるだろうが、他方で、ただまじめな学生、あるいは、昨今の就職環境の厳しさなどから「勉学第一」と答えておかないと不安だという学生も多く含まれている。後者の不安層は、授業にはよく出席しているが、授業外では勉強しないし読書もしない。将来のことを考えて目標のある日常生活を過ごしているわけでもない。こうした学生群を含めて、「勉学第一」という結果が出ている。

第二に、図0-1の結果は選択肢（「勉学第一」「クラブ第一」「何事もほどほどに」など）の中から一つだけを選択するように求められたものであり、複数回答

表0-1　大学生活の中で重視されている活動

単位：%

私立F大学		私立J大学		私立T大学		全体	
交友重視	89.0	交友重視	87.7	交友重視	91.0	交友重視	89.2
学業重視	**83.8**	趣味重視	83.1	休養重視	76.8	休養重視	74.6
休養重視	66.3	休養重視	77.9	**学業重視**	**74.8**	趣味重視	73.9
アルバイト重視	65.6	娯楽重視	76.2	趣味重視	72.3	**学業重視**	**72.4**
趣味重視	62.4	アルバイト重視	64.7	娯楽重視	71.4	娯楽重視	69.2
読書重視	57.0	**学業重視**	**62.6**	アルバイト重視	64.9	アルバイト重視	65.0
娯楽重視	55.4	読書重視	55.8	異性重視	45.4	読書重視	49.9
異性重視	51.0	異性重視	51.7	家事重視	40.6	異性重視	49.1
サークル重視	50.5	サークル重視	35.2	読書重視	39.4	サークル重視	37.4
家事重視	29.3	家事重視	32.0	サークル重視	31.3	家事重視	34.6
ダブルスクール重視	15.1	ダブルスクール重視	8.3	ボランティア重視	12.6	ダブルスクール重視	10.1
ボランティア重視	6.2	ボランティア重視	7.5	ダブルスクール重視	8.8	ボランティア重視	9.1

（注1）岩田ら（2001）表3-1（12頁）より作成。
（注2）F大学，J大学，T大学すべて東京にある4年制の私立大学である。調査時期は1999年12月，回答数は順に105名，155名，156名である。
（注3）代々木ゼミナール調べ（1999年）による3大学の入学難易度は，5段階評定で，私立F大学が5（偏差値65以上），私立J大学が3（偏差値55～59），私立T大学が2（偏差値50～54）である。
（注4）質問では，各活動領域（「交友」や「学業」など）が現在の大学生活の中でどの程度重視されているのかを，「非常に」「やや」「あまり」「ほとんど」の4件法で尋ねている。表の数字は，その評定のうち「非常に」と「やや」の該当率を合算したものである。

であれば、上位に来るのは今も昔も友人関係や人間関係に関する項目であろうということである。表0－1はこの点の可能性を示唆する資料である。これは、私立三大学の学生に「大学生活の中で重視されている活動」を複数回答で尋ねた調査結果である（岩田ら、二〇〇一）。その結果をみると、学生にとって日常生活の中で重要性の最頻度を示したのは、いずれの大学の学生にとっても「交友重視」であり「学業重視」ではなかった。筆者の経験的な理解にもよく合致する結果である。

大学生の日常生活は、複数の活動が違った観点からさまざまに重みづけられて全体を構成して営まれてい

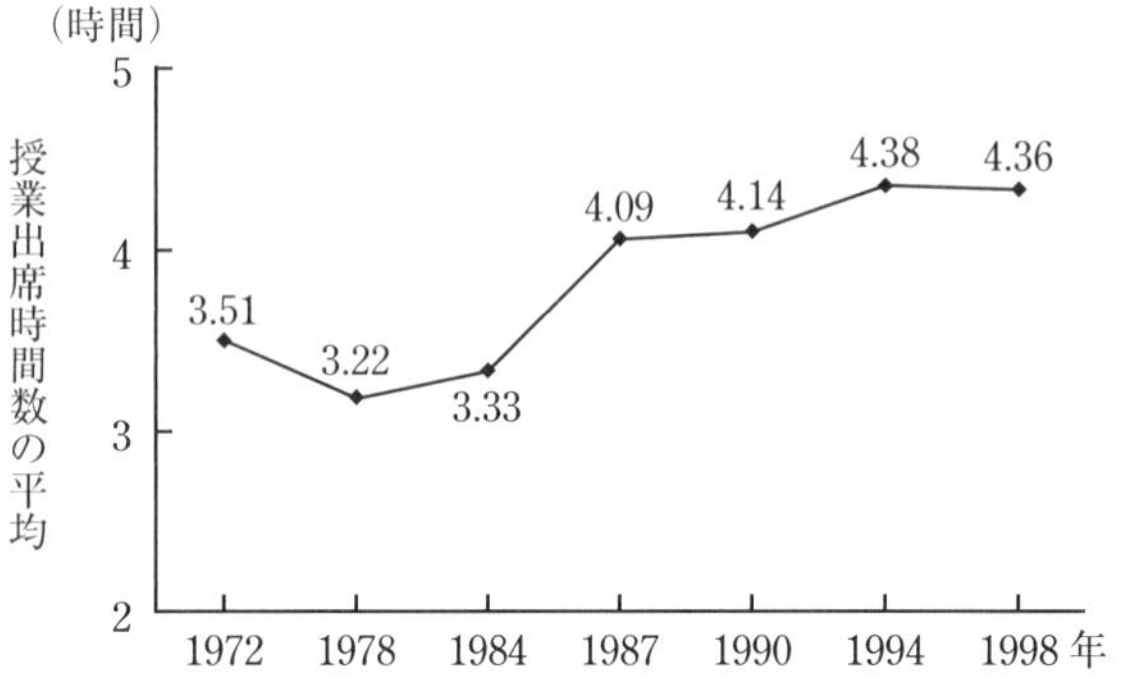

図 0-2　学生の授業出席時間数／日の平均の推移

（注）日本私立大学連盟（1992），日本私立大学連盟学生部会（1997，2000）より作成。

る（山田、二〇〇四）。重要性を評定するときに、同じ活動でも、ある観点からは大事だとされるが、別の観点からはあまり大事ではないと評定されることがある。それは、人が同一の対象を異なる複数の色眼鏡（観点）でみているからである。図0-1と表0-1との差異は、そのような色眼鏡の使い分けによるものと考えられる。また、その使い分けを暗に促す尋ね方によるものと考えられる。

それにもかかわらず、表0-1の結果で「学業重視」の該当率が低いわけではないことをおさえておくことは重要である（六二・六〜八三・八％）。色眼鏡の使い分けによって大学生活の最重要な活動が交友であったとしても、それで学業が軽んじられているわけではけっしてない。現代大学生にとっての学業の重みは、筆者の理解ではこのようになる。

もう一つ、現代大学生の勉学志向を示す実証的な資料は、授業出席についてのものである。図0-2は、授業に出席する時間数が一九九〇年前後から増加していることを示している。今日の大学生が授業によく出席するようになったという報告は多数なされており（武内ら、二〇〇五など）、これも大学生の勉学志向を支持する資料の一つである。

現代大学生から現代青年期へ

以上の結果は、現代大学生の学生生活が勉学志向となってきていることを示すものであるが、それらを、学生がただまじめになってきたと理解するだけではあまりに表面的である。本書ではこの変化を、社会の変化に伴う「青年期」の意義や過ごし方の変化が影響してのものととらえ、それを「現代青年期」の特徴として示す（第7章）。青年期の誕生（第2～3章）から議論を始めることで現代青年期を歴史的に理解し（第4～6章）、そのうえで、いったい何が変わってきて現代的特徴を呈しているのかを明らかにするのである。

もちろん、青年イコール大学生でないことはわかっている。しかしながら大学生は、現代青年が職業やキャリア、結婚や家族、ライフスタイルなどにおける自己や人生をどのように形成しているのか、言い換えれば、そのような意味での「大人になる」発達プロセスをどのように過ごしているのかについての基本的視座を提供してくれる。

「青年（adolescents）」はどちらかと言えば、広い概念である「若者（youth / young people）」よりも、学歴エリートのイメージを伴う概念であった。なぜなら、「青年期（adolescence）」は一九世紀末から二〇世紀初頭にかけて、ごく少数の若者が、親の身分や社会的地位、財産などにかかわらず、学校教育を通して職業を選択し人生を形成するようになる、その若者の「大人になる」発達プロセスを社会的産物として概念化したものだからである（第1〜3章）。

そうした意味での青年期を過ごす若者の数ははじめはごく少数であったが、時代が進むにつれて増えてくる。数だけでなく、進学する教育段階も、中等教育よりは高等教育へと、より上の教育段階へ上がっていく。日本では一九六〇年代以降のことである（第4章）。

そして、一九七〇年代以降、中学から高校への進学において職業科（工業科や商業科、農業科など、今日では「職業高等学校」と呼ばれている）や定時制よりも大学へ接続している全日制の普通科進学校がより好まれたこと（第5章）、昨今えり好みしなければどこかの大学に入れる大学全入の状況を迎えたこと（第6章）、同じ高等教育段階の中でも短大や高専から（四年制）大学への進学ルートがより一般的に接続してきていることなどを鑑みると、今日、青年期の現代的意味を考えるのに対象となるターゲットは、もはや高校生や短大生、あるいは中学卒・高校卒の勤労青年ではなく、まずもって大学生であろうと考えられるのである。

「現代」青年期

一般的に「青年期」という見方が世の中に登場したのは、社会が工業化を経て近代化された一九世紀から二〇世紀初頭にかけてのことであると考えられている。古代ギリシャまで遡ると、アリストテレスが『動物誌』や『弁論術』の中で、若者がみせる生理的変化（陰毛、変声、月経、乳房など）や心理的特徴（欲望が多く衝動的だが、未来が希望に満ちており、勇敢であるが、人にだまされやすい）を議論している。それは、子どもではなく成熟した大人でもない、その中間の人生段階としての青年期の特徴だとみなされている。しかしながら、この「青年期」と本書で議論される「青年期」とは明らかに異なるものとして理解されなければならない（第1章）。

本書で議論される「青年期」は、学校教育を通して職業を選択し人生を形成するための発達期、言い換えれば、どのような大人になるかを模索し決定するための準備期間であると定義される。これらの言葉の中には、それ以前の時代の多くの若者に認められた徒弟修業や奉公といった労働から解放される社会的変化、また青年期が単純にあるべき大人の姿、ないしは既存の大人の姿になるための準備期間ではないということの含意がある。実際にどうであるかは別として、大人を乗り越える可能性や権利が認められている発達的状況とも言える。このような定義に従う「青年期」が登場したのは一九世紀末から二〇世紀初頭にかけてのことであって、その意味において、青年期は社会歴史的（socio-historical）な概念であると言える（西平、一九六四a：第1章）。

青年期が社会歴史的な概念である以上、社会の時代的変化に応じて、青年期の意義や過ごし方が変化するのは至極当然のことである。本書は、この点を日本の青年期を対象として論じようとするものである。明治初期に誕生した日本の青年期の意義や過ごし方は（第3章）、第二次世界大戦、一九六〇年代の高度経済成長（第4章）、七〇年代後半から八〇年代（第5章）、九〇年代のバブルの崩壊を通して変化し、今日の現代青年期に至っている（第6章）。その変化の道筋を現代に結びつけて論じようとするのが本書のねらいである。畢竟《ひっきょう》、この作業は、青年期を歴史的に位置づけて、現代を相対的に理解しようとする試みにほかならない。「現代青年期」という本書のタイトルは、これらの作業を念頭に置いてつけられている。

現代青年期の「心理学」

本書は、筆者の心理学者としての仕事である。それゆえに、本書のタイトルは「現代青年期論」ではなく、「現代青年期の心理学」としている。

本書では、青年の学校教育を通しての職業選択・人生形成をテーマとして、青年期の誕生から現代までを歴史的に概観するが、特に青年期の誕生を教育の近代化・メリトクラシー社会の成立をもって説明するあたりは（第2〜3章）、教育史・社会史等の専門家には多少違和感を覚えるところかもしれない。しかし、それは筆者が心理学者だからであり、その立場に立って現代大学生にとっての青年期の意義や過ごし方、学校教育を通しての職業選択や人生形成を歴史的に説明しようとしているからにほかならない。この立場に立って必要なのは、死亡率の低下や産児制限、近代家族の成立などを通して青年期という発達空間ができてきたという説明よりも、教育の近代化がどのように進められたのか、学校教育（資格）が子ども・若者の将来の職業選択や人生形成にいつ頃から、どのようにして大きな影響を及ぼすようになってきたのかという説明である。教育の近代化とメリトクラシー社会の成立は、青年期の誕生に関連して生じた前近代から近代にかけてのさまざまな変化を収束させた社会の変化として説明されるものである。

「心理学」をタイトルに加えるもう一つの理由は、本書が学校教育を媒介とした青年と大人との関係性の「力学（ダイナミックス）」に関心を寄せて、青年期を歴史的にまとめようとするものだからである。筆者は現代青年期の大きな特徴の一つとして、「アウトサイドイン」と「インサイドアウト」の力学の往還を認めている。この二つの力学は適応概念と重ね合わせると、戦後のある時代の青年期の特徴をもうまく言い表す。これらの力学は青年の内面世界に準拠してみえてくるものであり、その意味でそれらは心理学的な概念だと考えられるものである。本書のタイトルに「心理学」を加えているのは、この主張点の心理学的意味を強調するためでもある。

言うまでもなく、限られた紙面で、現代青年期のあらゆる側面を描き出すことはできない。青年の職業や人生が学校教育を通して選択され形成されるようになったと言っても、本書は、青年の人生が純粋に学校教育によってのみ形成されるようになったと主張するものではないし、「学校教育を通して」の背後に存在する親の職業や学歴、年収、あるいは親子関係、友人、価値観などの影響を否定するものでもない。

青年期論のテーマは、本書で扱う学校教育、将来展望、職業、キャリア、ジェンダー以外にも、心理学、社会学、家族史、教育史、社会史など、それぞれの専門分野の切り口からみて重要なテーマが多数ある。筆者の専門である青年心理学だけをとってみても、人格形成や親子関係、友人・異性関係、身体・性、認知発達といった発達の諸側面、あるいは青年期の初期・中期・後期といった年齢区分に基づいた発達の移行プロセスなど、本書では直接的に触れていない重要なテーマが多数ある。本書で議論する青年期論は、こうしたもののある一部分である。あらかじめ断っておきたい。

他のお断りも以下にまとめておく。

① 本書は、「現代青年期」を大所高所から社会歴史的に整理して概説するものである。当然のことながら、この俯瞰《ふかん》的作業で必要とされる社会歴史的な出来事、事実、制度や慣習等は膨大であり、かつ、それらを説明する社会歴史的な概念や思想は多方面にわたっている。本書では、紙面の制約から、それらの説明は最低限にとどめられている。また、史家の間で論争となっている解釈も、本書の性格ゆえに、そして筆者の力量ゆえに十分に示すことはできておらず、最大限抽象化してまとめているという事情もある。詳細を知りたい読者は、できるだけ論の近くで示す「さらに勉強したい人に」や章の最後に示す「参考文献」を読んでいただきたい。可能な限り、日本語で参照できるものを選んだので、多少は助けになるはずである。

② 関連する英語表記は日本語の学術書としては重要なポイントだが、本書が青年期論の書物であることをふまえて、主として青年期論に直接関連する部分だけに付すこととした。

③ 本書は青年期を論じるものであるから、学生をはじめ青年期を過ごす者を原則「青年」という呼称で統一した。承知のように、近年「青年」という呼称はあまり使われなくなっておりためらいもあったが、青年期論を「青年」という用語を用いずに書くことは、理論的に至難の業であっ

た。また、大学生は近年「学生」ではなく「生徒」と呼ばれるようになってきているが、このあたりの分別を図るのも難しく、大学生は原則「学生」、そして主として中学・高校生を含めて大学生を論じるときにはまとめて「青年」と表現した。「若者」「青年」「学生」「生徒」と、社会歴史的な意味を包含している用語群でもあり、うまく読み分けて理解してくれると幸いである。

目　次

第1章

青年期とは

本章は、青年期の特徴を理解するうえでの最も基礎的な部分である。「青年（adolescents）」はどちらかと言えば、広い概念である「若者（youth / young people）」よりも、学歴エリートのイメージを伴う概念であった。なぜなら、「青年期（adolescence）」は一九世紀末から二〇世紀初頭にかけて、ごく少数の若者が、親の身分や社会的地位、財産にかかわらず、学校教育を通して将来の職業を選択したり人生を形成したりするようになった、その「大人になる」発達プロセスを社会歴史的に概念化したものだからである。そして、その発達期を過ごす若者を「青年」と呼んだからである。

本章では、「青年期」という発達段階がどのように誕生し、より広い概念である「若者」とどのように区別され、定義されるものかを説明していく。

なお、本書は日本の青年期を議論するものであるが、青年期の概念はもともとアメリカ、ヨーロッパで議論され認められるようになったものである。そしてその概拠は、イギリスを主とするヨーロッパの史実に求められることが多かった。このような事情から、以下で説明する青年期の概念的な理解については、ヨーロッパでの史実や議論を中心とせざるをえない。最後には日本に戻ってきて、ヨーロッパでの青年期を位置づけた議論を行うが、こういう事情があるので、あらかじめお断りしておきたい。

それでは、「青年期（adolescence）」の定義をみていこう。

青年期の定義

青年期誕生の説明から青年期の定義をみていこう。

例えば、イギリスの社会学者F・マスグローヴは、

「青年は蒸気機関と同時に発明された。主たる製作者は蒸気機関については一七六五年のワットであり、青年については一七六二年のルソーである。」（Musgrove, 1964, p. 33）

と説明している。アメリカの青年心理学者H・グロートヴァントは、

「一八世紀から一九世紀の西欧社会では、子どもは七歳から一三歳の間に生産労働（多くの場合農場で）に携わっており、同年齢の少女は弟妹の世話の責任を負わされていた。産業革命とともに、子どもや若者は工場の仕事を割り当てられた。中流・上流階級の家族は、教育が子どもの人生の可能性を高めるのに有益だと見始めたし、その機会を子どもに与えてやることができた。学校がだんだんと作られるようになり、児童の労働が禁止され、学校への出席が一般的になると、子どもと大人から一〇代の若者は切り離されることとなった。」（Grotevant, 1998, p. 1097）

と説明している。また、青年心理学者の宮川は、

「（クルーズ〔W. W. Cruze〕とエリアーデ〔M. Eliade〕を参照しながら）未開社会（無文字社会）には青年期は存在しない。……中世ヨーロッパにおいては、今日みるような分厚い青年層は存在しなかったのである。なぜなら、農民の子どもは、身体が大きくなって力がついてくると、さっそく農耕労働に参加させられて早くからおとな扱いされ、早婚だったからである。当時青年期を享受しえたのは、王侯貴族、大地主、富豪の子女に限られていた。それはそういう階級の子女のみが、身体的成熟に到達しても、おとな扱いされるまで、今しばらくの教養を身につけ、あるいは修業を積む年期を必要としたからである。こういう事情は、産業革命の進展とともに、大きく変わっていった。つまり近代社会の成立の過程で、庶民大衆の子どもといえども、教育制度の整備とともに、その身

体は大人になっても社会経済的におとな扱いされるまで、いろいろな学習を続けなければならない青年期をもつようになったのである。」（宮川、一九九二、九―一〇頁、カッコ内は筆者が挿入）

と説明している。最近では青年心理学者の都筑が、

「歴史的に見て、青年期はいつの時代にも普遍的に存在していたわけではない。大衆的な青年期の誕生は社会の発展と密接に関わっている。青年期の広まりは社会における産業の発展を基盤としている。子どもたちが年少労働から解放され、学校教育制度のなかで学業に専念できるようになるにつれて、青年期は質量ともに拡大してきた」（都筑、一九九九、一二頁）

と説明している。

これらをみると、青年期の誕生は一般的に、

① 工業化（産業革命）を経た近代社会で誕生した社会歴史的な概念であること

② 子どもや若者が労働や生産の場から解放されること

③ 学校教育を通して子どもから大人になる発達的移行プロセスであること

④ 思春期を迎える頃から大人になるまでの年齢期であること

と四つのポイントで説明されており、まずはこれを条件として青年期の定義を理解することができる。

青年心理学者の間で一般的に合意されている基礎事項でもあり、最初に確認しておきたい。

しかし、青年期の議論を細かく検討していくと、何度も上記の条件に戻って、青年期概念のもつ射程を確認しなければならなくなる。

若者期との違い

その代表的なものが、ドイツの社会心理学者で場の理論（field theory）で有名なK・レヴィン（Lewin, 1939）の「周辺人（marginal man）」の概念である。レヴィンは、青年期を子どもから大人への狭間期、子どもともみなされず一人前の大人ともみなされない、狭間の葛藤を覚える年齢期とみなし、その年齢期にいる若者を「周辺人」と呼んだ。

もしこの定義が完全であるならば、青年期の誕生は一九世紀末よりももっと早いことになる。なぜなら、ヨーロッパで言えば前近代の社会でも、子どもでもない、大人でもない中間的な年齢集団としての「若者」ないしはその時期としての「若者期」の存在が認められているからである。イギリスの歴史社会学者P・ラスレット（Laslett, 1977）の表現を借りれば、「ライフサイクル・サーヴィス（lifecycle service）」の時期でもある（ほかにもBen-Amos, 1994参照）。

アメリカの歴史家J・ギリス（Gillis, 1974）によれば、一九世紀以前にみられた手工業経営者（親方）のもとで修業する徒弟、あるいは農業や商業、家事等の奉公人は「若者」であった。「若者期」は、幼い子ども時代を終えて、家族を離れていくらか自立するようになる七、八歳頃から、二〇代半

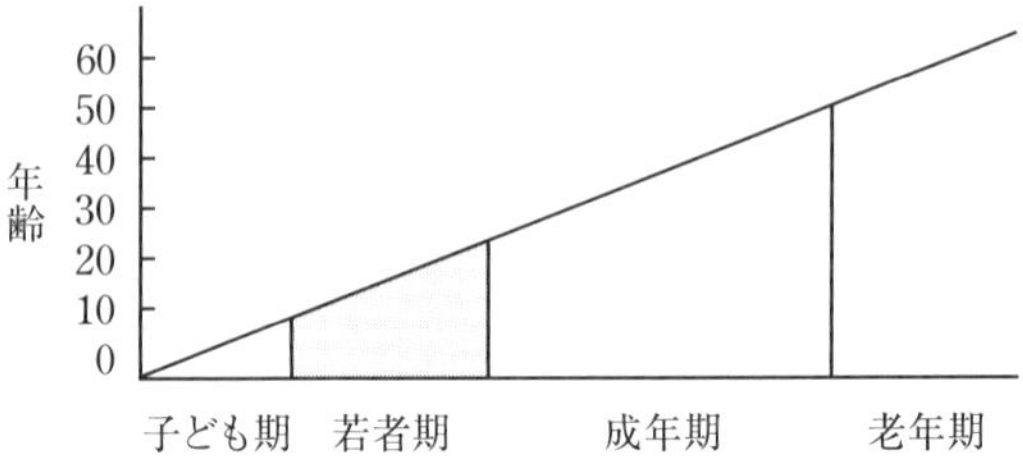

図 1-1　工業化以前の社会における人々の人生の段階

（注）　Gillis (1974), Figure 1（2 頁）を改変して作成。

ばないし二〇代後半の結婚時に完全に自立するようになるまでの、子ども期から成人期への移行期間であり、大人への「半依存的な状態（semidependence）」を特徴としていた。[1] 彼らはけっして子どもではなく、けっして一人前の大人でもなかった。ギリスは、図 1-1 のように、工業化される前近代の社会における人々の人生の段階に「若者期」を認めているのである。十分、レヴィンで言うところの周辺人としての位置を得ている（ほかにも Baumeister & Tice, 1986）。

前近代の社会において一人前の大人になるとは、徒弟修業や奉公を終えて独立し、自身の職業をもち、そして結婚をして自分の家を構えることにほかならなかった。自身の職業をもつだけでは一人前の大人として十分ではなく、結婚して自分の家を構えるところまで含めて、一人前の大人は考えられたのであった。

したがって、若者が一人前の大人になる年齢、言い換えれば、若者期の終わりの年齢はおおよそ二〇代半ばから後半頃までと、今日考えられている青年期のそれよりもずっと長いものであった（Gillis, 1974）。それが、社会が工業化されることで解体されていき、家族が近代化して核家族化し、社会とは切り離された私的な閉鎖的・感情的な空間と化していく。そうして、社会的な場が家から職場、公共的な空間へと移され、両者をつないで子どもや若者の発達的移行を担う場として学校が制度化されていく。私たちが理解する現代の「社会」生活なるものが、こうして仕上がっていく。

若者期と青年期との差異は何に求められるか

それでは、若者期と青年期はどのような条件をもって分けられるのだろうか。ここで絡んでくるのが、青年期定義の条件「②子どもや若者が労働や生産の場から解放されること」「③学校教育を通して子どもから大人になる発達的移行プロセスであること」である。

レヴィンの「周辺人」の定義だけだと、前近代の「若者」は「青年」となってしまうが、この条件を加えると「若者」は「青年」にはならない。なぜなら、前近代の若者の多くは労働や生産の場から解放されていなかったからである。彼らは手工業経営者（親方）のもとで修業する徒弟、あるいは農業や商業、家事等の奉公人として、早い年齢期から労働に従事していた。将来の職業選択や人生設計など、前近代の若者には社会制度的にも経済的にも許されていなかった。

（1） もっとも、ギリスは若者期の存在様式として、徒弟修業や奉公など、「生家からの分離」も特徴として挙げているが、これはさまざまな史実をみてみると図式化しすぎているかもしれない（北村、一九八八）。R・ウォール（Wall, 1978）が述べるように、前近代では家に留まる子どもも実際には多かったし、家を出たとしても、その後何度か出入りを繰り返す場合もあった。

青年期の研究は古代ギリシャまで遡ることができるとも言われる（Dennis, 1946）。アリストテレスは『動物誌』や『弁論術』の中で、若者がみせる生理的変化（陰毛、変声、月経、乳房など）や心理的特徴（欲望が多く衝動的だが、未来が希望に満ちており、勇敢であるが、人にだまされやすい）を議論している。それは、子どもではなく成熟した大人でもない、その中間の人生段階としての青年期の特徴だとみなされるもので、冒頭の青年期定義の条件で言えば、④の「思春期を迎える頃から大人になるまでの年齢期」についてのものと理解される。しかし、アリストテレスの議論する「青年期」が本書で扱う「青年期」と別物であることは、やはり青年期定義の②・③の条件をもって明々白々である。古代ギリシャの若者に、労働や生産の場から解放されて、学校教育を通して大人になるという発達的移行プロセスが一般的に認められたとは考えられないからである。④を満たしていても、②・③の条件を満たしていない以上、両者の青年期は別物と考えなければならない。

また、よく知られる社会史家・心性史家のP・アリエス（Ariès, 1960）の論に従えば、前近代には私たちが今日理解するような近代の子ども観は認められず、彼らは「小さな大人（miniature adult）」とみなされていた。アリエスのみる前近代の子どもには、今日で言うところの「児童」「子ども」のみならず、一人前の大人に至らない「若者」も含まれており、その意味で、アリエスの論は青年心理学の教科書や専門書でも定番の古典として、繰り返し引用されてきた。もちろん、本書の基盤ともなっている。

アリエスの提示した中世における子ども時代の意識の不在を批判した一人に、N・Z・ディヴィス

（Davis, 1971）がいる。彼は、一六世紀のフランスの農村や都市の共同体における祝祭や慣習の研究から、当時すでに一定の社会的役割を担う青年集団が存在していたことを示した。彼の主張に従えば、青年集団という年齢階梯制（子供組や若者組のように、年齢によって成員を区分して序列をつける社会制度）が認められるということは、成熟した大人とは区別される青年期（ないしは若者期）が認められるということだから、子ども（青年）は小さな大人ではないということになる。たしかに、ディヴィスの示す青年集団は、成熟した大人とみなされておらず独自の発達期を形成している。しかし、本書ではこうした議論についても、上述の②・③の条件をもって、それらの発達期は青年期ではなかったと理解する。

こうして考えると、本書で扱う青年期定義が、いくつかの条件を満たしてはじめて成り立つものであることが理解されよう。

さて、青年期定義の②・③の条件、「子どもや若者が労働や生産の場から解放されること」「学校教育を通して子どもから大人になる発達的移行プロセスであること」をもって多くの議論を位置づけることができたようにみえるが、次のような問題がまだ残っている。つまり、前近代においても、貴族や地主の子弟、専門職（聖職者や官僚、弁護士、医師など）の子弟は、中流階級下層以下の子弟と違って労働には従事せず、学校か家庭教師によって教育を受けていた。特に聖職者をはじめとする専門職の子弟は、爵位や所領を親から相続されるようにはいかなかったので、将来専門職に就くべく教育を受けなければならなかった。また、国や地域によっては、地主の子弟でも次男・三男は所領の相続の対象外になることもあり、彼らは学校教育を受けて身を立てなければならなかった。そうした子弟にとって、学校教育は将来の職業を得るために欠かせない手段であった。

これらの話は、青年期定義の②・③の条件をふまえているが、それでは彼らは本書で言うところの青年期を過ごしていたとなるのだろうか。

この問題に対しては、学校卒業資格が社会にとってまず重要なものであったかを考えれば、解決される。すなわち前近代では、子どもがどのような職業に就くかは、親の身分や社会的地位、財産がまず重要であった。親が貴族であったり官位をもっていたりすれば、その身分や位を継承することで子どもは国の要職に就くことができた。親から相続できる土地や財産があれば、子どもらはそれらを相続することで身を立てることができた。翻《ひるがえ》って、そのような条件が成り立たない聖職者など専門職の子弟は、教育を受けることで専門職に就き、身を立てた。このように、教育は身分や所領など、相続が成り立たない場合に効力を発揮する手段であった。

それが、親が貴族であろうと地主であろうと、実業家であろうと、子どもは多かれ少なかれ学校教育を受ける時代となる。どのような学校卒業資格をもつかによって、子ども・若者の将来の職業や、ひいては社会階層までもが左右される、そういうメリトクラシーの時代になる（第2章参照）。イギリスで言えば、おおよそ一九世紀後半のことである。そうして、若者期とは質的に異なる発達段階としての青年期が誕生する。そう理解される。

ギリス（Gillis, 1974）は、どのような教育を受けるかによって子ども・若者の将来が左右されるような社会の到来を、次のような言で紹介している。

「私が若い頃は、ある親が『私は世の中で非常に成功しました。たった六カ月か一二カ月しか学校にいられなかったけれど』というのを耳にしていたが、今日ではそれに代わって、次のような人の考えを聞くことができるでしょう。『私が若い頃にはそのようなためになることや機会に恵まれなかった。だから私の息子にはひとかどの教養のある人間になってもらいたいし、私が得たよりもずっと多くのことを得てほしい』と。」（イギリスのミッション・ハウス・スクールの校長、一八六八年）（Gillis, 1974, p. 100）

「今では、もしも少年が十分な教育を受けていなければ、社会の中で自分の地位を維持することができないような事態になっている。私の記憶に残っている二〇年前の社会は、今日のものとはまったく違っていた。」（イギリスの金物商、一八六八年）（Gillis, 1974, pp. 100–101）

さらに勉強したい人に

アリエス、P（一九八〇）『〈子供〉の誕生――アンシァン・レジーム期の子供と家庭生活』（杉山光信・杉山恵美子訳）みすず書房

アリエス、P(一九九二)『「教育」の誕生』(中内敏夫・森田伸子編訳)藤原書店

ギリス、J・R(一九八五)『〈若者〉の社会史──ヨーロッパにおける家族と年齢集団の変貌』(北本正章訳)新曜社

＊ 前近代の子ども・若者観、青年期の誕生を論じている社会史の本として、アリエスとギリスは必読書である。アリエスの子ども史観は『「教育」の誕生』の中で簡単にまとめられているので、初学者はこの本から読まれるといいかもしれない。

宮澤康人(編)(一九八八)『社会史のなかの子ども──アリエス以後の〈家族と学校の近代〉』新曜社

＊ 世界的に人口に膾炙《かいしゃ》したアリエスの著書『〈子供〉の誕生』に対して、再評価と問題提起を行っている宮澤の著作は一読に値する。

心理学者の青年期論の構図

以上、レヴィンの周辺人概念をもとにして、若者期と青年期の差異を検討してきたわけだが、周辺人は青年期特有の葛藤を場理論から言い直したもので、別にレヴィンが青年期の社会歴史性を無視していたというわけではない。レヴィンには申し訳ないが、あくまで青年期のもつ社会歴史性、若者期と青年期の差異を説明するために、登場してもらったにすぎない。

しかし、レヴィンの周辺人概念だけで青年期を理解しようとすると、すぐさまこういう事態になることは容易に理解されただろう。つまり、レヴィンに限らず(青年)心理学者は、社会歴史的に誕生した青年期という外枠を所与のものとして、その内にある特徴や構造を検討しているのである。

もう少し正確に言うと，（青年）心理学者は青年期を，大人から切り離された「子ども（child）」ないしは「子ども期（childhood）」を所与のものとし，そのうえで思春期以降の「青年期」をそれ以前の年齢期（児童期）と分別して扱っている，とも言い換えられる。大人と生活空間を共有して成長した前近代の子ども観，つまり，アリエスの「小さな大人」でなく，大人の生活空間から切り離して，保護される対象として育てられるようになった近代の子ども観を前提としているのである。この順序，ひいては心理学者の青年期論の構図を押さえておかないと，すぐさまレヴィンの周辺人概念のような扱いを受ける。

事実レヴィン（Lewin, 1939）は，大人と子どもがそれぞれ独自の集団を構成していること，そのうえで青年はどちらにも所属しない中途半端な存在であると強調する。周辺人概念は，子どもが独自の集団を構成しているという近代の子ども観を前提としているのであって，もし子どもが大人集団の一部であるならば，周辺人概念は論理的に成り立たないものである。

さらに勉強したい人に

北村三子（一九九八）『青年と近代——青年と青年をめぐる言説の系譜学』世織書房

＊ 近代教育思想の研究者である著者からみた青年心理学の構造が論じられている。

ポジショニングの違いとしての若者期と青年期

どこに位置してある対象をみるかという力学の概念として、「ポジショニング（positioning）」がある（Ries & Trout, 1981）。力学の概念であるから、この概念を用いると、現象はダイナミックに記述されるとも言われる。このポジショニングの概念を用いると、上記で述べてきた若者期と青年期との違いがよりいっそう明快になる。

まず「若者」「若者期」は、一人前の大人にポジショニングして、それより一人前ではない者を見下ろして用いられる言葉だと言える。若者という言葉に「未熟者」「未完全な者」「半人前」というニュアンスを込めることがあったことは、「一人前の大人から見下ろす」力学によって容易に理解されるし、そのせいで、年齢に関係なく未婚の者、一人前の大人とみなされない者が〝boy〟〝［独］Knabe〟〝［仏］garçon〟などと呼ばれたことも（Gillis, 1974）、同じように理解される。

これに対して「青年」「青年期」は、英語の〝adolescence（青年期）〟がラテン語〝adolēscere（成長する）〟を語源とすることから考えて、若者にポジショニングして、そこから大人に向かって成長していくプロセスを強調する言葉だと言える。「青年期」が発達段階を指す言葉として用いられるのは、この若者から大人に向かうという文脈ゆえと考えられる。

ポジショニング概念はこのように、子どもや若者の発達を、大人を起点として考えるのか（若者期）、子どもや若者を起点として考えるのか（青年期）の違いをダイナミックに示す。ポジショニング概念を用いると、アリエスの言う近代の子ども観についても、子どもの発達を考える視点のポジショニングが、大人から子どもへとシフトした結果のものであると理解される。子どもや若者の時期は、もはや大人が築き上げてきた伝統的な行動様式の鋳型にはめこむ訓練期間ではなく、大人自身でさえ子どもや若者がどのような大人になるのかわからない、それでも彼らの成長を考えなければならない状況での教育的・発達的期間である。青年期のもつ教育的・発達的状況は、ポジショニングの概念によってこのように理解される。

さらに勉強したい人に

溝上慎一（二〇〇五）「ポジショニング技法による教授法――学生の知識構成を促す」溝上慎一・藤田哲也（編）『心理学者、大学教育への挑戦』ナカニシヤ出版、四三―七一頁

＊アメリカのマーケティング戦略家A・ライズとJ・トラウトのポジショニングの概念は、今日さまざまな分野で応用して用いられている。心理学や教育に関わっての用い方がまとめられている。

青年心理学者にとっての「大人になる」とは

青年心理学者が書いている本であるから、青年心理学が「大人になる」ことをどのように考え、扱っているか、その特徴についても述べておこう。

青年期は、それをテーマとする学問分野にかかわらず一般的に、子どもから大人への移行期だと説明される。社会学などでは、依存（dependence）する子どもから自立（independence）した大人への

移行期と理解され、具体的には、学校教育の終了、職業生活の開始、それに伴う親からの経済的自立、離家、結婚、出産、社会的責任や義務の発生などをもって「大人になる」と説明されることが多い（例えばJones & Wallace, 1992）。この理解に従って、学校教育を受ける期間が長期化していること、長引く親への経済的依存、晩婚化していることを、「引き延ばされた青年期（prolonged adolescence）」や「引き延ばされた社会化（extended socialization）」「ポスト青年期（post-adolescence）」（Denney, 1963 : Keniston, 1968 : 宮本、二〇〇二、二〇〇四 : Schwartz et al., 2005）と呼んで議論している。これらの議論では、青年と大人との境界に問題の焦点が当たっており、理論的に「大人になる」とはどのような条件をクリアーしたものかがより具体的に検討されている。

それに対して青年心理学では、やや乱暴な物言いになるが、早くに検討した津留（一九六三、一九六四、一九六八）を除き、青年と大人の境界は一般的に曖昧である。子どもから大人への移行については検討するものの、ある青年が最終的に「大人になったのか」「なっていないのか」に関しては無頓着である。もっとも、これは言い訳ではなくて、そうなってしまう必然的な力学が働いてのことであると、ここでは述べたいのである。それが心理学者の青年期に対する関わり方であるし、筆者にもその事情はある程度当てはまるのである。

青年心理学者がこの「大人になる」姿をなかなか具体的に示せないのは、青年期の発達を心理的に理解しようとする、その「発達」の力学のせいである。前節で紹介したポジショニングの概念を用いると、次のように説明される。

前近代では、一人前の大人にポジショニングして、そこから一人前でない者を見下ろして記述していた。これが前節での説明である。この力学においては、たとえ社会的な条件であれ心理的な特徴であれ、一定程度「一人前の大人」の姿が明確であったことが重要である。社会的な条件としては、職を得て結婚をする・家を構えるという社会的役割が代表的なものであったし、ギリスの「若者」「若者期」は、このような「一人前の大人」に到達していない者・時期に対して名づけられたものであった。

アリストテレスの『弁論術』は、青年の心理的な特徴を描いたものである。彼は、未熟な青年、盛りを過ぎた老年との中間的な姿として、完成された壮年（成人性：柴野、一九九〇）を見定めポジショニングし、そこから青年、ないしは老年を記述するというスタイルをとった。彼の次のような説明には、この力学が顕著に表れている。

「壮年期にある人々は、明らかに、その性格において、青年と老年それぞれの行き過ぎを取り去った形で、両者の中間に位置しており、ひどく大胆であるということもなければ（というのは、それは向こう見ずであるから）、過度に恐れることもなく、その両方に対し適度な状態を保っている。また、すべての人を信じこむこともなければ、誰に対しても不信を抱くということもなく、どちらかと言えば物事を真実に従って判断する。また、立派なことだけを目標に生きるのでもなければ、利益だけを目指すのでもなく、その両方に目を配りながら生きる。また、けちけちしながら生きるのでも、浪費して生きるのでもなく、両者のほどよく調和したところを目標とする。危害と欲望に対してもこの態度は同じであって、彼らは節制的でかつ勇気をともない、勇気があってかつ節制をともなう。つまり、青年や老人おいては、この二つは別々に分かれていたのである。」（アリストテレス、一九九二、二三一頁、傍点は筆者による）

さて、社会が工業化・近代化した以降、ポジショニングが子ども・青年にシフトして、そこから彼らの発達を上（大人）に向けて考えるようになる。青年心理学者はこの力学に乗って、次のような青年期の発達的特質を獲得したり発達課題を達成したりすることが、子どもから大人への移行だと考える。例えば、久世（二〇〇〇）は「大人になる」ことを、

・生物学的移行（身体、性的な成熟）
・認知的移行（抽象的思考や推論、複雑な自他のとらえ方、メタ認知など）
・情緒的移行（自己概念やアイデンティティの感覚、自律性や独立性など）
・社会的移行（仲間との交際、異性・親密な他者、家族関係の変化など）

で説明するし、西平（一九九〇）は、

・第二次心理的離乳の完了
・自発性にもとづく行動と諸情操（倫理・恋愛・宗教）の成熟
・自己客観視（内向化）と責任感・権利意識の強まり

・アイデンティティの拡散〈悩み〉・統合に向かい始める
・時間的展望の分化と現実化
・価値観に方向づけられた職業的アイデンティティ、配偶者選択の原型
・〈成人になろう〉という志向性、カントの〈啓蒙〉
・民主的人格意識の基礎
・人類愛や生命の畏敬、歴史的使命観に向けられた意識

で説明する。青年心理学者にとっては、これらの発達的特質の獲得や発達課題の達成こそが、「大人になる」あるいは「子どもから大人への移行」を意味する。

さて問題は、発達的特質を十分に獲得できなかったり、あるいは発達課題を先送りしたりして年をとる者が少なからずいることであり、青年心理学者はその状態に対してあまり関心がないことである。論理的に考えると、そのような者たちは「大人ではない」ことになるのかもしれないが、もちろんそのような議論はなされない。

しかし、ここで筆者が主張したいのは、それが青年心理学者の仕事、青年期への関わり方なのだということである。青年心理学は青年にポジショニングして彼らの発達を上〈大人〉に向けて考える学問だからである。上に向かって発達していく段階的プロセスを明らかにしているのが青年心理学であるし、加えてその対象は心理的なものなので、それを獲得・達成しない者を追跡して、「あなたは大人ではありませんね」などと野暮なことも言わない。いや、その力学ゆえに言えないのである。

似たようなことは、アリストテレスの青年論の力学を変えても起こることで、こちらのほうが読者にはわかりやすいかもしれない。つまり、アリストテレスのような壮年にポジショニングする論じ方では、青年を、欲望が多く向こう見ずで、不節制である、人にもだまされやすい、などと容易に特徴づけることができる。そして、その者たちに「大人ではない」「未熟者」といったラベルを貼ることができる。しかし、もし青年にポジショニングするならば、壮年のような姿に至らない者に対して「大人ではない」「未熟者」などとラベルを貼らなければならなくなる（津留、一九六三、一九六八）。なぜなら、実際の壮年の中には、欲望がなく、勇気があって、節制があり、だまされにくい、とは必ずしもなっていない者が少なからずいるからである。アリストテレスの青年論は、壮年にポジショニングしてはじめて成り立つことがあらためて理解される。

さらに青年心理学者の中には、単純に職を得て経済的に親から自立する、結婚をするというだけで、青年を大人になったとはみなさない者もいる。久世（一九八〇）が述べるように、心理学者は青年期の終期を人格的な成熟に求めることが多く、それゆえに、大人の姿を就職や結婚などの社会的役割を超えて、理想的で完成された人格者として理解する。アリストテレスの論でも、大人は古くから心理的に完成された人格者として理解されてきた。

こうして、青年にポジショニングして彼らの発達や人格的成熟を検討している青年心理学者にとって、「大人になる」姿はいつまで経っても論じられないことがわかる。

なお西平（一九九〇）は、「大人になる」ことについて、以上のような人格的成熟、心理社会的なアイデンティティの確立を超えて、最後は完全な全体性としての「超越性」に至る重要性を説いている。それは、無心、無我、自己を忘れる、三昧、自己超越などといった、否定を通じた宗教的な自己実現に似た成熟的特徴である。梶田（一九九八、二〇〇八）も、社会的役割や立場、それに伴って貼り付けられたラベルを超えて、自己の実感・納得・本音に根ざした主体的・実存的アイデンティティを形成する必要性を説いている。この考え方は、心理社会的アイデンティティを超えた「超越性」を説く西平と似た主張であり、内的（個人）・外的（社会）適応の乖離（北村、一九六五）、社会への過剰適応に悩む現代人に対しての警告的な意味合いも込められている。

さらに勉強したい人に

久世敏雄・齋藤耕二（監修）（二〇〇〇）『青年心理学事典』福村出版

＊ 事典なので、青年心理学の成立や研究の発展史、青年心理学の代表的な研究者・テーマなどが網羅的に扱われている。

白井利明（二〇〇三）『大人へのなりかた——青年心理学の視点から』新日本出版社

＊ 青年心理学者が青年向けに「大人になる」ことについて書いている。

白井利明・都筑学・森陽子（二〇〇二）『やさしい青年心理学』有斐閣アルマ

松島公望・橋本広信（編）（二〇〇九）『ようこそ！　青年心理学——若者たちは何処から来て何処へ行くのか』ナカニシヤ出版

＊ 近年出版された青年心理学の教科書である。

参考文献

アリエス、P（一九八〇）『〈子供〉の誕生――アンシァン・レジーム期の子供と家庭生活』（杉山光信・杉山恵美子訳）みすず書房

ギリス、J・R（一九八五）『〈若者〉の社会史――ヨーロッパにおける家族と年齢集団の変貌』（北本正章訳）新曜社

北村三子（一九八八）「青年の歴史と近代――アメリカにおける青年史研究の動向から」宮澤康人（編）『社会史のなかの子ども――アリエス以後の〈家族と学校の近代〉』新曜社、二七七―三一七頁

ミッテラウアー、M（一九九四）『歴史人類学の家族研究――ヨーロッパ比較家族史の課題と方法』（若尾祐司・服部良久・森明子・肥前栄一・森謙二訳）新曜社

宮澤康人（一九九八）『大人と子供の関係史序説――教育学と歴史的方法』柏書房

若尾祐司（編）（一九九八）『家族』（近代ヨーロッパの探究２）ミネルヴァ書房

第2章

青年期の誕生
――イギリスの教育の近代化とメリトクラシー社会の成立

教育の近代化とメリトクラシー社会の成立

ヨーロッパの先進諸国は、一八世紀から一九世紀にかけて工業化・都市化（産業革命・産業構造の変化）を経て近代社会を迎えた。この社会の近代化の過程においては、工業化・都市化以外にも、死亡率の減少、産児制限、出生率の変化といった人口動態上の変化、徒弟制の衰退、年齢を基準とする学校制度の近代化、社会の官僚制化、それに伴う高学歴を要する職種の増加、資格制度の整備、近代の子ども観・近代家族の成立、国民国家の形成、徴兵制や軍国主義など、青年期の誕生に直接的・間接的に関わるさまざまな社会的機能、制度や考え方・価値観が変化した。これらの中から青年期の誕生に関連するものを拾って集約すると、それは「教育の近代化」と並んで「メリトクラシー社会が成立」していく過程であったと言える。

青年期は、このような教育の近代化とメリトクラシー社会の成立によって一九世紀末から二〇世紀初頭にかけて誕生したものである。つまり、一八〜一九世紀にかけて教育の近代化が進み、学校が若者の社会的選別を行うメリトクラシーの装置として機能するようになると、それまでの「クラス（階級）」が教育による「クラス（学級）」で置き換えられるようになる（渡辺、二〇〇一）。そうして子どもや若者が、親の身分や社会的地位、財産にかかわらず、学校教育を通して職業を選択し人生を形成するようになり、その発達期が青年期として認知されるようになる。

なお、ここで言う教育の近代化とは、後に国民国家としてまとめられていく中での教育に関する一連の改革・改編——例えば、教育システム（学校教育の理念・目標、カリキュラムや課外活動）の改革、それまで乱立していた種々雑多な学校の、年齢や段階（初等・中等・高等教育）、系統（義務教育やエリート・技術者養成など）に従った学校制度への体系化など——の過程を指す。また「メリトクラシー（meritocracy）」とは、イギリスの社会学者M・ヤング（Young, 1958）の用語である。竹内（一九九三）は、この用語を次のように説明する。近代社会における社会的地位の配分は、身分や家柄などの「属性主義」ではなく、試験や学歴、あるいはＩＱなどの能力・業績（merit）による。こうした意味での近代社会の特徴は、貴族や富豪による統治と支配の貴族社会（aristocracy）や富豪社会（plutocracy）ではなく、有能者による業績支配、つまりメリトクラシー（業績主義）社会だと言える（竹内、一九九五も参照）。

子ども・若者の社会史の知見をふまえれば、子ども期という発達空間は、死亡率の減少、産児制限、出生率の変化といった人口動態上の変化、近代家族の成立によって徐々につくられていったことがわかる（Gillis, 1974：北村、一九八八）。そして、子ども・若者が大人の生活空間から切り離されるかたちで育てられることになり、近代化された学校が彼らの社会化を引き受けるようになると、私たちのよく知る現代的な姿に近くなる。

しかし、それらの変化だけで、今日みるところの、若者が学校教育を通して職業を選択し人生を形成する、という青年期が誕生するわけではない。そのような青年期が誕生するためには、人口動態上の変化や近代家族・近代学校の成立に加えて、国家が国民国家の形成のもと教育の近代化を推し進め、それまでの身分制社会から、学校教育を通してのメリトクラシー社会へと移行していくことが必要である。そうでなければ、青年期課題として本書で焦点を当てている職業選択や人生形成が、学校教育の課題とならない。家族や大人と子どもの関係が変化しつつも、他方で社会の中での学校教育の役割もまた変化しなければならないのである。本書では、教育の近代化とメリトクラシー社会が、前近代から近代へと移行する中で生じたさまざまな変化と連関しながら制度化され、青年期はその教育の近代化とメリトクラシーの成立によって誕生したという説明の仕方をとっていく[2]。

（2）すでに説明したように、本書では「メリトクラシー社会」を、属性主義から有能者による業績主義へと変化した社会の意として使用する。しかし、「メリトクラシー社会」が純粋に業績だけで評価・選抜をしている社会であるかどうかは、教育社会学者から数多く疑問が出されているので、この点を付け加えておく。

このように青年期の誕生を理解すると、第1章の「若者期と青年期との差異は何に求められるか」のところで取り上げた次の疑問も、メリトクラシーの概念を用いて容易に解決されることがわかる。つまり、前近代の貴族・ジェントリー（地主）の子弟の一部、そして聖職者や法律家、医師、官僚、教師など専門職の子弟は、労働に従事せず、学校教育を通して職を得た。「学校教育を通して職を得る」という部分だけを取り出せば、これは青年期定義の条件と合致して、論理的には、青年期は前近代にすでに存在していたことになる。しかし、メリトクラシーの概念を用いると、前近代はメリトクラシー社会がまだ成立していなかったという意味において、社会にとっての学校卒業資格の意味が異なっていたと理解される。前近代における社会の支配原理は、まず親の身分や社会的地位・財産にあったのであって、学校卒業資格はその条件が成り立たない場合に、あるいは学校卒業資格を要する専門職に就く場合に効力をもった。こうして、学校教育に無縁であった徒弟人や奉公人といった多くの若者が、メリトクラシー社会の成立前には、「若者期」を過ごしていたとまとめることができる。

以下の節では、いち早く産業革命を経て工業化、近代化を推し進めたイギリスの教育の近代化・メリトクラシー社会の成立の説明を行う。そして次章では、その関連でフランス・ドイツ、そして日本の教育の近代化とメリトクラシー社会の成立を説明する。日本の現代青年期を論じる本書で、西欧の教育の近代化やメリトクラシー社会に一、二章を設けて説明する必要があるかと思う人もいるかもしれない。しかし、第1章で扱った若者期・青年期は西欧社会を基礎として説明されるものであり、その中でも特に学校教育と職業との関係は基礎知識と言えるものである。日本独自の教育の近代化・メリトクラシー社会の成立、ひいては青年期の誕生を、こうした西欧社会におけるそれらとの比較において理解するために、本章、次章は設けられている。

また本書の最後には、今日の日本のメリトクラシー社会が部分的に機能破綻を来たしており、その結果として青年期の現代性が表れているという議論も行う（第6章の「求められる技能・態度の育成」参照）。したがって、若干紙面を割いてでも、教育の近代化とメリトクラシー社会の成立を説明しておく必要がある。

イギリスの教育の近代化

イギリスの教育の近代化は、一九世紀前半から後半にかけて、エリート・ジェントルマン教育としてのパブリック・スクールの改革や、科学・技術教育などの専門職業教育を中心に提供した市民カレッジの創設に始まるとされる。まず、パブリック・スクールの改革からみていこう。後にメリトクラシー社会が到来して、ジェントルマン層の社会的地位を置き換えるほどのエリート教育としての学校は、イギリスの場合わざわざ設立されたわけではなく、それ以前から発展していた中等教育のパブリック・スクールを中心として進められた。

なお、ここでは便宜上「中等教育」という教育課程の用語を用いているが、この用語が意味をもつためには、その上下である初等教育・高等教育が十分に発展し（Rothblatt, 1988）、政府によって初等・中等・高等教育といった上から下への学校体系が構造化されるということがなければならない。

中等教育は、そうしてはじめて認められる学校教育の中間段階である。国にもよるが、イギリスでこのような整備が政府によって進められたのは一九世紀後半から末にかけてのことである。前近代から古く存在したパブリック・スクールを「中等教育」と呼ぶのは、あくまで近代的な視点であることを断っておく。

さて、今日イギリスのエリート教育の進学コースと言えば、パブリック・スクール（中等教育）からオックスブリッジ（オックスフォード大学とケンブリッジ大学を一緒にした略称）（高等教育）だと言われるが、先にも述べた通り、イギリスのメリトクラシー社会はパブリック・スクールを中心として発展した。パブリック・スクールからオックスブリッジへの進学コースがエリート教育として認められるようになるのは、一九世紀末のことである。社会の近代化が本格化した一九世紀後半でさえ、パブリック・スクールを卒業してオックスブリッジへ進学する者は、名門パブリック・スクール九校の平均をとってもわずか三分の一であった。それ以外のパブリック・スクールを含めて平均をとると、その値はもっと低いものであった。なぜ、日本のように、社会的威信の高い（オックスフォード、ケンブリッジ）大学への進学が求められなかったのか。

第一の理由は、一九世紀末までの社会ではまだ、官僚や政治家・法律家・陸海軍士官などの専門職に就くのに、パブリック・スクールの学歴で十分であると認識されていたからである。実業家になるのなら、この認識はなおさらであった（Rubinstein, 1993）。

第二の理由は、ここが非常に重要なポイントであるが、オックスブリッジが国教会の聖職者養成の機関だったからである。このために、入学してくる学生層は国教会の牧師、地主、すなわち貴族・ジェントリー（地主）の支配階級の子弟が中心であって、中産階級であるブルジョワジーの子弟はほとんど入学してこなかった。

ヨーロッパの大学の起源は、現在で言うところのボローニャ大学（イタリア）をはじめ、オックスフォード大学、ケンブリッジ大学（イギリス）、パリ大学（フランス）、グラスゴー大学（スコットランド）など、一一〜一二世紀まで遡ることができる。これらの大学はいずれも、キリスト教の聖職者養成機関として発展したものである。歴史が古いだけに、近代化を迎えた一九世紀においても、その宗教的・教会的性格を取り外すことはなかなか容易ではなかった。であるがゆえに、イギリスではパブリック・スクールがエリート教育の中心としての役割を果たした。

それでも一九世紀後半になると、オックスブリッジの改革が断行され、非国教徒に開放され近代化した大学へと移行していく。カリキュラム改革も抜本的に進められ、パブリック・スクールからオックスブリッジへのエリート進学コースがしだいに確立していく。こうしてオックスブリッジは、イギリス高等教育の頂点に位置する。

グラマー・スクールの設立とパブリック・スクール

それでは、イギリスのメリトクラシー社会の基礎となった歴史あるパブリック・スクールとは、いったいいつ頃設立されたもので、いったいどのような性格の学校だったのか。なぜ、パブリック・ス

表2-1　パブリック・スクール9校の創設年

	学校名	創設年
1	ウィンチェスター（Winchester）	1382
2	イートン（Eton）	1440
3	セント・ポール（St. Paul's）	1509
4	シュルーズベリー（Shrewsbury）	1551
5	ウェストミンスター（Westminster）	1560
6	マーチャント・テイラーズ（Merchant Taylors'）	1562
7	ラグビー（Rugby）	1567
8	ハロー（Harrow）	1571
9	チャーターハウス（Charterhouse）	1611

（注）　藤井（2001），26頁より作成。

クールが近代社会を支える学校として注目されたのか。そこでは何が教えられていたのか。

前近代から近代社会への移行期にあたる一九世紀初頭において、パブリック・スクールと目されたのは、表2-1に示す九校であった。元祖・名門パブリック・スクールと言われる九校の歴史がいかに古いかがみてとれる。

「パブリック・スクール」とは、グラマー・スクールの中の名門校を指す呼称である。イートン校（表2-1参照）の設立者であるヘンリー六世が、無償で文法を教える基金を備えた学校は、「パブリックでジェネラルな学校」と特徴づけたことに由来すると考えられている。実際の進学者の社会階層がどうであったにせよ、形式上は出自、身分を問わない万民に開かれた学校という意味で、「パブリック」という言葉が用いられた。

それではグラマー・スクールとは何なのか。「グラマー・スクール（文法学校）」とは、一五～一六世紀にかけて、主として新興のブルジョワジーや聖職者下層による寄贈を受けてつくられた基金立学校のことである。「パブリック」とついているのでよく誤解が生じるが、今日で言えば私立の学校である。

ウィンチェスター（一三八二年設立）やパブリック・スクールの原義になったイートン（一四四〇年）の設立をみればわかるように（表2-1参照）、グラマー・スクールの設立それ自体はテューダー朝（一四八五〜一六〇三年）以前から認められるものである。しかし、その本格的な発展は、宗教改革が行われ、教会管理ではなく世俗管理による基金立制度が確立した一六世紀以降、テューダー朝になってからである。

このようにグラマー・スクールとは、基金によって経営・管理される世俗の慈善（チャリティ）学校のことであった。それは、国家の財政支出によるものでもなければ、私人の財産によるものでもなかった。学校の理事会が公益を理念として経営・管理するイギリス社会独特の学校なのであった。

グラマー・スクールでの授業は、主としてラテン語、後にギリシャ語も加わった古典語文法の学習に特徴があり、ひいては歴史や聖書などの学習も古典語教材を用いてなされた。ラテン語は教会組織の業務を処理していくのに必須の言語であったし、絶対王政下のもと発展した外交・軍事・行政・裁判の各分野の専門職を担うのに、また官僚組織的な事務処理を遂行するのにラテン語は必要不可欠であった。

実用的な意味合い以外にも、古典語を通しての学習は多くの意味を含み込んでいた。例えば、古典語学習は、人類の文化的遺産であるギリシャ・ローマの精神を継承し、道徳的・政治的考え方など教養の基礎を身につけるのに必要なものであった。また、ラテン語をマスターするのに何年も打ち込むその行為には、精神修養の意味合いが込められていた。これらのことをひっくるめて、グラマー・スクールの教育は古典語を通してのジェントルマン教育だと考えられた。

グラマー・スクールの恩恵に最も浴したのは、下級のジェントリー（地主）やヨーマン（独立自営農民）の子弟であった。彼らはグラマー・スクールで学び、市長・判事・弁護士などの専門職に就き、政治家として国政に参加した。彼らは下院において一つの勢力をもつようになり、上流階級とともに絶対主義国家を支える一つの柱に成長していった。

グラマー・スクールの創設ラッシュが続く一六世紀末頃から上流階級の中には、家庭教師による個人教授に代えて、子どもを名が知れたグラマー・スクールに送る人々が出始めた。とりわけジェントリー（地主）の第二子以下の子弟は所領を継げないので、何らかの職で生計を立てる必要があったが、聖職者や法律家になる場合、オックスブリッジの学歴が求められるようになっていた。グラマー・スクールはその進学準備教育を行う選択肢の一つとなっていた。一八世紀後半にもなると、上流階級の子弟が名門のグラマー・スクール（パブリック・スクール）に入学することは、より一般的な傾向となっていた。

さらに勉強したい人に

宮腰英一（二〇〇〇）『十九世紀英国の基金立文法学校――チャリティの伝統と変容』創文社

齋藤新治（一九九七）『中世イングランドの基金立文法学校成立史』亜紀書房
＊ パブリック・スクール、グラマー・スクールを起源に遡って論じたもの。

パブリック・スクールの近代化

一八世紀を通じてジェントルマン教育の場として名を博していたパブリック・スクールであったが、一九世紀初頭のパブリック・スクールには生徒指導の面で深刻な教育問題が生じていた。生徒たちは寄宿生活を送っていたが、教師の監督も十分ではなく生徒自治も名ばかりで、学校は無政府状態にあったのである。体罰も日常茶飯事であり、パブリック・スクールは悪の温床と化していた。

一八三〇年代前後、そのような無政府状態と腐敗の状況に直面して、パブリック・スクールの一つであるラグビー校のT・アーノルド校長は改革に取り組み始めた。そして、ついに、その豊かな学識と信仰に厚い高潔な人柄によって、すさんだ学生たちの信望を得ることに成功した。彼は、伝統的な使い走り、クリケットのボール受けとかボール拾い、書斎の整頓など、上級生による下級生のこき使いの暴力的要素と恣意《しい》的要素を排除した。そして、学内の秩序を維持するうえで、必要な集団的自治能力を訓練項目として設定し、合法化した（Gillis, 1974）。

アーノルド校長のパブリック・スクールの近代的改革の柱として重要なのは、彼の「クリスチャン・ジェントルマン」の教育理念であった。それは、アーノルド校長の「第一に宗教的・道徳的規律、第二にジェントルマン的な行動、第三に知的能力である」という言葉に端的に表明されている。

税官吏の息子に生まれた中流階級出身のアーノルドは、当時の貴族やジェントリーの上流階級の生き方——自堕落で放埒《ほうらつ》な生活態度になりがち——に国家体制の危機を鋭く見抜いていた。そこで、アーノルドはラグビー校の校長になると、中流階級的な価値を入れ込むかたちで、生徒たちにキリスト教主義の道徳観に基づき、生活に使命感をもって自分の仕事を遂行する生き方を悟らせ、働くことの意義に目覚めさせ、使命感と責任感を自覚した有意義な人生を送ることの大切さを教えたのである。

この理念は、従来の貴族・ジェントリーといった有閑階級の価値観にも一定程度の修正を要求するものであったと同時に、当然のことながら、何らかの職業に従事して生計を立てる中流階級の人々に受容されるものでもあった。こうして、伝統的なジェントルマン教育の場であるパブリック・スクールは新たな理念の下に自己変革を図りつつ、中産階級の子弟を取り込むことも可能にした。

一九世紀中頃になると、産業革命による工業化や都市化の進展に伴って、ブルジョワジーをはじめとする中産階級が経済的に豊かになり、中産階級に属する人の数が急増した。そして、中産階級の中で富裕な上層の人たちは、ジェントルマン教育の場としてのパブリック・スクールを子弟のために求めるようになった。こうして、パブリック・スクールの数は一九世紀末には一〇〇校近くまで膨れあがった。それでもその数は、イングランド全体の男子・中等学校の数からみると五％程度にすぎないもので、依然としてパブリック・スクールのエリート性が高かったことは言うまでもない。

オックスブリッジの近代化

近代化されたパブリック・スクールがイギリス・エリート教育の中心となりつつある一九世紀中頃、その波は聖職者養成の全寮制教育機関・オックスブリッジにも押し迫った。

重商主義政策、産業革命の中で成長した中産階級（ブルジョワジー）の人々は、オックスブリッジの宗教的閉鎖性、ひいては階級的閉鎖性を批判し始めた。こうして一八二七年、首都ロンドンに、オックスブリッジでは入学が認められていなかった非国教徒、女性、そしてどのような所得階層からでも入学できるような通学制の世俗的大学、ユニバーシティ・カレッジが創設された。教育内容も刷新し、オックスブリッジでは教えていなかった、そして、実業界からは要請が高かった工学・物理学・数学などの科学・技術教育科目が提供された。

しかし、中流階級の上層部の人たちはジェントルマン的な生活を志向して、やはりオックスブリッジに改革を求めた。一九世紀中頃、政府もとうとう重い腰を上げ、国家干渉によるオックスブリッジの改革を断行した。オックスブリッジは中産階級に多い非国教徒の入学を認め、そしてカレッジ制度、チュートリアル・システム、優等学位試験制度、学生課外文化など内部の大学教育改革をあわせて進めた。

こうして、オックスブリッジはそれまでの聖職者養成機関から近代の大学へと移行した。オックスブリッジを卒業することが、貴族・ジェントリー（地主）・中産階級など出自にかかわらず、高級官僚や政治家・軍人、専門職（法律家や大学教師）など、高い社会的地位の職業に就くことにつながるようにもなった。オックスブリッジが中産階級の子弟にとっても、実質的なエリート教育の場となったのである。

こうなると、いかにしてオックスブリッジに入学するかが人々の大きな関心事となり、すでに中等教育段階で威信のあるパブリック・スクールからの進学コースが強化されてくる。一九世紀末から二〇世紀初頭になると、パブリック・スクールからオックスブリッジへ、というエリート教育の進学コースが確立してくる。

高等教育の拡張

ロンドンのユニバーシティ・カレッジは、もう一つ同じ時期にできたキングス・カレッジと合わさって、一八三六年にロンドン大学となった。学生はどちらかのカレッジで教育を受け、卒業学位を「ロンドン大学」という名称で受け取った。同じ時期(一八三六年)、ニューカッスル近郊に、ダラム大学も設立された。

ロンドン大学の創設は、それまで高等教育を独占していたオックスブリッジに対する中産階級からの挑戦であった。そして、ユニバーシティ・カレッジは科学教育を重視したという点で、産業革命によって発展していたイギリス諸工業都市にいる実業家たちに大きな影響を与えた。実業家たちは個人的な資金と発意をもとに、後に「市民大学」と呼ばれるカレッジを設立する運動を展開し始め、科学・技術振興のための教育を求めた。

表 2-2　市民大学の創設年・運営主体

都市	設立年	カレッジ	創設あるいは運営主体
マンチェスター	1851	オウエンズ・カレッジ (Owens College)	J. Owens（綿商人）
サウサンプトン	1862	ハートリー・インスティテューション（Hartley Institution）	H. R. Hartley（ワイン商人）
エクセター	1865	ロイヤル・アルバート・メモリアル・カレッジ（Royal Albert Memorial College）	地方自治体が運営
ニューカッスル	1871	ニューカッスル物理科学カレッジ (Newcastle College of Physical Science)	I. L. Bell（鉄鋼業者），W. G. Armstrong（兵器製造業者）ら
リーズ	1874	ヨークシャー科学カレッジ (Yorkshire College of Science)	J. Kitson（機械工）が提案，毛織物仕上げ工カンパニーが出資
ブリストル	1876	ユニバーシティ・カレッジ (University College)	W. L. Carpenter（石けん製造業者），W. P. Baker（穀物商），L. Fry（チョコレート製造業者）ら
シェフィールド	1879	ファース・カレッジ (Firth College)	M. Firth（鉄鋼業者）
バーミンガム	1880	メイソンズ・カレッジ (Mason's College)	J. Mason（ペン先製造業者）
ノッティンガム	1881	ユニバーシティ・カレッジ (University College)	L. Heymann（レースカーテン製造業者），E. Goldschmidt（絹商人，醸造業者）の出資，運営は地方自治体
リヴァプール	1882	ユニバーシティ・カレッジ (University College)	地方自治体が設立・運営
レディング	1892	ユニバーシティ・エクステンション・カレッジ (University Extension College)	the Palmers（ビスケット製造業）

（注）　松本（2005），表 2（50 頁）より作成。

市民大学は、一八五一年、マンチェスターの木綿紡績業者のJ・オウエンズによるオウエンズ・カレッジを先駆けとして、サウサンプトン（一八六二年）、エクセター（一八六五年）、ニューカッスル（一八七一年）、リーズ（一八七四年）、ブリストル（一八七六年）、シェフィールド（一八七九年）、バーミンガム（一八八〇年）、ノッティンガム（一八八一年）、リヴァプール（一八八二年）、レディング（一八九二年）の都市に、次々と創設された（表2-2参照）。

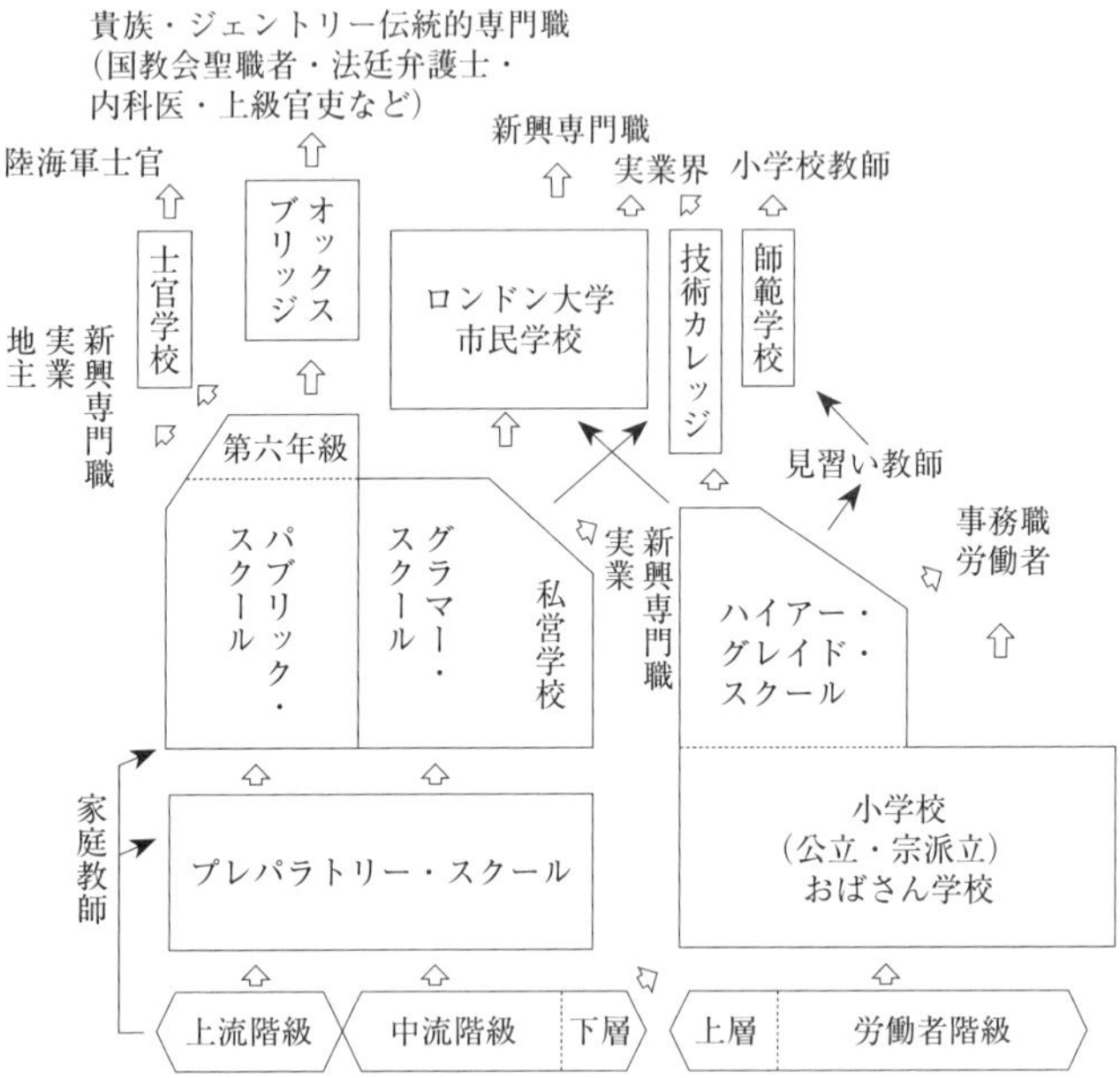

図 2-1　19 世紀末イギリスの学校体系

（注）　藤井（2001），図 1-5（58 頁）より作成。

市民大学では人文系の教育も行われたが、もっぱら科学・技術教育のための実学的な専門知識が中心に提供された。それは、教養教育を主とするオックスブリッジが軽視してきた教育でもあった。市民大学は、オックスブリッジが教えない知識を教えることで、大学のあり方全体を刷新していった。そして、それまで大学教育から締め出されていた非国教徒であり、中産階級であり、女性であり、労働者階級といった人たちに対して、大学教育の門戸を開いたのである。

　このような高等教育における学校の複線化は中等教育以下の複線化を生み出し、複雑に対応関係をつくりながら再編成されていった。一九世紀末にパブリック・スクールからオックスブリッジへのエリート進学コースが確立したならば、それと同時に、グラマー・スクールから市民大学へと進学する非エリート進学コースも確立した。それ以外の種類の学校もいろいろと設立されて、別の新たな対応関係がつくられていった（図2-1参照）。

こうして、若者が将来どのような職業や社会的地位を得たいかということによって、進学するコースを選ぶ複線型の学校体系が確立した。実際には、階級や家柄、財産などによってどのようなコースに進学するかが制約されるという現実があったにしても、理念的には進学コースを制限する階級や宗教といった要因はもはやなくなった。まさに、学校教育が子ども・若者の将来を決定するというメリトクラシー社会の土台が確立したと言える状況となったのである。

学校卒業資格を必要とする社会階層・職業の拡大

イギリスの国内官吏が試験で採用されるようになったのは、一八七〇年である。それまでは官吏はコネや情実で採用されており、官吏の世界は向上心のない怠け者の天国であった。情実人事によって無能な者が管理職の地位に就くことも珍しくなく、そこに競争心など芽生えるはずもなかった。こうして、最も有能で向上心のある若者を官吏にひきつけることが必要だと考えられ、能力主義による任用と昇進が勧告された。メリトクラシー概念の提唱者であるイギリスの社会学者M・ヤング（Young, 1958）は、官吏任用のための競争試験が制度化され、初等教育法による義務教育が始まった一八七〇年代を、メリトクラシー社会の成立であるとみている。そして、メリトクラシー社会の成立は、以上述べてきた教育の近代化とあわせて、若者が学校教育を通して職業を選択し人生を形成する青年期の誕生をも意味していたと考えられる。

それでは次に、学校教育を受けること、すなわち学校卒業資格が実際にメリトクラシーを機能させるものとなっていたのかを、次のような観点をもとにみてみよう。

① それまで主として貴族やジェントリー・専門職の子弟が受けていたジェントルマン教育に、中産階級（ブルジョワジー）の子弟が参入してくること（学校卒業資格を必要とする社会階層の拡大）

② 学校卒業資格が、伝統的な専門職、新興の専門職、ひいては実業界も含めて、さまざまな職を得るために必要となること（学校卒業資格を必要とする職業の拡大）

できるだけ数量的なデータで示したいが、統計的資料が限られているので、ここではパブリック・スクール入学者の社会的出自（社会階層）・卒業者の職業、オックスフォード大学入学者の社会的出自・卒業者の職業についてのデータを示す。

図2-2と図2-3は、一九世紀後半におけるパブリック・スクール入学者の社会的出自（社会階層）と卒業者の職業の変化を示すものである。ここで対象となるパブリック・スクールは一九世紀末には一〇〇校近くあったとされるパブリック・スクールの中でも、昔ながらの伝統ある名門校八校である。また、名門パブリック・スクールと言われるものの中でも実際には、貴族・ジェントリーが多くを占めるところと中産階級が多くを占めるところなど、それぞれの特徴があるのだが、青年期を検

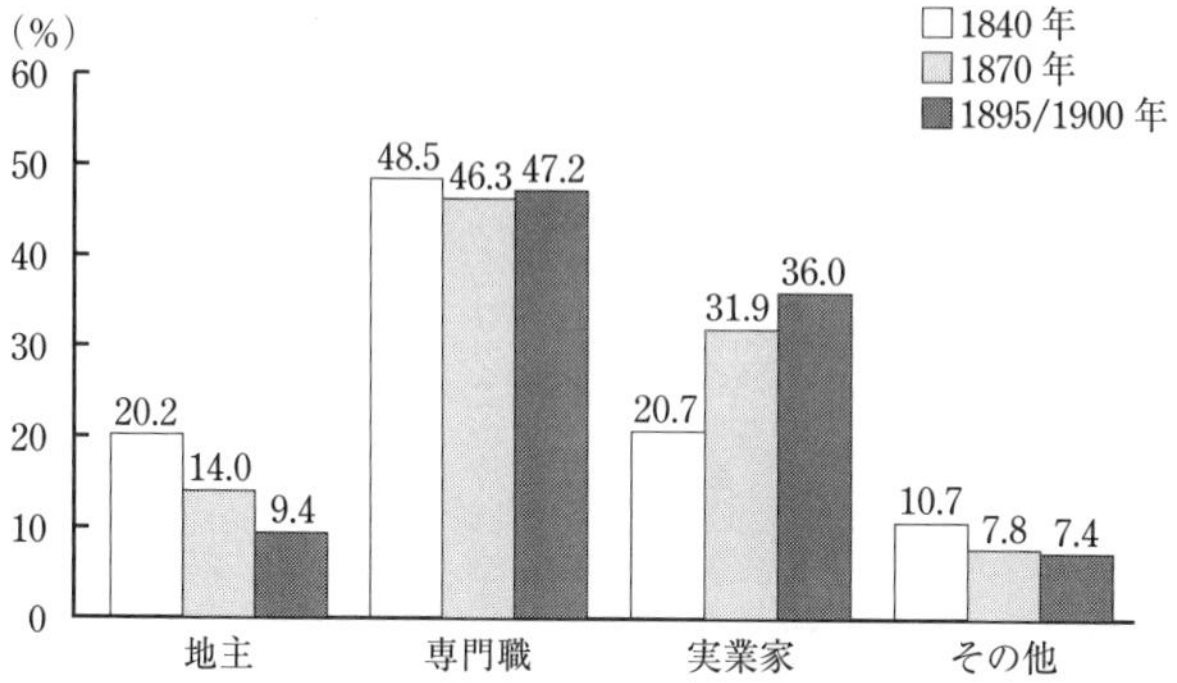

図 2-2　名門パブリック・スクール入学者の社会的出自

（注 1）　Rubinstein（1993），Table 3.4（116-118 頁）より作成。

（注 2）　図の対象となる名門パブリック・スクールは，「イートン」「ハロー」「ウィンチェスター」「ラグビー」「セント・ポール」「チェルトナム」「ダリッジ」「ミル・ヒル」の計 8 校である。ただし，「ダリッジ」だけ 1840 年の資料が欠けている。

（注 3）　各年の％は，8 校のパブリック・スクール出身者の合計（1840 年 460 名，1870 年 678 名，1895/1900 年 705 名，総計 1843 名）からみた割合である。

（注 4）　図の「その他」は，Rubinstein（1993）の表では「ジェントルマン（gentleman）」「国内在住（knownUK）」「海外（abroad）」「不明（unknown）」などとして記されていた数字の合計である。なお，図 2-3 では「海外」を「その他」から独立して表記したが，図 2-2 の社会的出自の統計では「海外・不明 3 名」といったような合算表記がいくつかみられ，独立させることができなかった。

討している本書ではこのあたりを捨象して、八校の合計を平均して結果をみていく。

図2-2をみてまずわかることは、パブリック・スクール入学者の半数は「専門職」（聖職者、官僚、法律家、医師、陸海軍士官など）の子弟であり、一八四〇～一八九五／一九〇〇年にかけて割合も変化がみられないことである。前近代よりパブリック・スクールには、職業を相続されない専門職の子弟が多く通っていたから、この傾向が近代化以降も同じくみられることを示唆している。ルービンステイ

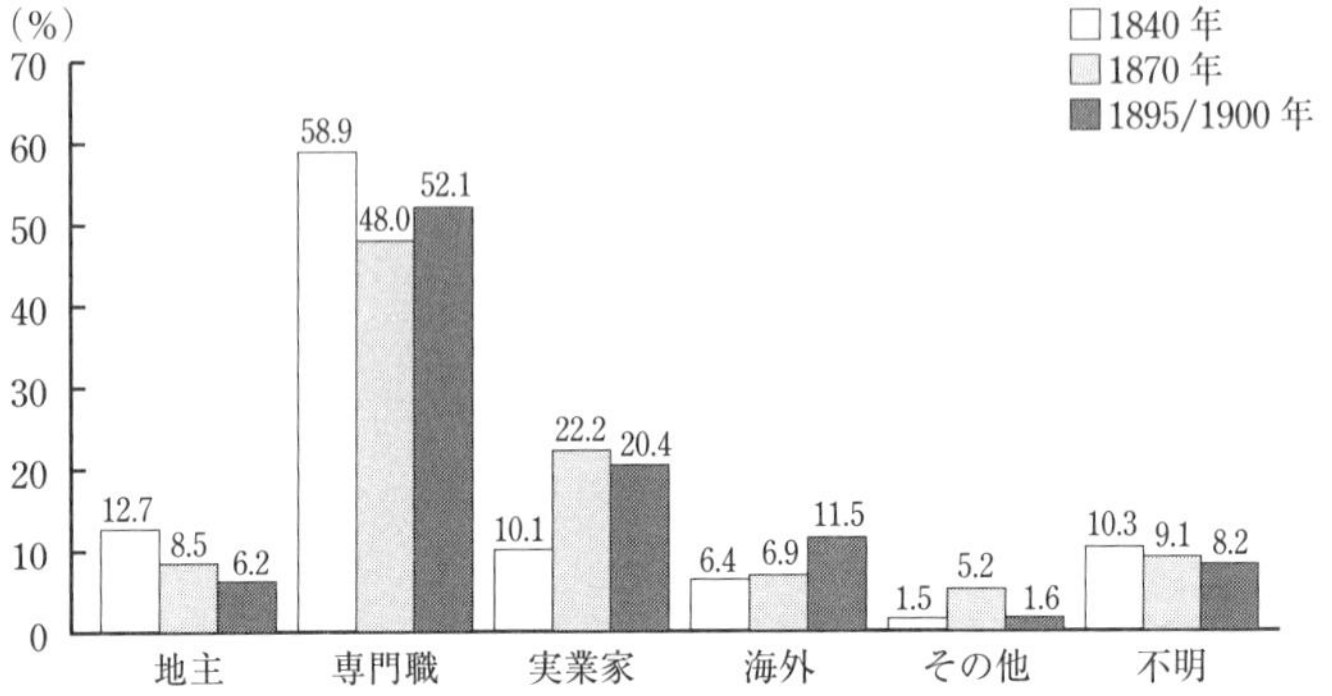

図2-3　名門パブリック・スクール卒業者の職業

（注1）　Rubinstein（1993），Table 3.4（116-118頁）より作成。

（注2）　各年の%は，8校のパブリック・スクール出身者の合計（1840年455名，1870年679名，1895/1900年695名，総計1829名）からみた割合である。

（注3）　ここで示す「パブリック・スクール卒業者」とは，パブリック・スクールが最終学歴という意味ではない。「パブリック・スクール卒業者」の中には，オックスブリッジをはじめとする大学へ進学した者も含まれている。

ン（Rubinstein, 1993）は、一九世紀のパブリック・スクールは、主として中流階級の専門職の子弟のための学校であったとまとめている。

他方で、「地主」が減少し、代わって「実業家」が激増していることがわかる。三期間の間に学生数が一・五倍に増加しているので、「地主」の全体に占める割合が減少しているだけのようにもみえるが、原資料をみると、一八四〇年（九三名、二〇・二%）から一八九五／一九〇〇年（六六名、九・四%）と絶対数も減少していることがわかる。「実業家」の子弟が、全体に占める割合も、絶対数も激増していることは、図をみての通りである。

図2-3をみると、ここからも図2-2と同じ解釈が得られる。つまり、卒業者の半

数は「専門職」に就いており、その傾向は時代とともに大きな変化がみられない。「地主」になる者は絶対数、割合ともに減少しており、代わって「実業家」になるものが増えている。海外植民地をもつ大英帝国であったから、「海外」のカテゴリーも興味深い。このなかには植民地支配のための官僚となる者も含まれるが、オーストラリアのメルボルン商人やマレーシアのゴム大農場主など、海外で実業家になっている者も含まれている。

図では直接示されていないが、ルービンステインの分析では、専門職の子弟は専門職に、実業家の子弟は実業家に就くといったように、生徒はだいたい父親の職業と同じ職業に就くことが多かったようである。父親と異なる職業に就くことはもちろんみられたが、それほど多くはなかったようである。

近代化したオックスブリッジについてもみておこう。エリート進学コースの頂点に立つオックスブリッジは、先にみたように、一九世紀後半に入って近代的改革を行い、非国教徒も受け入れるかたちで世俗化した。オックスブリッジは、新たな近代社会のさまざまな需要に適応する体制を整え、卒業者は伝統的な専門職のみならず、新興の専門職、学校教師、大学教師、官僚など、さまざまな分野に進出し活躍した。

図2-4、図2-5は、オックスフォード大学入学者の社会的出自（社会階層）と卒業者の職業のデータである。ケンブリッジ大学もほぼ同様の特徴をもつとみなせるようなので（藤井、二〇〇一）、以下の考察は最終的にオックスブリッジに共通してみられたものとして行う。

図2-4をみてわかるのは、パブリック・スクールの社会的出自でみたものと同様に、「貴族・ジェ

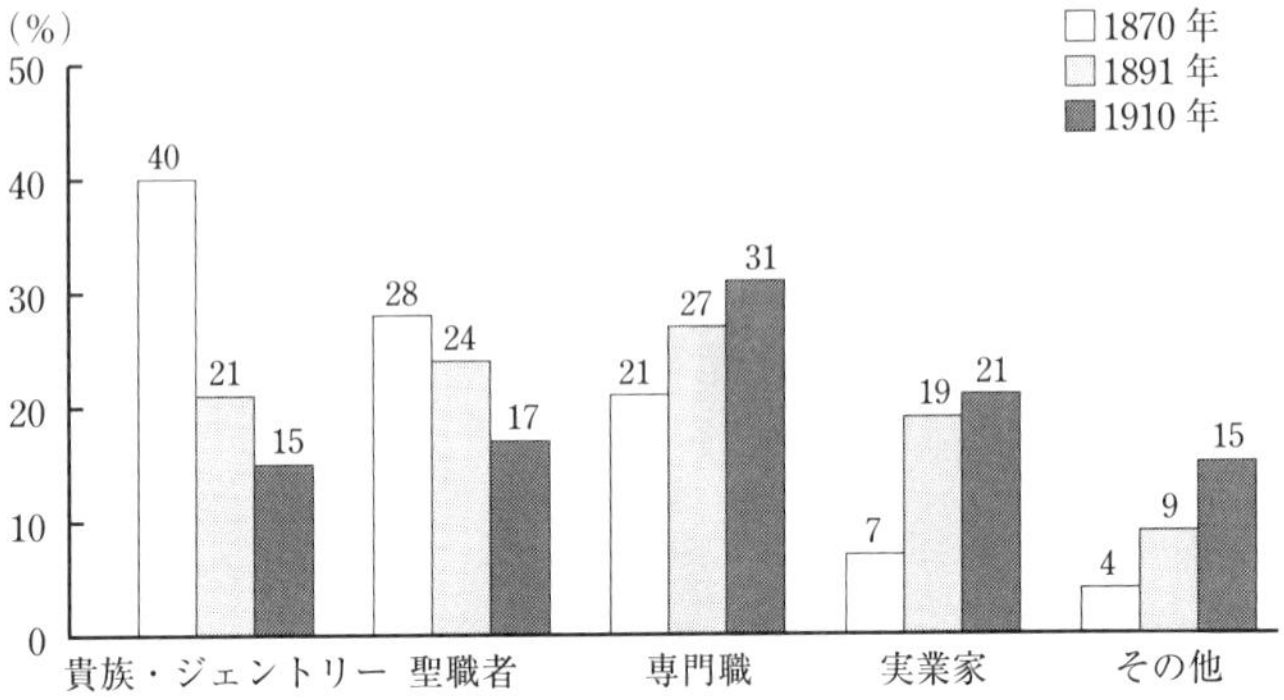

図 2-4　オックスフォード大学入学者の社会的出自

（注 1）　藤井（2001），表 1-7（55 頁）より作成。

（注 2）　各年の数は，1870 年 418 名，1891 年 669 名，1910 年 1030 名，総計 2117 名である。

ントリー」「聖職者」の全体に占める割合が減少し、[3]代わって「専門職」と「実業家」が増加していることである。一九一〇年では、「専門職」と「実業家」の子弟がオックスフォード大学の主要構成員となっており、世俗化された近代大学としての性格を顕著に表している。

図2-5の卒業者の職業をみると、「聖職」に就く者が激減していることが第一の特徴である。オックスフォード大学はそれまで国教徒だけに入学が認められた聖職者養成機関であり、伝統的専門職としての聖職者はオックスブリッジの独占的マーケットであった。しかし、一八九〇年以降、農業恐慌による教会の地代収入の減少、信仰についての疑念の増大、大学・カレッジのポストに関する宗教的制限の撤廃などにより、聖職離れの趨勢は決定的なものとなった（安原、二〇〇一）。図2-5の「聖職」の数字はこれらの事情を反映している。

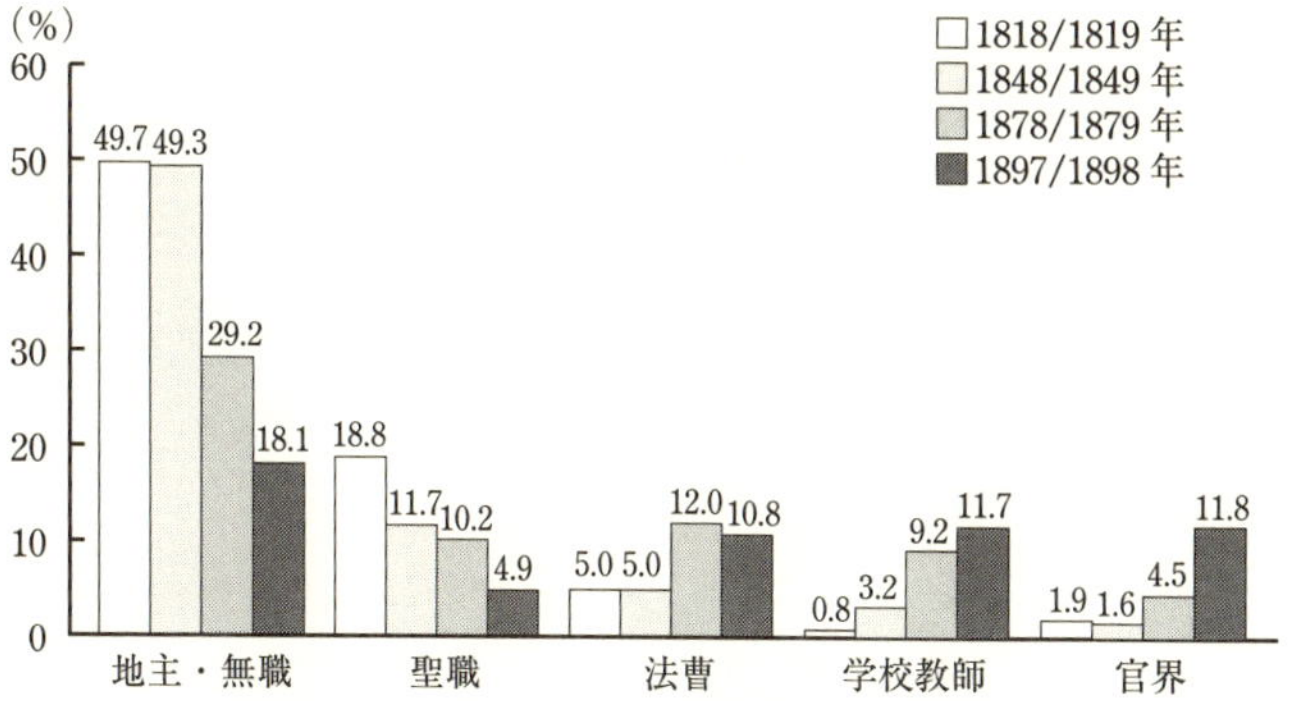

図 2-5　オックスフォード大学卒業者の職業

（注 1）　安原（2001），表 5-1（221 頁）より作成。

（注 2）　各年の数は，1818/19 年 378 名，1848/49 年 444 名，1878/79 年 740 名，1897/98 年 795 名，総計 2357 名である。

（注 3）　図に示した卒業後の進路は，いずれかの年で該当率が 10% を超えているものである。元のデータでは，これら以外にも「医業」「高等教育」「研究・図書館」「陸軍」「商業・金融」「産業・工業」などの職業カテゴリーがみられる。

他方、増加しているのは、「法曹」「学校教師」「官界」である。官僚、法律家は伝統的専門職であるが、聖職者養成機関であった一八五〇年以前では、オックスブリッジの卒業者で官僚、法律家になった者はきわめて少なかった。一八三五年の統計で、弁護士開業者の四〇%強は大学教育さえ受けていなかったというから（安原、二〇〇一）、法律家という職業はオックスブリッジと基本的には無縁のものだったと言える。しかし、一八五五年以降、それまでの推薦

（3）　ただし「聖職者」の絶対数は、一八七〇年（一一七名、二八%）から、一九一〇年（一七五名、一七%）と増加している。全体数が一八七〇年から一九一〇年にかけて二・五倍に増えているので、全体の中に占める割合は減少している。

制（コネ）ではなく公開競争試験によって官僚への道が一般に開かれたり、大学教育を受けた法廷弁護士・事務弁護士が急増したり、学校の体系化による教職の需要が高まったりして、オックスブリッジ学生の多くが「法曹」「学校教師」「官界」に職を得る、という図の結果になる。特に、パブリック・スクールの教職はオックスブリッジ学生の人気の的で、一八九〇年から一九三〇年の間では、パブリック・スクールの校長の大多数はオックスフォード大学の出身者が占めていたようである（安原、二〇〇一）。

以上のように、一九世紀後半以降のパブリック・スクールやオックスブリッジには、中産階級（ブルジョワジー）の子弟が次々と入学してきて、ジェントルマン教育を受けるようになった。また、パブリック・スクールの卒業資格は依然として専門職に就くために必要であったが、一九世紀末から二〇世紀初頭にかけては、より上級の専門職に就くためにパブリック・スクールだけでなくオックスブリッジの卒業資格も必要となっていた。さらに、実業家になるためにオックスブリッジの卒業資格は必要なかったが、パブリック・スクールやユニバーシティ・カレッジの卒業資格は求められるようになった。こうして社会全体として、学校卒業資格が専門職はもちろんのこと、産業界で職を得るためにも必要であると徐々に理解されるようになり、学校教育を通して職を得る者の割合が増加していった。すなわち、メリトクラシーの構図が認められるようになったのである。

参考文献

橋本伸也・藤井泰・渡辺和行・進藤修一・安原義仁（二〇〇一）『エリート教育』（近代ヨーロッパの探究4）ミネルヴァ書房
松本純（二〇〇五）「イギリスにおける実業教育振興の萌芽と市民大学設立運動」『松山大学論集』一六（六）、四一—六九頁
宮腰英一（二〇〇〇）『十九世紀英国の基金立文法学校——チャリティの伝統と変容』創文社
ルービンステイン、W・D（一九九七）『衰退しない大英帝国——その経済・文化・教育 1750—1990』（藤井泰・平田雅博・村田邦夫・千石好郎訳）晃洋書房
齋藤新治（一九九七）『中世イングランドの基金立文法学校成立史』亜紀書房
竹内洋（一九九五）『日本のメリトクラシー——構造と心性』東京大学出版会
潮木守一（二〇〇四）『世界の大学危機——新しい大学像を求めて』中公新書

第3章

日本の教育の近代化とメリトクラシー社会の実現

フランス・ドイツの教育の近代化

教育の近代化とメリトクラシー社会の成立は、第2章でみたようなイギリスを例に説明されることが多いが、同じ西欧でも他国の状況をみると、それらの成立過程はかなり異なることがわかる。日本の教育の近代化・メリトクラシー社会の成立に入る前に、フランスとドイツの場合を簡単にみておこう。

まず、フランスの教育の近代化は、革命（一七八九年）以前から、少しずつ進められていたが、それが革命や王政復古（一八一四年）を経ていっそう進められた。年代的に順番が前後するが、革命後の政府は、エリート進学コースの要、イギリスのパブリック・スクールに相当する中等教育機関として「リセ」を設立した（一八〇二年）。中等教育修了資格である「バカロレア」の合格者を多く排出したのは、このリセである。バカロレアの取得はエリートへの第一の要諦であり、特に復古王政以来は、バカロレアは法律家や医師、多くの公職に就く必須の資格となっていた。バカロレアは高等教育への進学と接続した中等教育修了証であったが、一九世紀末までは学歴エリートの要件として高等教育修了資格は特に必要とされておらず、バカロレア取得者の多くは大学へ進学せず就職した。この動きは、パブリック・スクール卒が学歴エリートの要件であった一九世紀末までのイギリスと似ている。

フランスのエリート養成で異色を放っているのは、「グランド・ゼコール」である。イギリスでは、中世から存在した学校が近代化されて、パブリック・スクール（中等教育）からオックスブリッジ（高等教育）へのルートがエリート進学コースとされたが、フランスでは中世に起源をもつ大学（パリ大学やトゥルーズ大学など）ではなく、グランド・ゼコールという高等教育機関を設立して、リセ（中等教育）からグランド・ゼコール（高等教育）へのルートをエリート進学コースとした。神学や医学・法学といった中世以来大学が担ってきた専門職養成は大学に任されたが、グランド・ゼコールは、バカロレアをもっていれば誰でも無試験で自由に入学が認められる大学と区別され、バカロレアを取得した後、さらに厳しい選抜試験が課せられた。グランド・ゼコールは、このように、フランス革命後の新しい国家・社会を牽引するためのエリート養成機関として設立された。今でもフランスの高級官僚、大企業の経営陣・幹部の多くはグランド・ゼコール出身者である。

しかし、普仏戦争（一八七〇～一八七一年）でドイツに敗北し、第二帝政から第三共和制（一八七〇年）へと移行したフランスは、普仏戦争の原因を知性の敗北、知を生産する教育制度の敗北に帰した。

高まる社会の工業化・民主化の波にも押されて政府は、グランド・ゼコールだけでなく、大学（ファキュルテ）にもメスを入れ始めた。パリをはじめとする大学は、一九世紀末になってようやく、グランド・ゼコールとは異なる、一般的な教養教育や実用的な職業教育を行う一般エリート養成の高等教育機関として改革された。二〇世紀初頭には、立身出世主義を意味する「アリヴィズム（arrivisme）」も用いられるようになり、メリトクラシー社会へと移行した。

翻《ひるがえ》って、ドイツ（プロイセン）の教育の近代化の着手は、フランス革命とほぼ同じ頃と考えられている。ドイツ（プロイセン）は、種々雑多な学校群の中から「ギムナジウム」と呼ばれる学校を選び、中等段階のエリート養成学校として特権的地位を与えた（一七八七年）。ギムナジウムはラテン文法をはじめとする古典語教養を教え、後に大学への入学資格ともなる「アビトゥーア」を卒業資格として授与した（一八一二年）。歴史的には、この一八一二年がギムナジウムの誕生だとみなされている。そして、隣国フランス革命（一七八九年）の勃発、（プロイセンの）ナポレオン戦争（一八〇六年）での敗北を機に、国家再建を目指して教育の近代化はさらに進められ、ギムナジウムから総合大学（高等教育）へのエリート進学コースが確立していった。

さて、一九世紀後半になると、ドイツ社会は二つの大きな変化に見舞われた。一つは、イギリスをはじめとする先進諸国の工業化にずいぶんと遅れをとっていたドイツが、一九世紀後半になって急速に工業化を進め、それによって経済的に豊かになった中産階級の子弟が、ギムナジウム・総合大学というエリート進学コースに参入するようになったことである。この流れは、一九世紀前半のイギリスで、中産階級のパブリック・スクールへの需要が高まったことと似ている。ドイツでは、これによってエリート教育を受ける者の社会的出自が拡張し、そもそもエリートとは何かという議論が盛んになされるようになった。

もう一つの変化は、ヨーロッパ諸国の帝国主義的拡張によって国際競争が激しくなったことである。国際競争に勝ち抜くためには人文主義的エリート教育の改革だけでは不十分であり、それまで古典語教養が教えられず、「パンのための学問」として劣等視していた実科教育の評価を再考しなければならなかった。このような流れの中、中等教育では、実科教育や技術者養成の学校が、「実科ギムナジウム」「高等実科学校」として再編成され（一八八二年）、高等教育でも同種の学校が「工科大学」と名を改め高等教育機関にふさわしいかたちで整備されていった（一八七〇年頃）。こうしてイギリスと同様、徐々に複線型の学校が体系化されていった。

さらに勉強したい人に

アリエス、P（一九九二）『「教育」の誕生』（中内敏夫・森田伸子訳）藤原書店

＊　フランス社会が前工業化から工業化へ進展する中での学校教育の発展、グランド・ゼコールの成立について論じられている。

柏倉康夫（一九九六）『エリートのつくり方――グランド・ゼコールの社会学』ちくま新書

＊　フランスのグランド・ゼコールとはどのようなものか、成立史もあわせて平易に紹介されている。

クラウル、M（一九八六）『ドイツ・ギムナジウム200年史――エリート養成の社会史』（望田幸男・川越修・隅元泰弘・竹中亨・田村栄子・堤正史訳）ミネルヴァ書房

望田幸男（一九九八）『ドイツ・エリート養成の社会史――ギムナジウムとアビトゥーアの世界』ミネルヴァ書房

＊ クラウル（一九八六）では、ドイツ・エリート養成の中等教育機関として名を馳せながら、実態と歴史についてあまり知られていなかったギムナジウムの誕生から現代までの全史が、広く政治史・社会史の観点からまとめられている。近代ドイツ教育史で著名な望田の著書（一九九八）もあわせて読んでおきたい。

イギリスと異なるメリトクラシー社会の成立の仕方

イギリスの場合、教育の近代化に大きな影響を及ぼすのは、専門職や実業家をはじめとする中流・中産階級であった。特に実業家といった中産階級の台頭は、社会の工業化（産業革命）を直接的背景としており、その意味で、教育の近代化と社会の工業化とは密接な関係をもっていた。パブリック・スクールやオックスブリッジといったエリート進学コースへの参入も、実業家の子弟が増加することで説明された（第2章の「学校卒業資格を必要とする社会階層・職業の拡大」参照）。メリトクラシー社会も、このような流れの中で成立した。

しかしフランスをみると、教育の近代化は、市民革命や王政復古といった政治体制の変革を契機に進められた。それは、イギリスのような、中産階級が上流階級と同じようなジェントルマン教育を志

向して促されたものと違い、貴族や聖職者といった支配階級を否定する、ないし支配階級と中間層との関係を変革するかたちで進められた。こうして、旧来の身分や家柄に基づいた階級社会が、学校卒業資格を基本とした社会へと変わっていく。また、フランスが本格的な工業化の段階に入るのは一八二〇年代から三〇年代のことと考えられており（谷川、二〇〇六）、一八世紀末の革命時にはまだ社会は工業化（産業革命）の段階に至っていなかった。メリトクラシー社会も、このような教育の近代化が進む中で成立したというよりも、普仏戦争（一八七〇～七一年）による敗北を通して教育の近代化が一段質を変えて進められ、その中で成立した。フランスをみるだけでも、教育の近代化やメリトクラシー社会の迎え方は、イギリスとまったく異なることが理解される。

さらに、ドイツ（プロイセン）をみると、この説明はもっと異なることが理解される。ドイツ（プロイセン）では、教育の近代化が一定程度まで進んでメリトクラシー社会を迎えたイギリス・フランスと違って、メリトクラシー社会の萌芽が高級行政管理の試験が始まる一七七〇年にまで遡ることができる。教育の近代化は、むしろこの試験・資格制度の影響を受けながら進められていったと言える。

ドイツは、学校卒業資格（学歴）と職業資格とが不可分の関係にある点に特徴がある。どのような国でも、一定程度行政官や司法官、弁護士、医者、教師などの職業分野で国家試験ないしは社会的な試験制度が存在するが、ドイツではその比ではなく、まさに「資格社会」と呼ばれていい国である。ドイツの青年は、特定の職業に就くために、特定の国家的ないし公的試験に合格し、特定の実習を修了していなければならない。その国家的ないし公的試験の受験資格として機能しているのが、特定の学校卒業資格、すなわち学歴である。つまり、ドイツの青年は、「職業資格」＝「教育資格＋国家試験」という方程式に基づいて職業を選択するのである。

職業資格は、はじめは売官制などが残存する不完全なものであったけれども（野村、一九九二）、一九世紀にわたって官吏任用制度をモデルにして発展し、ドイツ（プロイセン）の資格社会を規定するものとなった。こうして、それまで特権階級に属さなかった者が、もはや身分や社会的地位、財産などにかかわらず、資格や試験によって官職を得ることができるようになる。こうなると、メリトクラシー社会の成立である。貴族の特権は消失し、貴族は官職に就こうとするすべての志願者と同一の成績審査に従わねばならなくなる。

以上がイギリスに対するフランス・ドイツの教育の近代化・メリトクラシー社会の迎え方であったが、それでは日本はどうだったか。日本はどちらかと言えば、フランスの状況に似ている。というのも、日本の教育の近代化・メリトクラシー社会の成立は、革命（明治維新）による国家再建を契機として推し進められたものだからである。それは工業化（産業革命）による中産階級の台頭によって推し進められたイギリスとも違うし、試験・資格制度の発展から教育の近代化が推し進められたドイツ（プロイセン）とも違う。日本の教育の近代化・メリトクラシー社会の成立は、明治新政府が国家全体の近代化をさまざまな側面で推進した中での一つの側面にすぎなかったのである。ちなみに、日本の産業革命、すなわち資本主義の確立は、いろいろ諸説があって論争が繰り返されているようだが（鈴木、二〇〇六）、それでも一九〇〇年前後、ないしは日露戦争後、第一次世界大戦期だと考えられており、明治開幕より数十年経った頃のことである。

さらに勉強したい人に

浜下武志・川勝平太（編）（二〇〇一）『アジア交易圏と日本工業化――1500―1900』藤原書店

＊従来、明治期における日本の工業化は、イギリスをはじめとする欧米の工業化から遅れたものとして理解されてきた。しかし、近年この理解を正そうとする知見が出ている。そこでは、日本の工業化（産業革命）は、近世以来潜在的に進行していたインド、中国などとのアジア間競争を勝ち抜く過程で成し遂げられたものであり、それは欧米諸国の工業化とは別過程のものであると考えられている。

日本の教育の近代化とメリトクラシー社会の成立

士農工商という身分制を社会構造の基本とする江戸時代においては、その身分に応じて、武士にはそれにふさわしい文武の教育が、また庶民にはその日常生活に必要な知識や技能の教育がなされていた。しかし、革命（明治維新）によって四民平等の近代国家へと歩み出した日本は、それまでの身分秩序に応ずる教育に代わって、国家の近代化という緊急の課題に対処しうる人材育成のための学校を新たにつくらなければならなかった。

明治政府は、近代化のための緊急の課題であった富国強兵・殖産興業を旗印にして、まず一方で、国家の指導的人材（エリート）の養成機関としての「大学」を創設し、他方で、富国の基盤としての庶民教育のための「小学校」を開設した。

エリート養成のための進学コースと庶民のための一般コースを併存させて学校を体系化するのは、イギリス、フランス、ドイツで同様に認められる。日本もまた同じように進められた。しかし、イギリス、フランス、ドイツはいずれも、エリート教育の基礎を中等教育（イギリスはパブリック・スクール、フランスはリセ、ドイツはギムナジウム）に置いたが、日本は大学に置いた。イギリス、フランス、ドイツでは、少なくとも一九世紀末までは、大学へ進学せずとも、中等教育卒業資格で十分国家の枢要な地位ないしは高度な専門職に就くことができ、中等教育まで一つの完成教育となっていたが、日本ではそうならなかった。

日本でパブリック・スクールやリセ、ギムナジウムに相当するのは、帝国大学への入学者の予備教育機関としての高等学校であった。高等学校は、外国語教育を主体とした高度の教養教育機関として、一つの完成教育の場を提供するよう計画された。しかし、高等学校の卒業者はほぼ全員が大学進学の道を選び、ついにパブリック・スクールやリセ、ギムナジウムのように、完成教育の機関とはならなかった。こうして、高等学校から帝国大学、あるいは専門学校といった高等教育の卒業者が、国家の枢要な地位・高度な専門職等に就いたのである。

また、大学に率先して工学部を設置したことも、日本独自の特徴をよく表していたと考えられている。

工業化に対応する科学・技術教育科目を提供する教育機関はどこの国でも発展した。イギリスのロンドン大学や市民大学、ドイツの、後の工科大学に発展する鉱山・建築アカデミーや実業インスティテュートの教育機関などがそうである。しかし、伝統的な人文主義的な大学（オックスブリッジやドイツの総合大学）の関係者の、そうした教育機関に対する嫌悪感は相当なものであった。なぜなら、それらの機関での教育は、パブリック・スクールやギムナジウム、大学でなされたような、ラテン語・ギリシャ語といった古典語文法、それに基づいた人文的教養を授ける教育とはまったく違っていたからである。伝統的な支配者層向けの教育＝古典語教養という理解があり、古典語も学ばない「パンのための学問」である科学・技術教育のための教育機関は、この点において旧支配者層の嫌悪の対象とされたのである。アメリカでも、MIT（マサチューセッツ工科大学、Massachusetts Institute of Technology、一八六一年設立）やCALTEC（カリフォルニア工科大学、California Institute of Technology）といった古い科学・技術系の教育機関は、「大学（university）」という名称をつけなかった（日本語では「大学」と訳されているが、英語表記の中にuniversityはない）。

それが日本では、嫌悪どころか、日本唯一のエリート養成機関である帝国大学の中に組み込まれて発展した。すなわち、はじめは工部省の管轄として「工学寮」（一八七一年）、「工部大学校」（一八七七年）として組織されたが、一八八六年には、「帝国大学工科大学」として（東京）帝国大学の中に組み込まれたのである。二番目の帝国大学として設立された京都帝国大学（一八九七年）も、「理工科大学」からスタートした（一九一四年に「理科大学」と「工科大学」に分離[4]）。近代化された欧米列強に威嚇されて開国し明治新政府を発足させた日本であったから、殖産興業を旗印にした産業社会への発展は国家緊急の課題であったことは言うまでもない。近代化の視点から、日本の世界的位置が否応なくみえてくる瞬間である。

ちなみに、西欧の中でもフランスはイギリスやドイツと違い、日本と似ている。教育の近代化の迎え方も似ているが、工学部を国家枢要のエリート養成機関の柱に据えるあたりも似ている。先にも述べたように、フランス新政府は市民革命後（一七八九年）、スーパーエリートの職業人養成コースとしてグランド・ゼコールを設立した。そのグランド・ゼコールの第一号は、「エコール・ポリテクニーク」（「〔陸軍〕理工系学校」と訳されることが多い。一七九四年設立）、すなわち理工系のエリート養成の学校であった。「欧米は」と一言でくくることがなかなか難しい瞬間である。

図3-1は、こうして維新から約二〇年経った頃の日本の学校体系である。一八八七年には文官試験試補及見習規則が公布されて、竹内（一九九五）が日本のメリトクラシー社会の開幕と述べる時期に相当する。初等教育（尋常小学校）がまだ四年制であり（一九〇七年に二年制の「高等小学校」を含めて六年制に改編）、高等教育は、「高等学校」「専門学校」（早稲田や慶應などの現在の私立大学は当時専門学校であった）、「高等師範学校」「女子高等師範学校」「帝国大学」と、多様な学校種から構成されている。最終的にどこに進学するかで、とるべき進路が変わってくるという複線型の学校体系である。

（4）当初の予定では法科大学から開学する運びだったが、日清戦争後の経済的要因と、そのことに関連した理系志願者の増加、第三高等学校の設備の関係から、理工科大学が最初に設置されることとなった（『京都大学百年史』総説編、一九九八）。

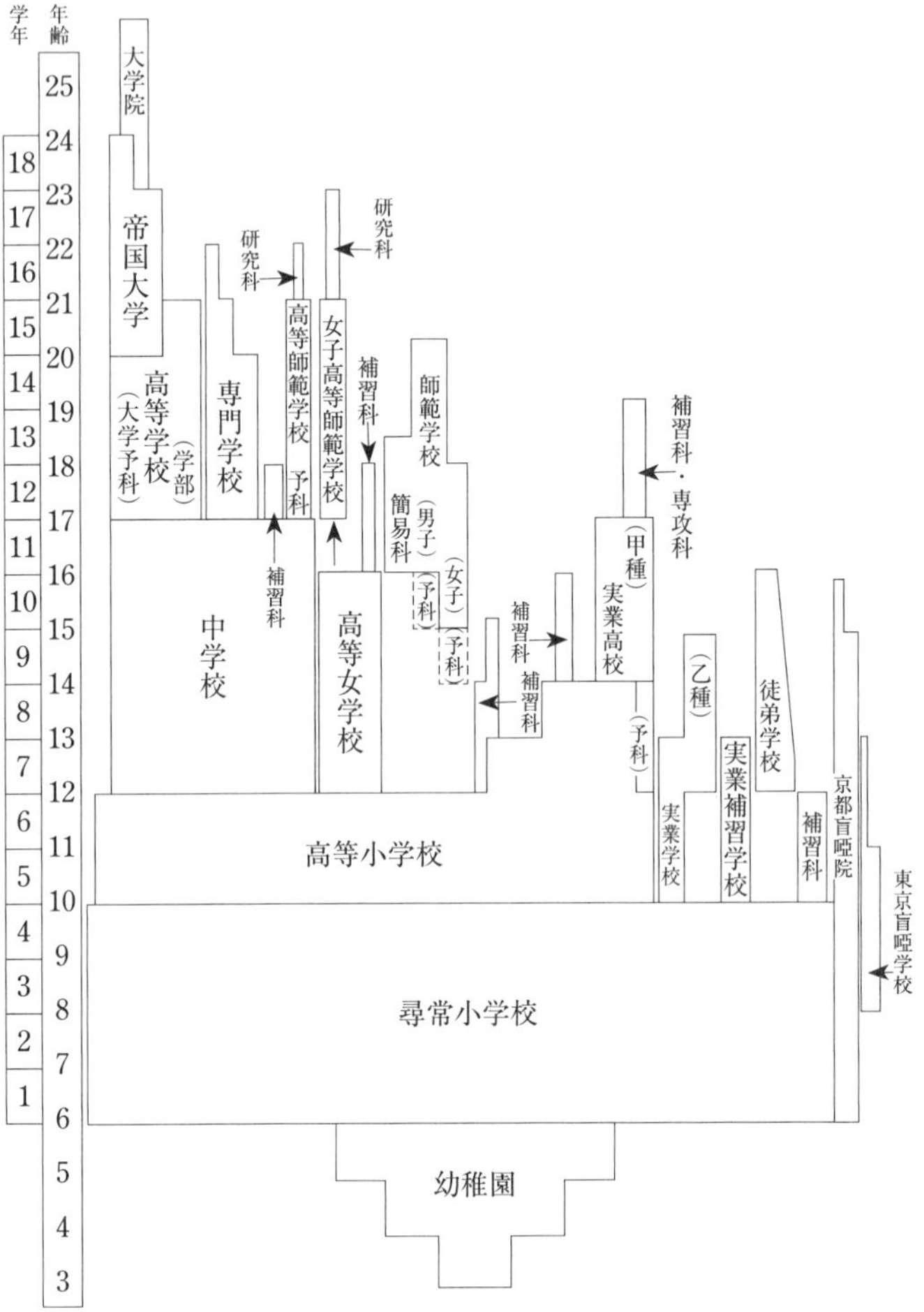

図 3-1　1890 年の日本の学校体系

（注）　文部省編（1992），第 4 図（765 頁）より作成。

なおこの時期は、二番目の帝国大学と言われる京都帝国大学がまだ設立されていないので（一八九七年設立）、図にみられる「帝国大学」は現在の東京大学一校を指している。

さらに勉強したい人に

天野郁夫（一九八九）『近代日本高等教育研究』玉川大学出版部
天野郁夫（一九九三）『旧制専門学校論』玉川大学出版部
＊ 日本の戦前期における帝国大学・専門学校をはじめとする高等教育の構築についてくわしい。

竹内洋（一九九五）『日本のメリトクラシー――構造と心性』東京大学出版会
＊ 機能理論、葛藤理論、解釈理論など、メリトクラシーへの伝統的アプローチを、その理論の登場の社会的背景を考慮しながら紹介しつつ、他国と比べての日本のメリトクラシー独自の構造と心性が論じられている。

学校と社会階層との関係

それでは、図3–1のような学校体系がはたしてメリトクラシーとして機能していたのだろうか。増田（一九三二）は、鹿島高等学校の学生を対象にした調査で、将来の職業と父親の職業とを比較した結果、両者が一致する者は二割程度しかなく、学生が父親の職業とは違った方面へ進もうと意図していると述べている。以下では、イギリスのメリトクラシーを説明した第2章の「学校卒業資格を必

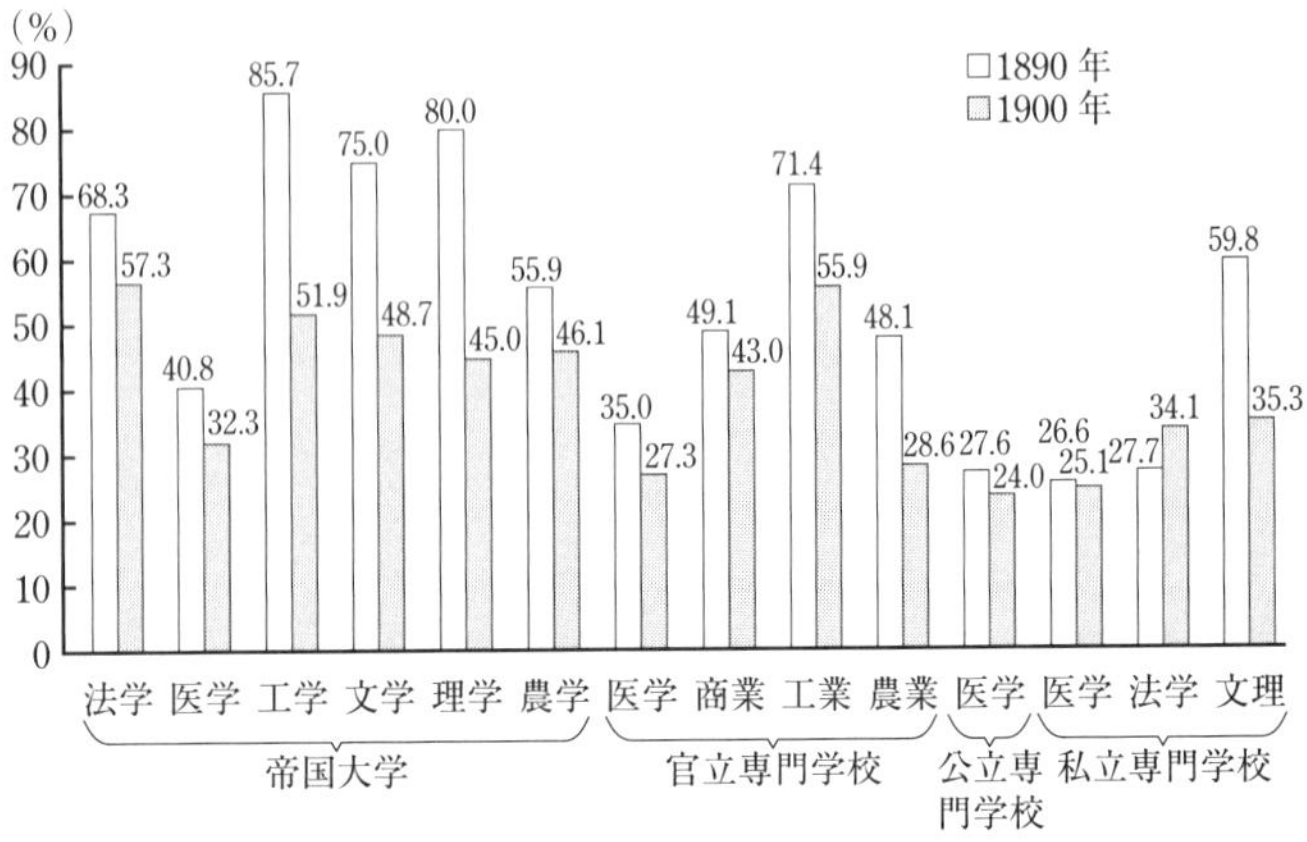

図3-2　学校・専攻別における士族出身者の割合

（注）　天野（1993），表2（115頁）より作成。

要とする社会階層・職業の拡大」と同様に、日本の状況をみてみよう。

図3-2は、一八九〇年、一九〇〇年の学校・専攻別における士族出身者の割合を示したものである。一八九〇年という年は図3-1の学校体系と同年であるし、明治になって学校教育制度のみならず、国家の諸制度、立憲政治、産業など近代国家のさまざまな側面がある程度整備されてきた時期でもある。

図をみてわかることは、第一に、一八九〇年では、帝国大学の士族出身者の割合が非常に高いのに対して、私立専門学校のそれはさほど高くないことである。明治維新後、廃藩置県や秩禄処分によって社会的な転身を迫られた士族出身者にとって、国家枢要な高級官僚の道が約束された最高のエリート養成機関である帝国大学は魅力的な進学コースであった。帝国大学が特に士族出身者を優先し、平民を締め出したわけではなかったが、明治初期の学校教育制度全体が未整備な時期に帝国大学での高度な専門教育についていくことができたのは、主として士族出身者であった。なぜなら、士族層にとって教育や学習は長年培われた慣行であったし、生活様式の一部ともなっていたからである。

第二にわかることは、帝国大学、官立専門学校、私立専門学校を問わず、医学・法学の専門学部では平民が多いことである。明治になり社会的転身を図るに際して、旧支配階級である士族出身者の多くは、近代化の開始と同時に生まれた新しい職業、とりわけ彼らのかつての社会的役割に近い官僚・教師・技術者などの職業を選んだ。帝国大学はもちろんのこと、官立専門学校も、そうした人材を養成することを目標としたので、それは彼らの期待とも合致した。平民の中には士族出身者と同じようにして職業を目指す者がいたが、しかし大多数は伝統的に平民層に開かれてきた医師や法律家の分野を選んで進学した。ちなみに、法学と言っても私立専門学校の法学は、後に官僚養成の役割も補完されるものの、基本的には在野法曹としての代言人、すなわち弁護士を養成するべく設立されたものであった。それは、高級官僚への道と接続していた帝国大学の法学部とは違う役割を果たすものであった。

第三に、一九〇〇年になると、平民の帝国大学への進学率がかなり高まっていることである。明治政府の近代国家に向けた建設作業が喫緊の課題であった生成期に比べると、この頃は帝国大学卒業者の官界への特権が少なくなっていた（竹内、一九九七）。それでも帝国大学は依然として国家枢要な高級官僚、教育や医療などの高度な専門職を輩出する最高のエリート養成機関であった。そのような帝

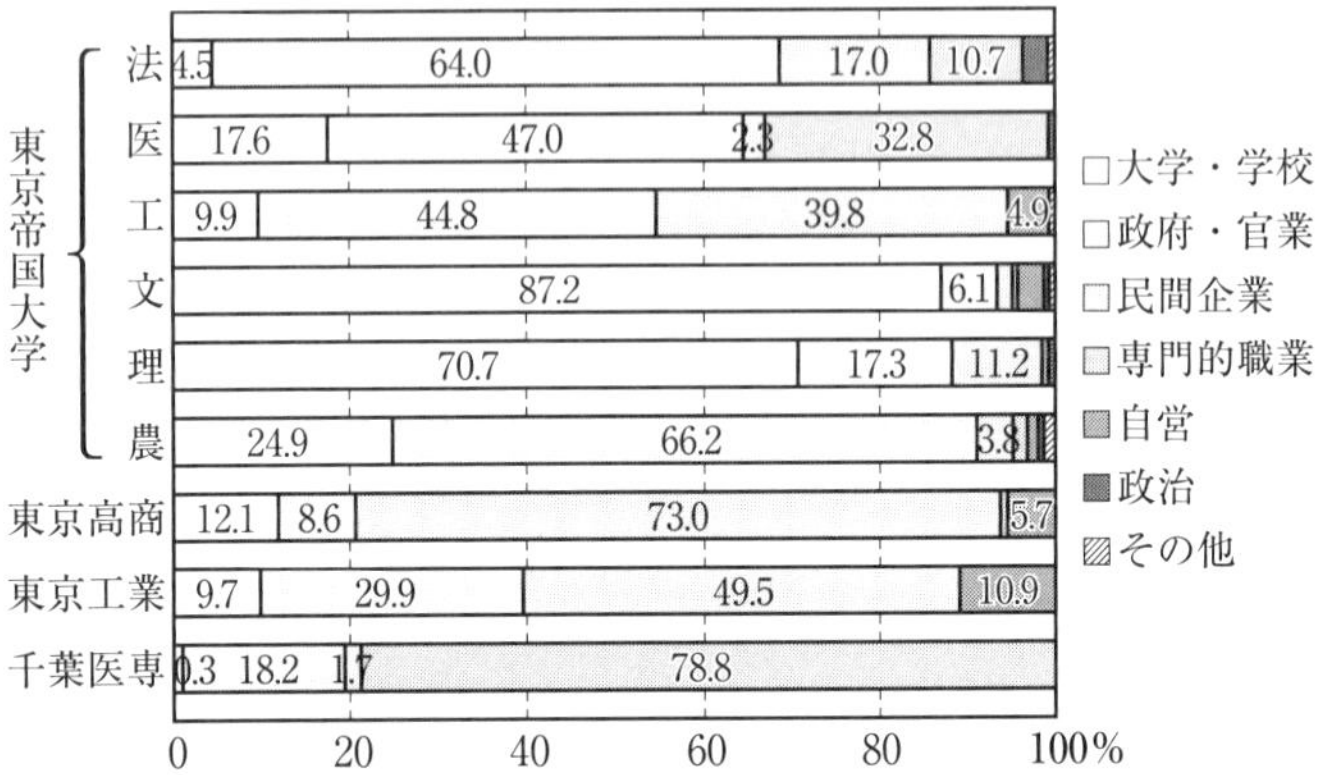

図 3-3　主要官立校卒業者の就職状況

（注 1）　天野（1993），表 3（124 頁）より作成。

（注 2）　各大学のデータ年は以下の通りである。東京帝国大学は 1901 年，東京高等商業学校は 1898 年，東京高等工業学校・千葉医学専門学校は 1901 年である。

（注 3）　各大学の現在の名称は以下の通りである。東京高等商業学校（現在の一橋大学），東京高等工業学校（現在の東京工業大学），千葉医学専門学校（現在の千葉大学）。

国大学に、旧支配階級である士族出身者に伍して平民がかなりの割合で入学するようになった事実は、メリトクラシー社会が本質的に機能するようになってきたことを示唆している。

図3-3、図3-4は、主要な官立・私立の学校の卒業者がどのような職業に就いたかを示すデータである。まず図3-3の帝国大学をみると、法科・医科・工科・農科大学の卒業者の大多数は「政府・官業」に就いており、帝国大学が国家枢要な高級官僚の道を提供していたことを実証的に示している。

翻《ひるがえ》って、帝国大学でも文科・理科大学の大多数は「大学・学校」に就いており、医科大学あるいは千葉医学専門学校（現在の千葉大学）の多くは「専門的職業」

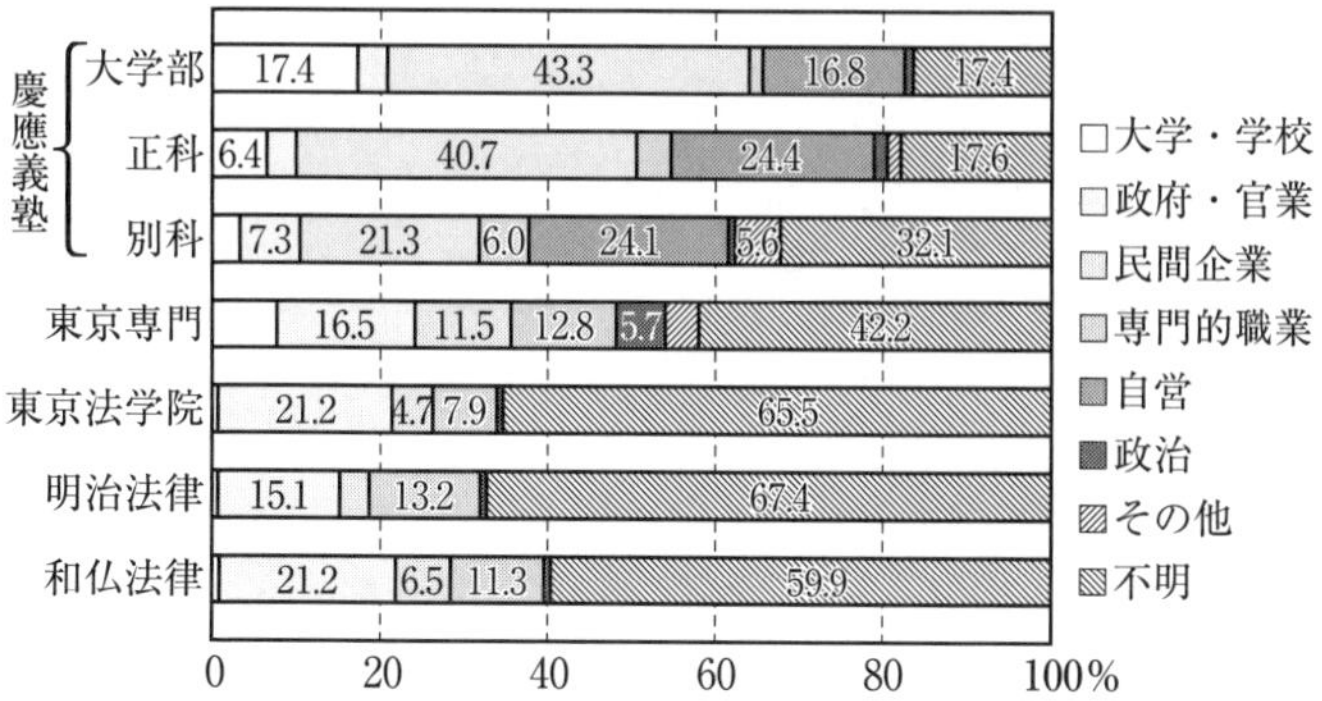

図 3-4　主要私学卒業者の就職状況

（注 1）　天野（1993），表 4（128 頁）より作成。

（注 2）　各大学のデータ年は以下の通りである。慶應義塾は 1902 年，東京専門学校は 1899 年，東京法学院・明治法律学校・和仏法律学校は 1897 年である。

（注 3）　各大学の現在の名称は以下の通りである。東京専門学校（現在の早稲田大学），東京法学院（現在の中央大学），明治法律学校（現在の明治大学），和仏法律学校（現在の法政大学）。

に就いている。工科大学、ならびに東京高等商業学校（現在の一橋大学）や東京高等工業学校（現在の東京工業大学）の卒業者の多くは「民間企業」に就いている。これらの傾向は、官立の卒業者がたとえ官僚にならずとも、教育や医療などの高度な専門職、あるいは産業界を牽引する社会的地位の高い職業に就いていたことを示唆している。

図3-4の私立学校をみると、図3-3と同様に、卒業者は「政府・官業」や「大学・学校」「専門的職業」に一定程度の割合で就職していることがわかる。これらは、前述の通り、私立学校が官立学校の官僚養成的役割を補完していたことを示すし、多くの平民の望んだ医師や代言人といった専門職の養成を行っていたことを示す。

他方で、官立の学校卒業者にはみられないカテゴリー「不明」が、慶應義塾の大学部・正科を別として、かなり高い割合でみられることが注目される。彼らは地方の富裕な平民層の子弟「遊学青年」であったと考えられている（天野、一九九三）。彼らは都会で新しい西欧の学問や教養に触れ、故郷に帰って家業を継いだり、新しい会社を興したり、あるいは地方政界に入って政治活動を行ったりした。いわゆる、「故郷へ錦を飾る」と言われたものである。私立専門学校が、官僚や専門職養成の教育機関にとどまらず、とりわけ地方出身の平民層の教養を主とする多様なニーズに幅広く応えていたことが、このようなデータから明らかとなっている。

以上のように、明治維新後、廃藩置県や秩禄処分によって社会的な転身を迫られた士族出身者は、帝国大学をはじめとする高等教育機関へと進学し、国家枢要な高級官僚、あるいは教育や医療などの高度な専門職に就いた。はじめは士族出身者が多かった帝国大学も、一九〇〇年頃には平民の進学者が多数を占めるようになっており、メリトクラシーが旧時代の身分を超えて機能するようになったことを示している。また私立専門学校は、官立学校の補完的役割を担いながらも、多くの平民が望んだ医師、代言人といった専門職養成を行い、さらに地方の富裕な平民の子弟・遊学青年の幅広いニーズにも応えた。それは、メリトクラシーが社会で機能するようになったということだけでなく、それまでの時代にはみられなかった、メリトクラシーを通しての新しい人生形成がみられるようになったことをも意味していた。

特権的な青年期、労働から解放されない子ども

エリート進学コースの確立、複線型の学校の体系化、メリトクラシー社会の成立によって、学校教育による立身出世の機会が、中産階級（ブルジョワジー）、労働者階級といったより下層へと開かれていく。これらの成立過程に、社会の工業化や市民の内なる欲求、市民革命や戦争への敗北がどのように、どのような順序で絡んでくるかは国によって異なる。しかし、いかようなプロセスを経ようとも、一八世紀から一九世紀にかけて工業化された社会では、親の身分や社会的地位、財産ではなく学校卒業資格がさまざまな側面で機能するようになる（Berger & Berger, 1972）。こうなると、多くの親は子どもをどのような学校に行かせるかに関心を払うようになって、メリトクラシーが一般の人々の間で機能するようになる、と理解される。ひいては、学校教育を通して職業を選択し人生を形成するという青年期が認められるようになる。青年期の誕生である。

しかし、だからといって、新しい学校教育がすぐさま多くの庶民（特に中産階級の下層部、労働者階級）の子弟にとって、親の身分や社会的地位、財産とは異なる階層への移動手段となったわけではない。西欧で言えば、パブリック・スクール、リセ、ギムナジウムのいずれにおいても重視された、伝統的なエリート教育の要素、ラテン語、ギリシャ語の古典語学習は庶民の子弟にはハードルが高かったし、庶民の多くが通う職業学校（中等教育）から高等教育へ進学しやすい学校体系にもなっていなかった。日本でも次章で述べるように、高等教育へと接続する中等教育への進学は狭き門であった。また、下層の子どもは親にとってなくてはならない働き手として期待され、なかなか労働から解放さ

れなかったという事情も挙げられる。これらの子どもたちと青年期の誕生の話との間には大きな隔たりがある。

それゆえ、メリトクラシー社会が成立した頃というのは、青年期は旧支配階級、富裕な上・中流階級の子弟にのみ与えられた特権的な発達期であった。ちょうど「クラス（階級）」を「クラス（学級）」で置き換えただけのような状況であった。社会が工業化・近代化した頃というのは、たとえ学校制度が整備されるようになったと言っても、中流階級下層や労働者階級の子どもたちは学校教育を基盤として人生を形成しえなかったし、ましてや思春期を迎えた年齢以降も学校に通って将来を考えるなど、おおよそ考えられないことだったのである。

三浦（一九九五）は、工業化社会で登場した「青年」「青春」という主題は、「階級」という主題、あるいは「階級打破」という主題と密接に関連していたと述べる。青年期は、階級社会の読み替え・打破という文脈をあわせもって登場した社会的・歴史的な概念だったのである。

それでも社会の近代化が進み、そのような低い階級の子どもたちが、たとえ働きながらでも短い期間小学校などに通うようになることは、後々青年期が大衆化していくために重要な動きであった。なぜなら、はじめは人生形成に関係なく学校へ通ったとしても、後々さまざまな社会的事情の変化を契機に、学校教育が彼らの人生形成の基盤となっていくからである。あるいは、そのような者が徐々に増えていくからである。

日本にも、明治以前（前近代）の村落共同体には、「若い衆」「若連中」「若者中」をはじめ、

「若勢《わかぜ》」（秋田）、「若者契約」（宮城・山形）、「二歳中《にせじゅう》」（鹿児島）などと呼ばれる男子の若者組織・若者組が存在していたことが知られている（福田、二〇〇〇）。若者組に加入する者は労働に従事し大人の仲間入りをしていたものの、未婚で一人前の大人とはみなされていなかった点で、ギリスの言うところの「若者期」を過ごしていたと考えられる。

福田によれば、若者組は大人が若者を年齢階梯制によって組織したもので、多くは一五歳あるいは一七歳で加入し、子供組と接続している。脱退年齢は地方差が大きく、西日本では二五歳ないしは結婚までが一般的で、未婚者の組織となっている。しかし、東北地方では、三五歳ないしは四二歳までの加入という例が多く、未婚者のみでなく既婚者も含めた青壮年の組織を基本としていた。地方差が大きかったことを示唆している。若者組の具体的な活動は、①地域の成員として必要な技能や規範、判断力を身につけるための教育訓練、②祭礼その他の村落行事の執行、③海難救助や消防あるいは夜警など村落の安全確保の活動、④他村との通婚を妨害したり、規制する結婚統制や結婚を希望する者への支援、⑤芝居の上演などの娯楽活動など、が挙げられる。若者組は、未完成の男子を加入させて一人前として扱いつつ、これらの活動を通して教育訓練し、一人前の村人に完成させることが基本的な役割であった（ほかにも、青木、一九三八／一九四八参照）。

子供組・若者組といった伝統的・慣習的な世界で発達していた子ども・若者に、明治新政府は小学校を整備して学校教育を促し始めた。一八七〇年代初頭のことである。しかし親たちには、学校で教える内容、教育を受けて与えられる学校卒業資格は、家業や将来就くであろう職業をはじめとした彼らの生活現実からかけ離れたものと感じられた。当初の学制では教育費が受益者負担であったから、就学拒否の風潮は弱まらず、徴兵令・地租改正の不満なども相まって、全国的に小学校の焼き討ち・打ち壊しが起こったことは周知の通りである。

次章で述べるように、日本では、多くの子どもが労働から解放されてメリトクラシー社会に乗って人生を形成するようになるには、戦後の高度経済成長期あたりまで待たなければならない。明治初期から考えると、まだまだ一〇〇年近く先のことである。青年期の誕生と子どもの労働からの解放とはこれほどの時代差がある。

さらに勉強したい人に

北村三子（一九九八）『青年と近代——青年と青年をめぐる言説の系譜学』世織書房

＊ 日本の明治期、従来の「若者」とは異質な「青年」という言葉や考え方が広まっていく過程が論じられている。

多仁照廣（一九八四）『若者仲間の歴史』日本青年館

＊ 若者組の歴史についてくわしい。

岩田重則（一九九六）『ムラの若者・くにの若者——民俗と国民統合』未來社

＊ 若者組が明治以降、青年会・青年団へと再編されていく過程について書かれている。

さまざまな青年カテゴリー――青年期の移行期

青木誠四郎の『改訂青年心理学』（一九三八／一九四八）という戦前から戦後にかけての青年心理学の教科書に、次のような記述がある。

「環境の複雑さが青年の感情に影響することは、都会の青年と田舎の青年との差として、明らかにわたくし達の見るところである。……都会は、その物的な環境からいっても、家屋の稠密、交通機関の発達等から見ても農村に比して著しく多くの刺激を与えるものがあるが、文化的な刺激もきわめて著しい。」（七二頁、傍点は筆者による）

「農村の生活は農村の青年にとっていわば生まれながらの生活でもある。かれらはそのほとんど全部が農村に生まれ幼少のときから農家の生活を体験し、いわばその生活は徐々に適応してきたような生活である。……しかし工場の生活は、たとえ都市の青年であっても特別な境遇にあるものを除いては、まったく新しい生活経験である。」（二五八―二五九頁、傍点は筆者による）

戦前から戦後にかけての青年心理学の教科書をみると、青木に限らず、「勤労青年」「学生青年」「労働青年」「農村青年」「工場青年」「都会の青年」「田舎の青年」「女子青年」などの、さまざまな青年カテゴリーをみつけることができる（ほかにも、千輪、一九五七：岡本・津留、一九五七など）。「女子青年」は今日でもまだ用いられるが(例えば、伊藤、一九九五：杉村、二〇〇一など)、「農村青年」「都会の青年」「田舎の青年」は今日ほとんど用いられなくなっている。「勤労青年」も、宮川編集の『青年の心理と教育』(一九八八)では「今日の勤労青年」という章題がまだ設けられていたが、一九九〇年代以降の教科書ではほとんどみかけなくなっている。

これらが示唆するのは、第一に、「男子青年」「女子青年」のジェンダー・カテゴリーは青年期論においていまだ重要な対象となっていることである。本書でも、一九九〇年代以降現代を説明する第6章で、女子青年について議論する。

第二に、現実には「都会」「地方」といったカテゴリーが依然として問題となっているものの[5]、次章で示すような一九六〇年代以降の「学生青年」の大衆化によって、「勤労青年」をはじめとする青年カテゴリーが急速に議論の前線から後退していることである。例えば、沢田ら編の『中・高校生の心理と教育』(一九六七)、津留の『高校生の生活と心理』(一九六五)、関・返田編の『大学生の心理』(一九八三)、高木の『高校生の心理(2)』(一九九九)にみられるように、それらの表題は、「都会」「地方」の差異よりもむしろ、学生青年の中の「高校生」あるいは「大学生」などの教育段階の差異を強調している。

第三に、これが本書では非常に重要な点だが、「学生青年」が青年期の定義に則った正系であり、そして、社会が多かれ少なかれ学校教育を基盤として職業選択や人生を形成するメリトクラシー社会に移行していると理解されるようになっていたからこそ、「青年」という用語で他の労働に従事する若者を、「勤労青年」「労働青年」「工場青年」「農村青年」とカテゴリー化していたと考えられることである。牛島（一九五四）が、「労働青年のばあいは、青年期が……数年早く終わると考えなければならない」（八六頁）と述べたこと、あるいはフランスの青年心理学者M・ドベス（Debesse, 1946）が、「青年のうちには早くから生計を立てねばならない者が多く、そういう者は、いわば青年になっている余裕がない」（訳書一三八頁）と述べたことは、この見方を支持するものである（ほかにも、柴野、一九九〇）。牛島にとっての「労働青年」とは、本来なら過ごすべき学生としての時期を過ごすことができず、やむなく職に就いた若者のことを指している。

もっとも、学校教育を終了することが、「青年期を終える」「大人になる」を意味するわけではないので、この点、注意を要する。「大人になる」とは、学校教育の終了、職業生活の開始の状態だけでなく、ほかにも、親からの経済的自立・離家、結婚・出産、社会的責任や義務の発生なども含めて考えられるものである（第1章の「青年心理学者にとっての『大人になる』とは」参照）。これらの条件をすべて満たさないと、大人になったとみなされないわけではない。そして、それは何をテーマに「大人になる」ことを議論するかに依存する。しかし、ここでは少なくとも、青年期定義の基本的条件としての学校教育を不十分ながらにも終えることで、青年が大人に向けて移行していかなければならない現実を、「労働青年」という用語で強調していると理解しなければならない。

（5） 例えば吉川（二〇〇一）の地方の高校生の独自の進路選択の研究や、藤井・山田編（二〇〇五）の地方都市の大学生の正課・正課外の活動や学生文化の研究などがそうである。

岡本・津留（一九五七）は、この部分を次のようにうまく説明している。

「一方、中学あるいは高校を出ただけで就職した者もすぐに成人的な生活に入れるわけではない。彼らは多くは見習い期間としてかろうじて自分一人が生活しうる程度で、親許なり住み込みなり寮なりで、いわゆる社会的に不完全な独身生活を営んでいる。そしてここに成人とは異なる勤労青年階層を構成する。その数は決して少なくない。たとえば昭和二十五年度国勢調査によれば、すでに成人の労働戦線に参加している十四歳から十九歳までの青年の人口は約五二万で、これは全労働人口の一四％を占めている。職種は工業・商業がもっとも多い。彼らは結婚し世帯を持っている成人たちから何らかの軽称――たとえばチョンガーのごとき――をもって呼ばれ、自らもその身軽さと自由さと将来性を多少誇る気持ちで成人たちとのあいだに一線を引いて団結している傾向がある。彼らの多くは精神的にも社会的にも急速度に成人になっていくが、なおしばらくは社会の職場のなかに特殊な若い層を形成して、よかれあしかれ青年期的な問題を発生しているのである。」（岡本・津留、一九五七、七―八頁）

参考文献

天野郁夫（一九八九）『近代日本高等教育研究』玉川大学出版部

天野郁夫（一九九三）『旧制専門学校論』玉川大学出版部
橋本伸也・藤井泰・渡辺和行・進藤修一・安原義仁（二〇〇一）『エリート教育』（近代ヨーロッパの探究4）ミネルヴァ書房
クラウル、M（一九八六）『ドイツ・ギムナジウム200年史――エリート養成の社会史』（望田幸男・川越修・隅元泰弘・竹中亨・田村栄子・堤正史訳）ミネルヴァ書房
望田幸男（編）（一九九五）『近代ドイツ＝「資格社会」の制度と機能』名古屋大学出版会
仲新・持田栄一（編）（一九七九）『学校史要説』第一法規出版
田中克佳（編）（一九八七）『教育史――古代から現代までの西洋と日本を概説』川島書店

第4章

青年期の大衆化

——一九六〇〜七〇年代前半

第4章から第6章では、明治期に実現した日本のメリトクラシー社会、そして誕生した青年期が、戦後どのように多くの人々の間で大衆化し、今日の姿を迎えるに至ったのかを説明する。

青年期の観点からみて、戦後の日本社会の変化は、①戦後〜一九五〇年代、②一九六〇〜七〇年代前半、③一九七〇年代後半〜八〇年代、④一九九〇年代以降現代、と大きく四つの時期に区分して考えられる。これらの時期区分は産業社会の発展、それに伴う人々の暮らしや価値観、ライフスタイルの変化などに対応するものだが、学歴競争や家族などをテーマとする教育社会学でもこのような時代の変化の大枠に従って説明されることが多い（例えば、久冨、一九九三、二〇〇〇：宮本、二〇〇四）。本書の四つの時期区分もそこでの論を参考にしている。

さて、今日、多くの子ども・若者にとって学校教育を受けることは人生形成の基盤となっている。

学校教育をまったく介さないで親の職業を世襲し、それで人生を形成するという者は少なくなっている。このような学校教育を通して人生を形成する発達期としての青年期が、社会全体のものとなっていくのは、日本では一九六〇～七〇年代前半の時期である。それは、さまざまな青年カテゴリー（「学生青年」「勤労青年」「労働青年」「農村青年」など）が「（学生）青年」へと単一化していく過程であり、「青年期の誕生期・創始期」から「青年期の大衆化」へ移行する過程でもある。

本章では、先ほどの①戦後～一九五〇年代との対比において、②一九六〇～七〇年代前半の日本社会の変化、そして青年期の時代的特徴について説明する。

戦後～一九五〇年代

戦後～一九五〇年代は、戦前から戦後、そして戦後から一九六〇～七〇年代をつなぐ時期として重要である。もう一度、戦前の複線型学校体系の話に戻ろう。

図4-1は一九二一年のもので、明治の学制発足以来の相次ぐ改編を経て、ある程度確立した時期の学校体系を示している。そのおもな特徴は、図3-1（一八九〇年）の明治中期のものと比べると、尋常小学校が四年制から六年制になっていること（一九〇七年に改正）、中等教育が「中学校」「高等女学校」「実業学校」の三系統で再編成されていること（一八九九年に改正）、専門学校の多くが「大学」へと昇格していること（一九一八年に改正）にある。

戦前の学校体系は、中等教育以降が複線型になっている点に大きな特徴があり、小学校の卒業時に

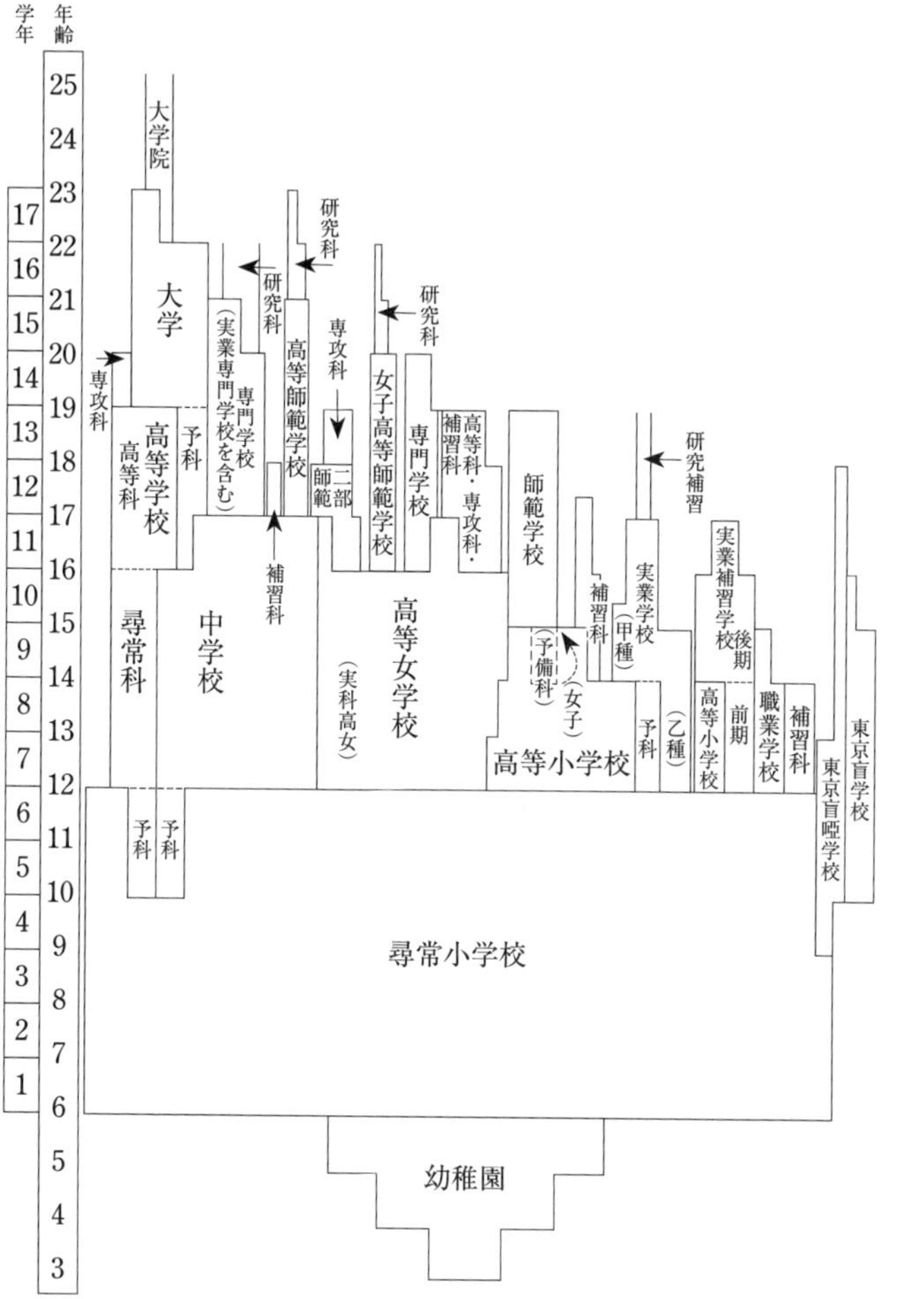

図 4-1　1921 年の日本の学校体系

（注）文部省編（1992），第 6 図（767 頁）より作成。

は子どもたちの前に、高等教育（大学や専門学校・女子高等師範学校など）まで進めるコース（中学校〔男子のみ〕・高等女学校）と、農業・工業・商業・商船などの職業養成に進むコース（実業学校）、そして中等教育ではないがさらなる二年間の延長教育である高等小学校へのコースが待っていた。中学校の間口が狭かったことや能力があっても経済的困難を理由に、実際には高等教育に接続するコースに進学できる子どもの数は少なかった（宮原、一九六六；小川、一九六〇／一九六四）。

小川（一九六〇／一九六四）が述べるように、小学校程度の学歴しか得られない、言い換えれば働かざるをえない子どもたちの絶対多数は農家の子どもであった。一九四九年現在の農家の九五％は二町以下の小農であり、すべて零細経営的な自家労働によってまかなわれていた。農地改革（一九四五〜五〇年）が実施される以前は、小農の多くは小作農であったから、わずかな収穫の中から半分近くを地主に小作料として納めなければならなかった。農産物価格は都市で生産される農家必需品の価格に比べてきわめて安価であったから、農民は土地からの収穫だけではとても生きてはゆけず、副業や土木などの日雇い、季節労働などをして生活を補わなければならなかった。小作農の生活は極貧であったし、また事情は自作農であっても大差はなかった（ほかにも中野、一九九四）。

したがって、農家の子どもは年齢に応じてさまざまな家の仕事を手伝わなければならなかった。子どもは就学前から子守をし、留守番、用足し、水くみ、風呂焚き、米とぎ、洗い物のような家事の手伝いから、家畜の世話、田畑の仕事、養蚕の仕事と、年齢が進むに従って家の労働に参加していくのであった。子どもの生活時間の調査結果は、農家の子どもが労働のために遊びと勉強の時間を奪われているありさまを顕著に示している（深谷、一九九六）。

さらに、農家の次男・三男・女の子どもの場合は、土地を継げないために、あるいは食い扶持《ぶち》を減らすために、丁稚や奉公人、あるいは女工などとして片づけられ、就学年齢には家を出ていかざるをえないことが多かった。このような子どもたちにとって、学校教育を通して職業を選択し人生を形成するなど、無縁にも近い状態であった。いわんや青年期をや、である。

能力主義を謳《うた》うメリトクラシー社会ではあったが、全体的にみれば階層再生産的な傾向がみられ、今日教育社会学者がよく説くところの親の収入や社会的地位、学歴がこうした進路選択に効いているのであった。もちろん、第3章の「学校と社会階層との関係」でみたように、平民が少なからず帝国大学に入るようになる、ひいては国家枢要な地位に就くようになるのだから、メリトクラシーは社会で機能しているとは言える。しかし、全体的にみれば、メリトクラシー社会に乗れる者は親の収入や社会的地位などの高い者で占められていた。今日この傾向はずいぶんと緩和されているが、なくなったとも言えず、依然として根深い問題として議論され続けている（苅谷、一九九五）。

また、親の経済的な問題も大きかったが、高等小学校、実業学校のコースが、高等教育へと進学できない袋小路の学校体系となっていたことも大きな問題であった。小学校卒業時の進路選択が、後々の進路を完全に決定してしまうのであった。宮原（一九六六）は、中等教育がエリートのための正系（中学校・高等女学校）と一般庶民のための傍系（高等小学校・実業学校）に分かれた「中等教育の二重構造」になっていると議論した。

第二次世界大戦に負けた日本は、憲法改正（日本国憲法の制定）・財閥解体・農地改革・教育改革などさまざまな改革を行う。教育分野では、一九四七年に公布された教育基本法、それに基づいて制定された学校教育法が、六・三・三・四の単線型学校体系による新学制を定めた。この六・三・三・四の単線型学校体系は、戦前の、あるコースが袋小路になって上に進めない複線型学校体系の問題を、制度的に克服したとして評価されるものであったが、宮原の述べた中等教育の二重構造は姿を変えて後々まで残存した。

抑制された競争の時代

図4-2にみられる一九五〇年代の高校への進学率をみると、その割合は当時四〇～五〇％台で推移していたことがわかる。四〇年の旧制・中等教育機関である「中学校」「高等女学校」「実業学校」の在学者数は一六一万二五八一人、五五年の新制「高等学校」の在学者数が二五九万二〇〇一人で約一・五倍に増加している（国立教育研究所編、一九七四）。

他方高等教育をみると、五四年の大学・短大への進学率は、男性で大学一三・三％／短大二・〇％、女性で大学二・四％／短大二・二％である。男女をあわせると、平均一〇・〇％の進学率である。四〇年の旧制・高等教育機関（統計上分類の難しいものも含まれているが）である「大学」「高等中学校・高等学校」「専門学校（外国語学校）」「実業専門学校」「師範学校」「高等師範学校・女子高等師範学校」「実業教員養成所等」の在学者数は二九万四八三二人であり、五五年の新制「大学」「短大」の在

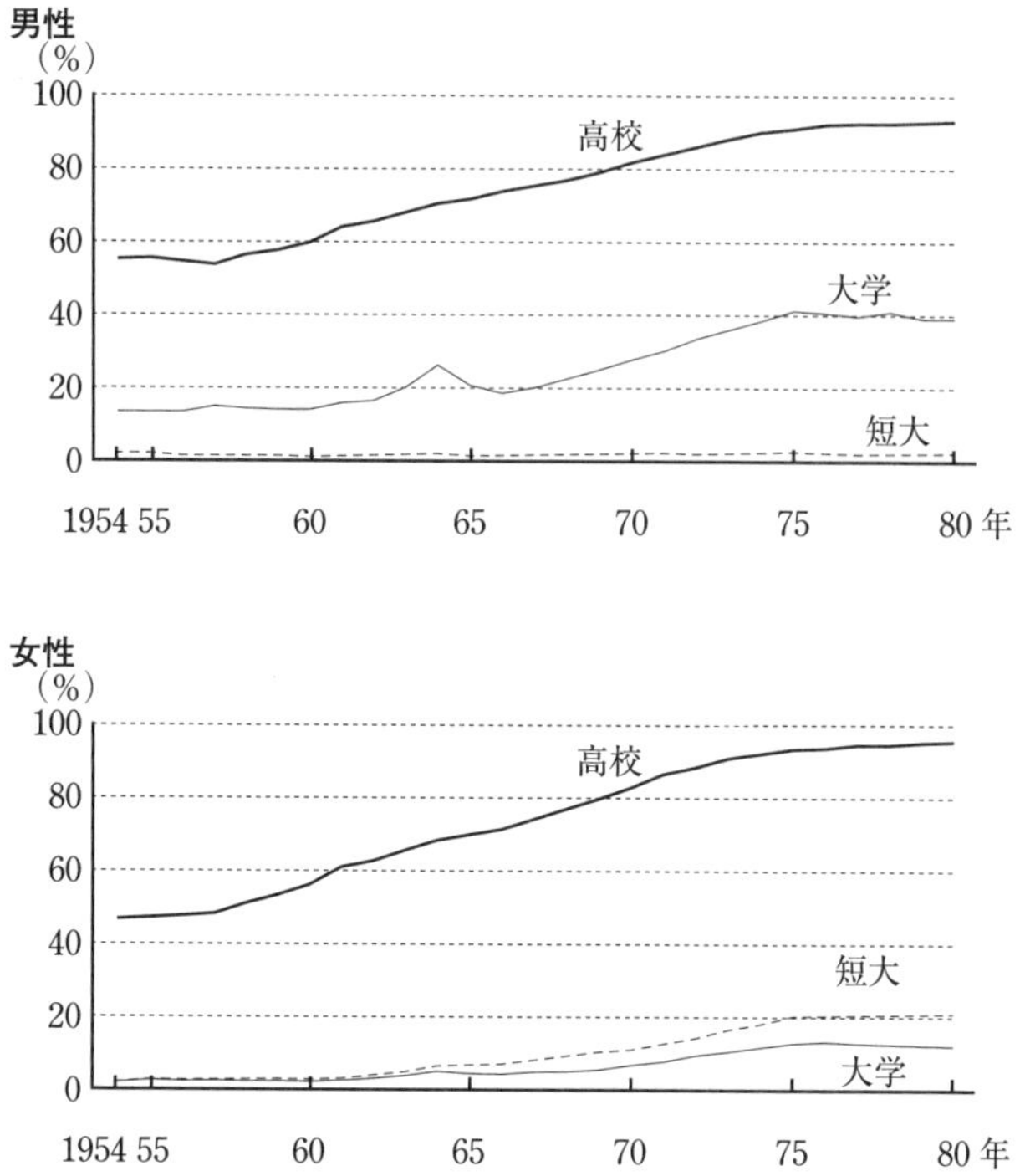

図 4-2　高校・大学短大への進学率

（注 1）　文部科学省『学校基本調査』各年度より作成。

（注 2）　高校の進学率は通信制課程（本科）への進学者を除く。大学短大への進学率は過年度卒業者等を含む。

学者数が六〇万一二四〇人で、倍増している（国立教育研究所編、一九七四）。

しかし、久冨（一九九三）はこの時期の進学競争の特徴を「抑制された競争の時代」と呼び、戦後〜一九五〇年代の高校・大学短大への進学率が伸びず停滞していたとみている。

久冨は、進学率の伸び悩みの大きな理由を低所得者層による進学断念に求めている。例えば、森口（一九六〇）が一九五八年に京都府で中学三年生の保護者対象に行った調査結果によれば、高所得者層の親は成績が良くても悪くても子どもを高校へ進学させようと考える傾向がみられるのに対して、低所得者層の親は成績が悪ければかなりの高い確率で子どもの高校進学を断念し、成績が良くても高所得者層に比べると進学断念の確率が高いという傾向がみられるのであった。

もちろん、久冨が急いで補足するように、「農家の跡継ぎに学問はいらない」「勉強したらロクな人間にならない」などの言葉が象徴するような、農家や工場労働者など、下層の人々の生活的現実に学校文化が合うものとしてなかなか理解されなかったということも理解しておかなければならない。社会全体としては産業構造が大きく変わりつつあったとはいえ（図4-3参照）、一九五〇年代はまだまだ第一次産業（農業・林業・漁業）が中心の時代であり、国民全体は依然として貧しく、メリトクラシー社会、ひいては青年期を享受できる子ども・若者の数はまだまだ多くはなかったのである。

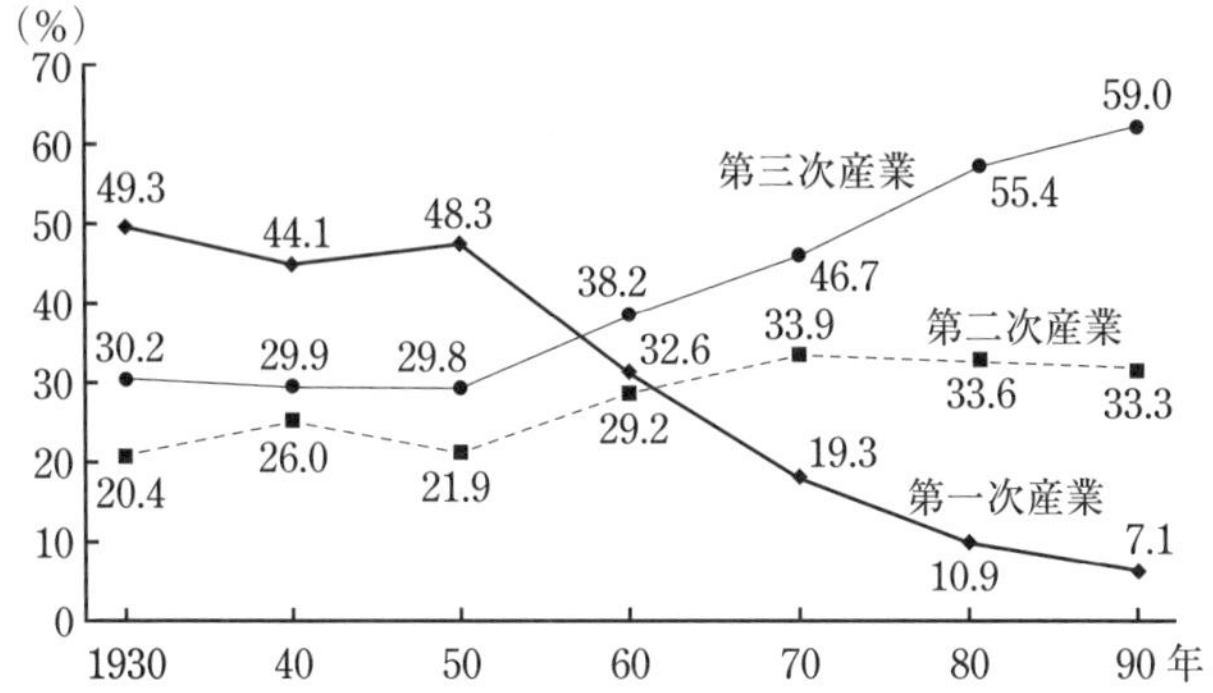

図 4-3　産業就業構造の変化

（注）　経済企画庁調査局『経済要覧』各年度より作成。

さらに勉強したい人に

ウィリス、P・E（一九九六）『ハマータウンの野郎ども』（熊沢誠・山田潤訳）ちくま学芸文庫

＊　下層の子ども・若者と学校文化との関係をイメージ豊かに理解するのに参考になる。労働者階級の子どもは、メリトクラシーに乗れないことを卑下するどころか、むしろ積極的に否定し、父親のような汗と油にまみれた肉体労働者になりたいと願うのであった。

青年期の大衆化——高校のユニバーサル化、大学短大の大衆化

一九六〇年は、所得倍増計画をはじめ経済による日本社会の発展をスローガンとした、池田勇人内閣誕生の年である。日本社会は、一九五五年から始まるとされる経済の高度成長を追い風として、さまざまな側面において変化した。それは、それまで主流だった第一次産業への従事者が激減し、代わって第二次産業（鉱業・建設業・製造業）、第三次産業（商業・運輸通信業・サービス業など第一次・第二次産業

以外の産業）への従事者が増加するという産業就業構造の変化にまずみてとれる（図4-3参照）。他方で、農村から都市への大幅な人口移動、核家族化の進行と家族の少人数化・少子化、地域共同体の解体、生活様式の消費化なども、本章の社会的背景として重要な変化である。

青年期論におけるこの時期の特徴は、「青年期の大衆化」である。これを具体的に示す代表的指標は、高校ないしは大学短大への進学率の急増である。

高校で四〇～五〇％、大学短大で一〇％と伸び悩んでいた進学率が、一九六〇年代に入って急増し始める。高校への進学率は、男性は一九七五年に、女性は一九七三年に九〇％を超えた（図4-2参照）。一〇〇％にはならないが、一九七〇年代半ばにはほとんどの者が高校へ進学する状況となった。一九五四年の高校への進学率は男性で五五・一％、女性で四六・五％であるから、この間の進学率の伸びはどちらかと言えば女性のほうが大きかったとも言えよう。

大学短大への進学率については、男性は大学への進学率（一九六〇年一三・七％→一九七五年四一・〇％）が、女性は短大・大学への進学率（短大：一九六〇年三・〇％→一九七五年二〇・二％／大学：一九六〇年二・五％→一九七五年一二・七％）が一九六〇年代に入って急増し、ともに一九七〇年代半ばでピークを迎えている。

このような一九六〇～七〇年代前半にみられた高校のユニバーサル化、大学短大の大衆化は、学校教育を通して職業を選択し人生を形成する青年期が多くの若者の間で大衆化したことを表している。青年期の誕生後に登場したさまざまな青年カテゴリー（「学生青年」「勤労青年」「農村青年」など）が、

「(学生)青年」へと単一化したとも言える。

M・トロウ(Trow, 1974)は、高等教育に進学する者の当該年齢人口の割合をもって、その国の中で高等教育のもつ社会的特徴を「エリート型」(一五%未満)、「大衆化(マス)型」(一五〜五〇%)、「ユニバーサル型」(五〇%以上)と分けたが、一九五四年の日本は、男性・女性ともに進学率一五%未満の状況にあり、トロウの分類によるエリート型に属していた。それが一九六〇年代に入って一変し、トロウの大衆化(マス)型に突入した。一九六三年のことであった(男女平均で一五・四%)。こうして、GNP比で高度経済成長が終わったとされる翌年の一九七四年には、高校への進学率が九〇%を超え、大学短大への進学率は三五%を超えたのである。

進学率のみならず、親が子どもに受けさせたいと考える教育程度・期待が大きく変化している(保江、一九六七)。この点もみておこう。

図4-4は、親が子ども(息子・娘)に受けさせたい教育程度を一九五一〜一九七三年まで経年比較でみたものである(娘の資料は一九六〇〜一九七三年)。それをみるとまず、息子・娘を問わず全体として、義務教育段階の中学までの教育でいいと考える親は、特に一九六〇年代半ば頃からほとんどみられなくなっていることがわかる(ほかにも八幡、一九六五)。第二に、息子の場合、一九五〇年代では高校までの教育程度を期待する親が多数派であったが、一九六〇年代を境に、それが大学(大学院含む)に変わっている。一九七三年では、七割の親が息子を大学(大学院含む)まで行かせたいと期待している。第三に、娘の場合、大学か短大高専かという差異はあるにせよ、高等教育の段階へと

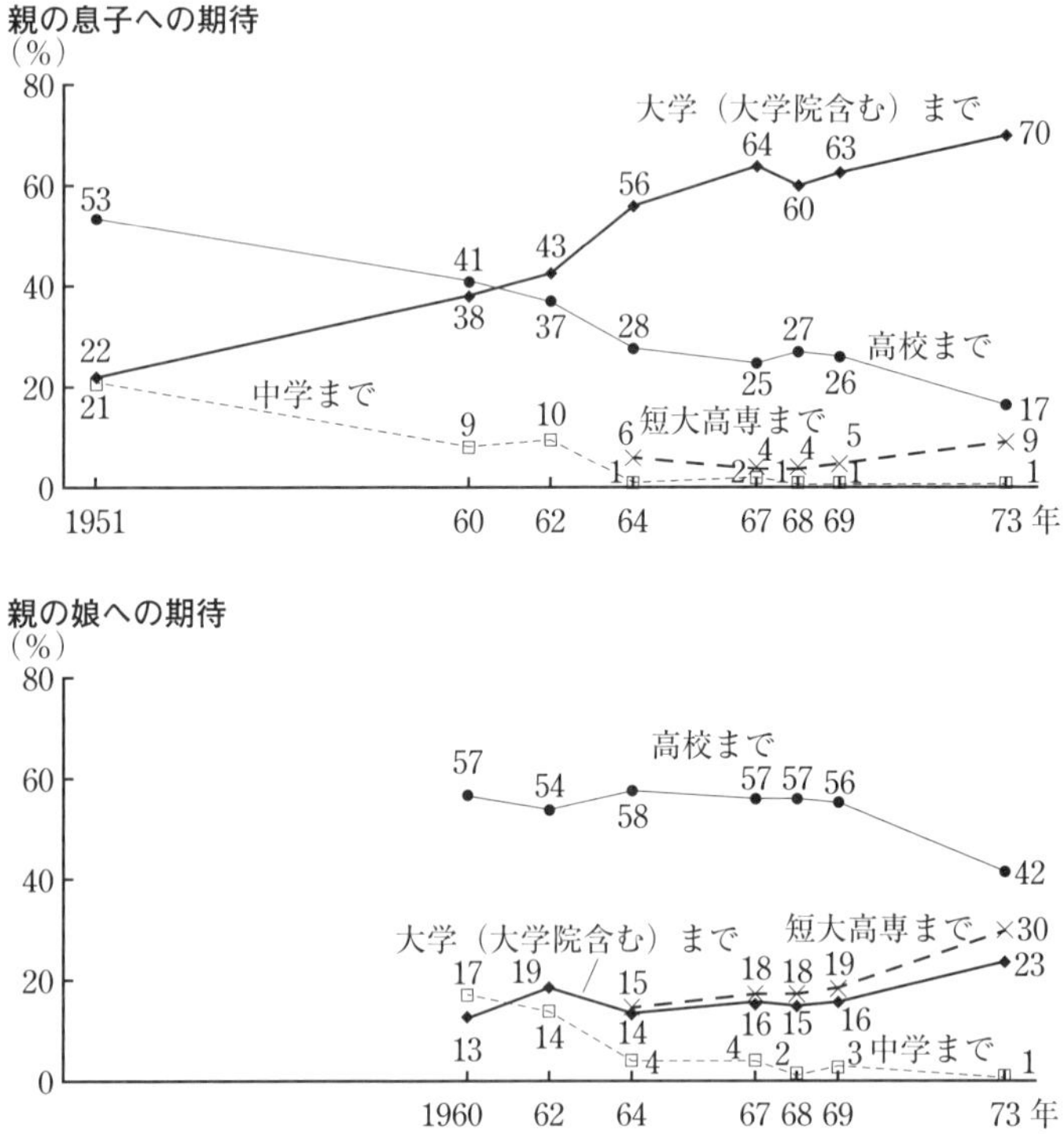

図 4-4　親が子ども（息子・娘）に受けさせたい教育程度

（注）　NHK 放送世論調査所編『図説 戦後世論史』NHK ブックス，25-3 図（83 頁）より作成。

子どもを進学させたい親の期待の高まりをみてとることができる。息子・娘を問わず、六〇年代以降、より高い教育を与えたいと願う親の割合が増えているのが特徴的である（第6章の「みえにくくなる男子青年と女子青年の心理的境界」も参照）。

メリトクラシー社会に乗っても限界がある下層の子ども

一九六〇〜七〇年代前半の高校・大学短大

への進学率の急増は、教育のニーズが一般的に義務教育段階を超えて、より上級の教育段階へと拡大したこととして理解される。庶民の子どもたちは少しずつ労働から解放され、彼らの学校教育を通して職業を選択し人生を形成する・大人になるという、今日に近いかたちでの発達プロセスが成立していく。こうしてメリトクラシー社会、ひいては青年期が大衆化したと前節ではまとめられた。

しかし、大きく二点補足をしておかなければならない。

第一に、たしかにほとんどの者は高校へ進学する状況となり、義務教育だけで学校教育を離脱する高校非進学者は社会全体の中でマイノリティになった。しかし、そのマイノリティが生み出される背景には、かなり法則定立的なパターンがあることもわかってきた。

高校進学率が八〇％台に乗った時期に、潮木ら（一九七一）は大きく二点を指摘した。一つ目は、親の年収である。一九六八年に文部省が実施した「中学校卒業者の進路状況」によれば、親の年収が五〇万円未満と五〇万円以上との間には、高校進学率に関する大きな断絶がみられることである（図4-5参照）。しかも、年収五〇万円未満の層はけっして例外的少数者ではなくて、全世帯の一九・八％にまで達している（図4-5の注3参照）。これほど大きな社会層において現れる異例とも言える低い進学率は、高校のユニバーサル化が実現したと叫ばれる中で、けっして見過ごすことができない、中学から高校への選抜過程総体の問題であった。

二つ目に、同様の傾向は職業別にみても現れていることである（図4-6参照）。「漁業者」「労務者」「農林業者」「無職・その他」といった層の高校進学率は、他の層に比べて顕著に低い。「漁業

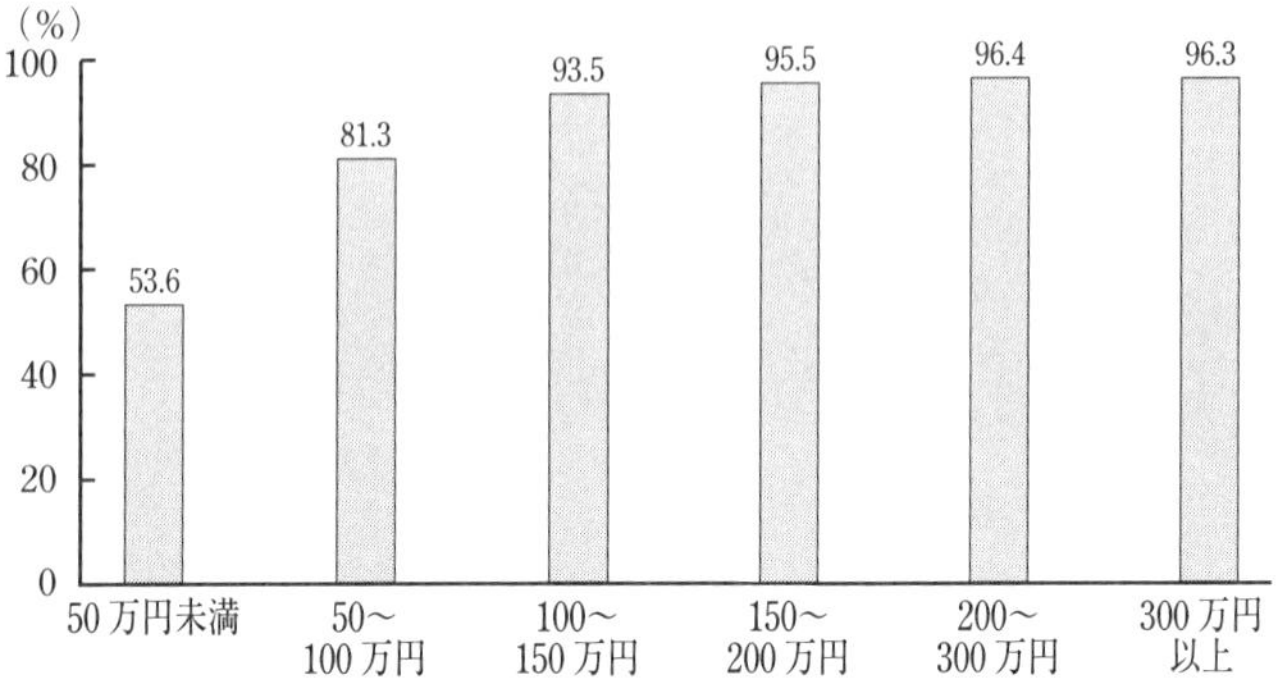

図4-5　文部省「中学校卒業者の進路状況」(1970年) の所得階層別高校進学率

(注1)　調査実施は1968年。

(注2)　潮木ら (1971), 第1表 (67頁) より作成。

(注3)　全体に占める各所得層の構成比は以下の通りである。「50万円未満」(19.8%),「50〜100万円」(44.4%),「100〜150万円」(22.2%),「150〜200万円」(7.6%),「200〜300万円」(4.0%),「300万円以上」(2.0%)。

者」層は全体の二・二%であり、割合は低いけれども、漁村の子どもが学校教育を通して職業を選択し人生を形成しないのは、小川（一九六〇／一九六四）の次のような説明で理解される。

　日本の漁業には、一九五〇年代くらいまで奴隷型養子の慣行が残っていた。瀬戸内海の一部ではこれを「かじこ」と呼んだそうだが、かじこは幼くて漁師の家に買われ、学校へは全然行かずに漁に出た。陸にいるときは主家の雑用に使われ、海に出ては罵られ叩かれ蹴られながら漁を仕込まれ、終生その漁師の家に従属して働いた。このような慣行は他の地方でも多かれ少なかれみられた。奴隷型養子でなくてもそれに近いかたちをとり、子どもは小学校の三、四年生頃から漁に出た。出漁の時間は汐によって異なり、学校の時間と重

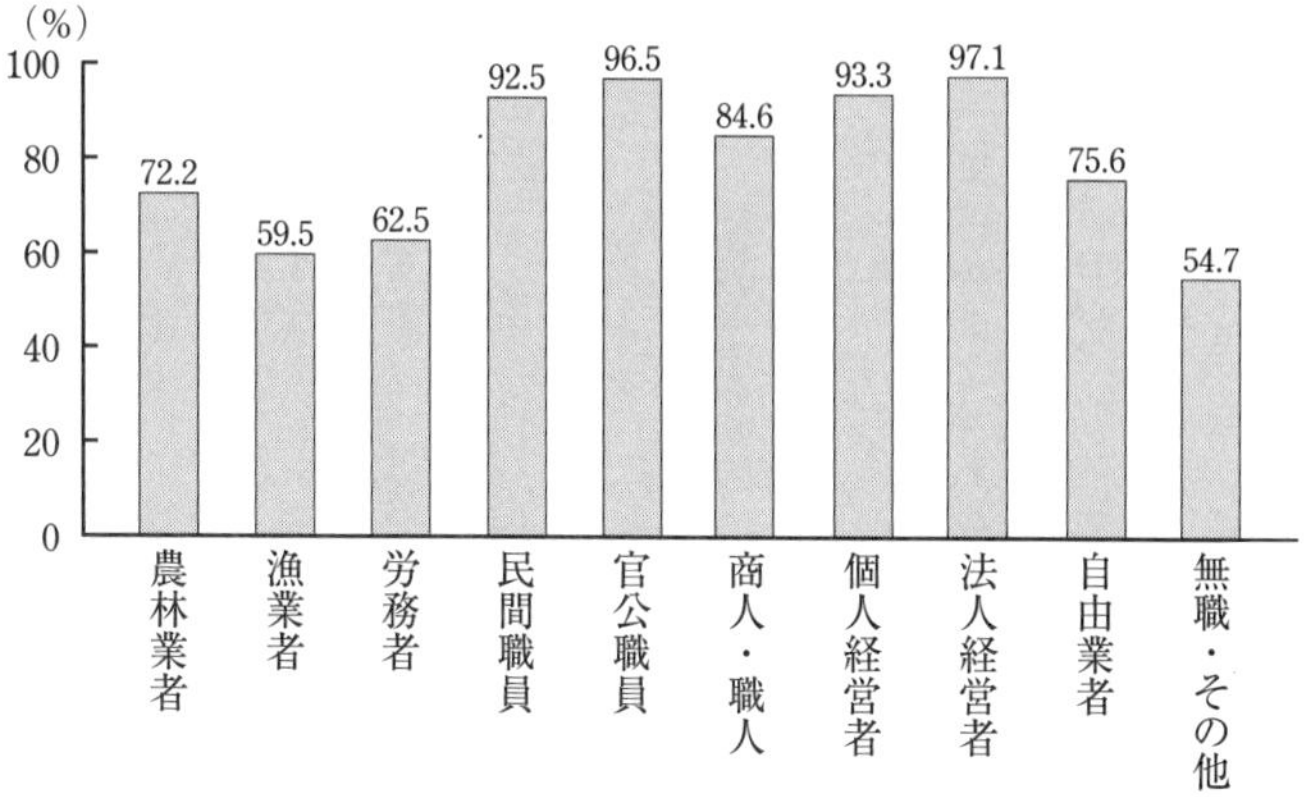

図 4-6　文部省「中学校卒業者の進路状況」(1970 年) の職業別高校進学率

(注 1)　調査実施は 1968 年。

(注 2)　潮木ら (1971), 第 2 表 (68 頁) より作成。

(注 3)　全体に占める各職業層の構成比は以下の通りである。「農林業者」(28.5 %),「漁業者」(2.2%),「労務者」(11.4%),「民間職員」(19.0%),「官公職員」(12.4%),「商人・職人」(10.4%),「個人経営者」(8.9%),「法人経営者」(1.4%),「自由業者」(2.0%),「無職・その他」(3.8%)。

なれば、学校を休むことも珍しくなかった。中学になって仕事を任されるようになると、長期欠席をする子ども、あるいはまったく学校に姿をみせない子どももいた。

豊後水道の四ツ手網漁業は網元に従属する子方の漁師によって行われていたが、子どもたちは小学校を卒業すると、その家の属する網元の管理する宿に入って子ども同士の共同生活を始め、そこで網元のために働きながら漁の技術を身につけた。こうした封建的な慣行はしだいに崩れ、一九六〇年代には家や組で漁に出るかたちに変わってきたが、それでも子どもの労働は変わらずあてにされていた。四ツ手漁業の組に従事していたある中学生は、大人とともに夕刻から出漁して、漁灯を輝かせながら終夜漁を行い、明け方に浜に帰ってくる。一寝入りする間もなく登校するけれども、教室では前夜の疲れと睡眠不足のために座ったまま眠りこけ、そしてその日の夕刻にはまた出漁するのであった。

一般的には、戦後の漁業への資本の投入により、沿岸の手押し漁業は沖漁業に圧迫される傾向にあり、子どもが海の仕事に参加するかたちは変わりつつあった。しかし、一九六〇年代はまだその名残りがあり、親がこのような職業をもつ子どもと学校教育との関係が、一つ焦点化されたのであった。

話を戻して第二の補足は、高校への進学率が九〇％を超えてほぼ全入のユニバーサル状態となった一九七〇年代半ば頃、高校進学機会に関する社会階層間の不平等はかなりなくなったとみられていた（菊池、一九七五）。このことは、親の身分や社会的地位、財産にかかわらず、子ども・若者自身の能力によって職業選択や人生形成を行っていくメリトクラシー社会が大衆化してきたことを示唆するものである。

しかし、高等教育との接続をみてみると、高校の中には、高等教育に接続している普通科高校、その中でもいわゆる「進学校」と、進学が不利な偏差値の低い普通科高校、職業科高校（今日では「職業高等学校」と呼ばれている）の「非進学校」とに分かれていて、その差異が社会階層間の不平等に基づいている、ひいては高校進学によって固定的な社会階層が再生産されていることが新たに問題としてみえてきたのであった。つまり、高校への進学機会それ自体に関しては、親の職業や年収などに影響を受けなくなってきた。その意味では、メリトクラシーが社会で一般的に機能するようになってきたと言える。しかしながら、その進学する高校が大学や短大に行きやすい進学校なのか非進学校なのかという視点でみると、職業階層の低い親の子どもは全体的に非進学校に行く割合が高かった。つまり、親の職業が影響を及ぼしていたのである（秦、一九七八）。非進学校を卒業して就く職業は、大学短大まで進学して就く職業よりも社会的地位が低いことが多く、その意味で、以前の「中学卒」「高校卒」の格差は今や「高校卒」「大学卒」の格差として姿を変えていたのであった。

メリトクラシー社会は、親の身分や社会的地位、財産にかかわらず、子ども・若者自身の能力によって社会的地位を獲得していくことを目指すものだったが、ここで示される事実は、その能力を表す学校卒業資格がさらに親の職業や学歴、収入などに影響を受けていることを示唆していた。この問題は、今日においてもかなり根深い構造をもつ問題として検討され続けている。

職業指導から進路指導へ

一九六〇年代は単に学校進学が大衆化しメリトクラシー社会が確立するだけでなく、学校が生徒の「どのような大人になるか」という青年期発達課題を、明示的に引き受け始める時期でもあった。これを象徴する出来事は、中学校・高校でみられた職業指導から進路指導への転換であった。以下にみていこう。

「職業指導（vocational guidance）」という用語・考え方は、もともとアメリカの職業指導運動にルーツがあり、わが国では大正に入って紹介された。一般的に職業指導がわが国で広まり始めたのは大正中期から昭和初期にかけてであり、それは若年労働の問題を背景に年少の子どもを対象とするものであった。はじめは、今日のような学校教育の中で行われたわけではなく、職業安定所のような学校外の機関で行われた（潮田、一九六七）。

それが、一九二七年に文部省から出された訓令「児童生徒ノ個性尊重及職業指導ニ関スル件」を契機に、学校教育の中に導入され始めた。文部省はこの訓令を通して、職業指導を正式に学校教育に導入することを決定するとともに、学校現場における職業指導の充実の促進を図った。一般的に、日本の学校進路指導はここが出発点だと考えられている。

吉田（二〇〇五）は、戦後の職業指導・進路指導の変遷を、①一九四六～一九五〇年（職業指導の復興・新発足期）、②一九五一～一九五七年（職業指導の展開期）、③一九五八～一九六八年（進路指導の確立期）、④一九六九～一九八八年（進路指導の展開期）、⑤一九八九～二〇〇二年（進路指導の新展開期）、⑥二〇〇二年～現在（進路指導からキャリア教育への移行・導入期）、の六期に分けて説明している。⑥の進路指導からキャリア教育への移行については第6章で取り上げるが、本章で重要なのは②から③への移行、すなわち、それまでの職業指導から進路指導への教育・指導観の転換である。

一九五八年に中学校学習指導要領が、一九六〇年には高校の学習指導要領が全面的に改訂され、それまでの「職業指導」という用語が「進路指導（career guidance）」へと改められた。ここでの進路指導という用語には、「職業指導」と「（上級学校への）進学指導」の二つの指導の意が含み込まれている（田崎、一九五六）。

この用語改定の背景にみられる大きな議論の一つは、それまで一般に行われてきた職業知識、知能・作業検査、職業分析・求人情報などを通しての就職斡旋・適材適所的な職業指導に代わって、生徒の適応的で自主的な進路選択に基づく職業指導・進学指導が必要であるということであった。一九六一年に出された文部省「中学校・高等学校進路指導の手引き――中学校学級担任編」では、「(学校における進路指導とは）生徒の個人資料、進路情報、啓発的経験および相談を通じて、生徒がみずから、将来の進路の選択、計画をし、就職または進学して、さらにその後の生活によりよく適応し、進歩する能力を伸長するように、教師が組織的、継続的に指導・援助する過程である」とまとめられている。

当時は、適した職に就かせればそれで良しといった適材適所的な配置指導が問題だと感じられており、就職した卒業生の中にも、適職でないと言って早期離職・転職する者が多くみられた。また、高校・大学短大への進学率が上昇するにつれて、曖昧な動機で上級学校へ進学する生徒が少なくなく、生徒の主体的な進路選択が問題視されていた。

例えば花岡（一九五七）は、長野県の中卒・就職者が就職後どのように適応・不適応に至っているかを、多数のデータを示して問題提起している。図4-7は、長野全県下の中学校と職業安定課との協力によって収集されたデータの一つである。この調査で離職者・転職者は、約一万七〇〇〇人の対象者のうち九六八人で、全体のわずか五・七%にすぎない。しかし、就職してわずか三～四カ月後の結果であって楽観視できないと花岡は述べている。その証拠に、長野県職業安定課が実施した別の

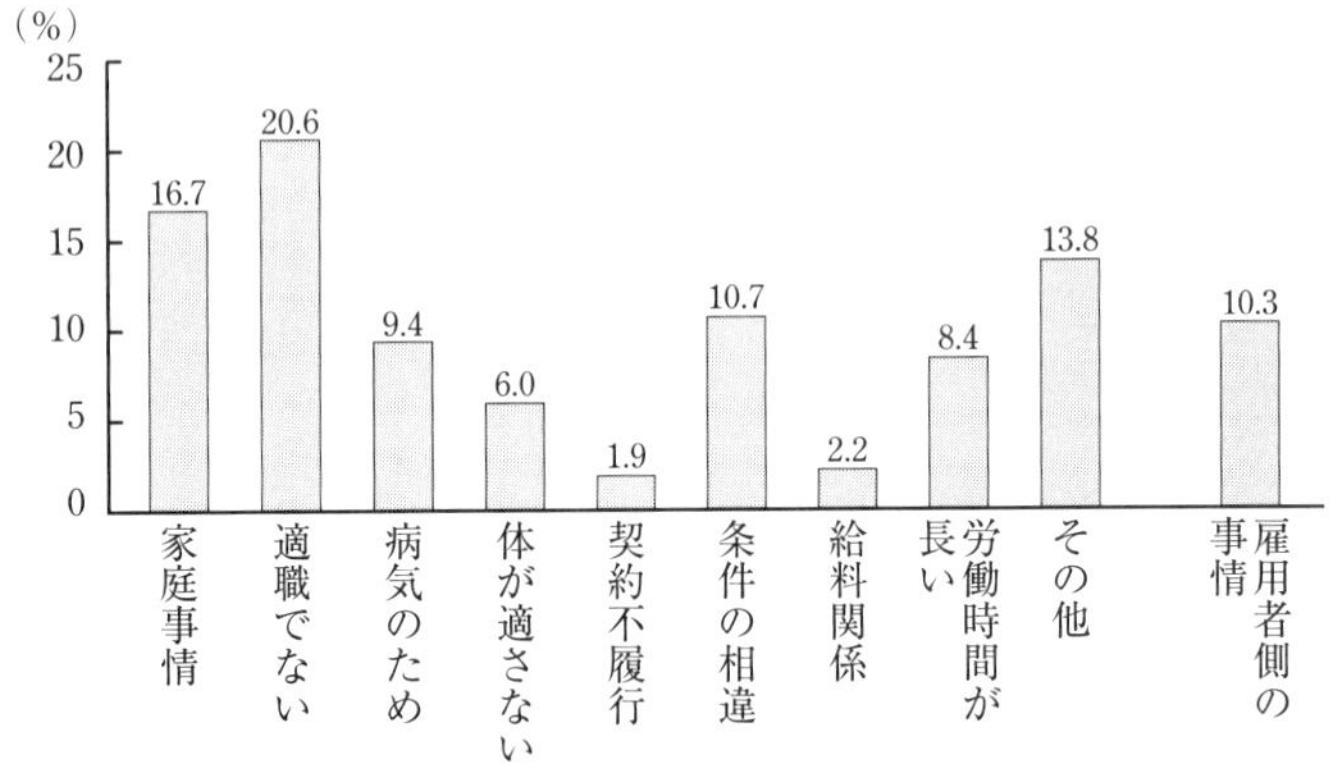

図 4-7　中卒者の離職・転職の理由

（注 1）　花岡（1957），第六表（24 頁）より作成。

（注 2）　調査は，長野県中学校長会・就職指導委員会によって 1956 年 3 月卒業生・就職者約 1 万 7000 名に，就職後 3 ～ 4 カ月後に実施された。図は，その中で離職・転職した 968 名に理由を尋ねた結果である。

「離職状況調査」（一九五四年三月中卒・就職者）によると、就職後一五カ月経っての離職状況が男女平均で一七・七％にも達していた。図4－7によれば、離職率・転職者の最も多い理由は「適職でない」（二〇・六％）であって、同データの別の分析によれば、縁故就職の女子の離職・転職率も高い値を示していた。花岡は、このようなところに適材適所的な配置指導の問題点をみるのであった。

また、花岡は普通科・職業科（農業・工業・商業・家庭）に在籍する高校生に進路に関するアンケート調査を実施して、高校進学の理由を検討している（図4-8参照）。図をみると、普通科・職業科を問わず多いのは、「将来必要な教養を身につける」「就職に好都合」「趣味や能力に適する」である。普通科では「大学進学に好都合」が高く、当然の結果だと解釈されてい

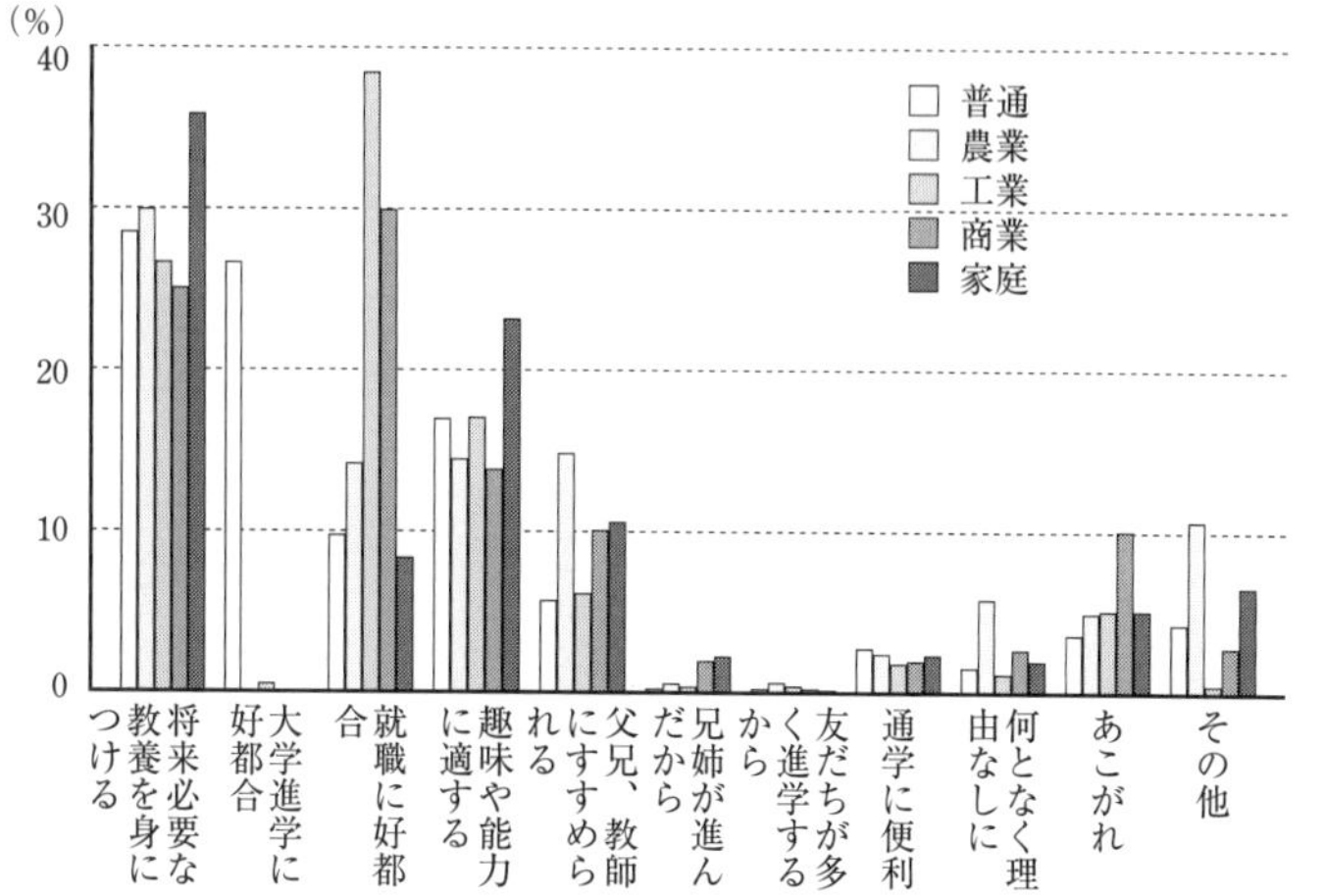

図 4-8　普通科・職業科の生徒の高校進学の理由

（注 1）　花岡（1957），第十四表「入学の動機づけ」（30 頁）より作成。

（注 2）　調査は 1956 年 9〜10 月に長野県下高校 11 校・計 1161 名（普通課程 230 名，農業課程 246 名，工業課程 242 名，商業課程 237 名，家庭課程 206 名）に実施。

る。全体的に自主的な進学動機がみられ肯定的に解釈されるが、翻《ひるがえ》って、父兄や教師にすすめられる、人が進学するから、何となく、あこがれなどを足すと二〇%以上にも達し、曖昧で他律的な進学理由も少なくないとして問題提起している。

　生徒の適応的で自主的な進路選択を促していく新しい進路指導が打ち立てられた背景には、花岡が示すこのような問題状況を打破したいという事情があった。

さらに勉強したい人に

宮原誠一（一九六六）『青年期の教育』岩波新書

＊　この時代に打ち出された、適性や能力に応じて自主的に職業を選択することが、青年にとっていかに難しいものであったかが批判的に論じられている。

学校教育・指導における発達的力学の登場

一九世紀末頃から、親の身分や社会的地位、財産ではなく学校卒業資格が国家・社会のさまざまな側面で機能するようになる。多くの親は子どもをどのような学校に行かせるかに関心を払うようになって、メリトクラシー社会の成立が認められるようになる。そして、学校教育を通して職業を選択し人生を形成するという青年期の誕生が認められる。

しかし、時代が進むにつれて、学校、特に中等教育が、生徒の「どのような大人になるか」という青年期発達課題を明示的に引き受け始めるようになる。その一つの具現が、職業指導から進路指導への転換であったと考えられる。

この転換には、生徒が同じ職業選択を行う場合でも、そこには生徒の適応的で、主体的な進路選択に基づいているべきだという教育思想が込められていた。この教育思想をしっかりと実現していかなければ、花岡（一九五七）が示したような中学卒の早期離職者・転職者、あるいは他律的な進学理由での高校進学者が、いつまで経っても減少しないと考えられたのである。この教育思想は、アメリカの職業指導・キャリア指導の考え方の影響も受けている（小竹ら、一九八八：仙崎ら、一九九一）。こうして、一九六〇年前後、生徒の「適応」と「発達」をキーワードとする新しい進路指導観が打ち出され、それが社会全体のものとなっていくのである（田村、一九九五も参照）。

ポジショニングの概念（第1章の「ポジショニングの違いとしての若者期と青年期」参照）からみれば、職業指導から進路指導への転換は、適材適所的な配置指導に代表されるような大人の視点にポジショニングした指導から、生徒の適応的で主体的な進路選択と謳われるような、生徒自身の視点にポジショニングした指導への転換であったと考えられる。指導のポジショニングが、大人から生徒へとシフトしたのである。青年（生徒）にポジショニングして上（大人）を見上げる力学は青年期の力学であったから（第1章の「ポジショニングの違いとしての若者期と青年期」参照）、職業指導から進路指導への転換はまさに、青年期という用語や概念がもつ本来の発達的力学を、学校現場での教育・指導がふまえるようになったことを意味していた。

もっとも、進路指導が生徒にポジショニングしてなされることと、それを受けて生徒がみずからの視点で職業・進路を選択したり人生を形成したりすることができることとは別物である。生徒がみずからの視点にポジショニングして進路・職業選択を行うことは、今日の多くの生徒にとっても難しい作業である。

適応とアウトサイドイン、インサイドアウト

前節では、職業指導から進路指導への転換を、適材適所的な配置指導に代表されるような大人の視点にポジショニングした指導から、生徒の適応的で主体的な進路選択と謳われるような、生徒自身の視点にポジショニングした指導への転換だと説明した。本節では、この指導力学の転換を「適応」概念、そして「アウトサイドイン」「インサイドアウト」という力学概念を用いて置き換える。まず、適応から説明していこう。

「適応」は、個体と環境との調和ある関係を考えるための用語である。英語では〝adaptation〟と〝adjustment〟がこれに相当するが、心理学では多くの場合、前者を「順応」、後者を「適応」として使い分けてきた（北村、一九六五）。adaptation としての適応、すなわち順応は、例えばまぶしさに徐々に目が慣れる、寒暖に対して体温調節がなされるといったように、環境の変化に対して個体が適切に環境に合わせていく働きを説明する。どちらかと言えば、知覚や生物的・生理的現象を説明するときに用いられることが多い。それに対して adjustment としての適応は、個体が環境の条件に対して、ある変容の過程を経て、調和的な関係に至る働きを説明することが多い。そこでは、個体が環境から課される要求や条件にうまく適合しつつも、他方で、環境に積極的に働きかけ心理的に自身の欲求などを満足させる働きを説明する（Allport, 1937）。

このように、順応は所与の環境に個体が受動的に適合していく状態を強調するのに対して、適応は所与の環境に適合しながらも、個体が積極的に環境に働きかけ、心理的な適合をも満たしている状態

を強調する。

個体が環境へ積極的に働きかける適応には、さらに「外的適応」「内的適応」の二種類があり、特に学校教育の分野では両者を使い分けることが多い。例えば梶田（一九八九）は、教師が子どもの内面世界に着目する指導の重要性を説く。子ども（個人）が教師の問いに対して「ハイッ、ハイッ」と手を挙げている。これは、教師の期待（環境）に応えている（適合）という意味で、適応行動である。しかし、もしかすると、外面的には適応しているが、内面的には単に教師の期待を読んでそれに応えているだけのものかもしれない。梶田は、子どもの外面的な言動の背後にある内面世界の実感・納得・本音に基づいた指導の重要性を説くのであった。

所与の環境に対する個体の適合行動という点では同じであるものの、外面的な言動が環境に適合しているだけの「外的適応」と、その言動のもとにある内面も環境に適合している「内的適応」とを分けて、子どもや青年を理解しようとしている。このような考え方は、学校教育の現場や教育学者の間ではなじみ深いものとなっている。対人関係や学業といった研究者側が設定した外的要因における「適応」ではなく、青年にとっての主観的な適応を「適応感」として区別し、青年の適応観を測定・研究している大久保（二〇一〇）も、同じ考え方に基づいている（ほかにも大久保・加藤、二〇〇五を参照）。

次に、アウトサイドインとインサイドアウトの説明である。これらの概念は、浜口（一九八二）が日本人の間人主義を西洋人の個人主義と対比して説明するときに用いたもので、ほかにも飛行機の操縦やゴルフのスウィングなどを説明するときに用いられている。
「アウトサイドイン（outside-in）」「インサイドアウト（inside-out）」とは一般的に、外側から内側へ、あるいは内側から外側へ、といった始点と終点とのターン（ひっくり返し）を説明するときに用いられる力学（ダイナミックス）概念である。この概念を使用するときには、外側か内側かに始点（準拠点）をとることが重要である。この「始点をとる」という行為は、ポジショニング概念を援用して、「外側にポジショニングする」「内側にポジショニングする」とも言い換えられる。

浜口の間人主義論では、自身の目標や考え（内側）に基づいて相手（外側）と交渉する行為を「インサイドアウト型」、相手の立場（外側）に立ってそこに自身の欲求や目標（内側）を合わせる行為を「アウトサイドイン型」であるというように用いられる。前者は西洋人の内から外へという個人主義の力学を表しており、後者は、日本人の外から内へという間人主義の力学を表している。

飛行機の操縦でアウトサイドイン、インサイドアウトは、次のように用いられている。コクピットにある機体の横揺れを示すディスプレイには、大きく二つのタイプがある。一つは「インサイドアウト・ディスプレイ」と呼ばれるもので、それは機体（内側）を中心で固定して地面（外側）で機体の横揺れを示す。例えば、パイロットが機体を左に傾ければ、ディスプレイ上では地面は右に傾く。それは、パイロットの知覚に基づいた視界の動きをディスプレイ化しており、パイロットのとる準拠点が自身の内側にあることを示している。その意味で「インサイドアウト（・ディスプレイ）」と呼ばれる。他方、「アウトサイドイン・ディスプレイ」と呼ばれるものは、地面（外側）を固定して機体

(内側)の動きで横揺れを示す。パイロットは機体の横揺れを確認するとき、上や下をみて、それとの関係で機体の横揺れをみる。アウトサイドイン・ディスプレイは、パイロットのこの目の動かし方をディスプレイ化しており、パイロットのとる準拠点は自身の内側ではなく、機体の上や下(地面)、すなわち自身より外側にある。その意味で「アウトサイドイン(・ディスプレイ)」と呼ばれる。

適応論、すなわち、個体と環境との適合問題にアウトサイドイン、インサイドアウトの概念を適用すると、アウトサイドインとは、自己の外側(環境)にポジショニングして、内(自己)を環境に適合させる力学として理解される。適応とは所与の環境に対する個体の適合行動を意味するので、環境が所与である点を強調するアウトサイドインは、適応と同義である。そして、適応には外的適応と内的適応とがあるから、総じて、アウトサイドイン＝適応(外的適応・内的適応)であると理解することができる(図4-9参照)。

それに対してインサイドアウトとは、自己の内側(個人)にポジショニングして、そこから外側(環境)に放射していく力学として理解される。所与の環境を前提としていないので、基本的に適応とは無関係の力学であるが(図4-9参照)、アウトサイドイン(適応)からインサイドアウトへと力学が転換する文脈においては、インサイドアウト＝脱適応だと言うこともできる。また、インサイドアウトのプロセスや結果はさまざまに考えられ、第6章で議論されるインサイドアウトとしての「自己形成」(「学校が青年を大人につなぎ直す努力」参照)のようなものもあれば、何も考えず努力もせず内から外へただ放射するだけのようなものもある。進路指導で一九六〇年前後から用いられ始めた

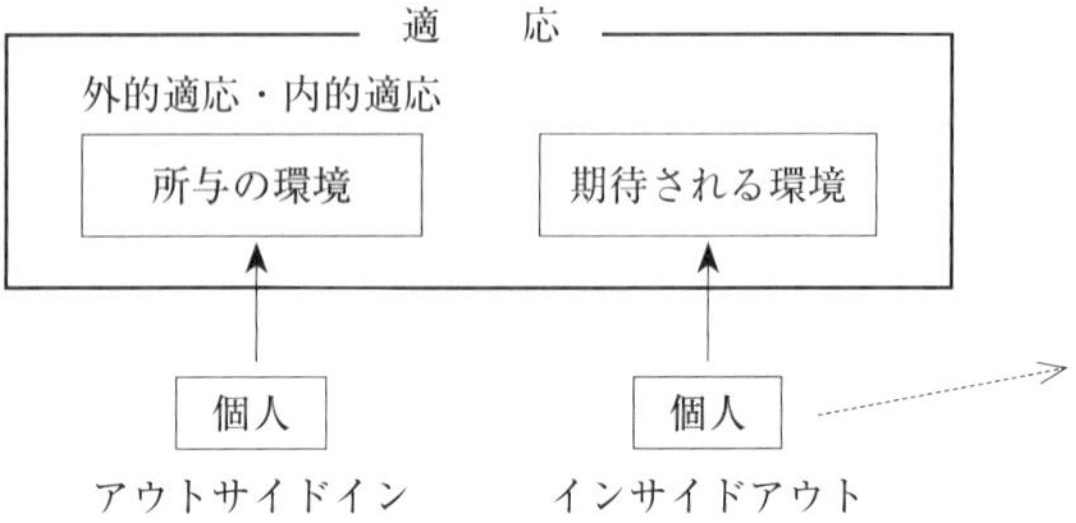

図 4-9　適応（外的適応・内的適応）とアウトサイドイン，インサイドアウトの関係

（注）　グレー部分は，ポジショニングしている位置を示す。

「主体的な進路選択」もインサイドアウトの力学に基づくものであるが、前もって述べておくと、筆者は、それは「自己形成」と呼ぶほどのものではなく、他律的ではない進路選択くらいのものだと理解している。なぜなら、自分で「高校（大学）に行きたい」「将来こういう仕事をしてみたい」と思って進路選択をすれば、それは主体的な進路選択と呼べるものになるからである。それに対して、筆者の用いる自己形成は、もう少し日々の生活の仕方や学習や目標課題の設定・遂行などまで含めて考えているもので、自己がある時点Aから別の時点Bへと変化・成長していくための自覚的な形成作業を伴うものである。それは、先ほどの他律的ではない進路選択とはずいぶんと異なる。もちろん、主体的な進路選択は自己形成の必要条件なので、主体的な進路選択を行う者の中に自己形成を行う者がいてもよい。しかし、十分条件ではないので、主体的な進路選択を行う者が自己形成を行っているとは必ずしも言えない。ここでは、筆者が主体的な進路選択と自己形成とを分けて理解している点を明記しておく。

なお、人の行為における心理的な力学を説明する場合、ポジショニングが明確に内側にあるか、外側にあるかは、断定できないことが多い。しかし、これは当たり前である。実際には、どちらによりウェイトが置かれているかで、アウトサイドイン、インサイドアウトと判断し使用・理解していくべきものである。

さて、アウトサイドインは、終点（環境）を先にポジショニングする力学なので、外的適応・内的適応の分別があるにせよ、個人がどこに最後到達するかの多様性はない。しかしながら、インサイドアウトは、始点（個人）にポジショニングしてそこから外側へ向かう力学なので、終点が期待される環境に適合する場合もあるが（＝適応）、そうでない場合もある（図4-9参照）。

例えば、親や教師からみたときに、大学生は、正規従業員として就職することが望ましいと考えられている。この考え方に合わせてくる学生はアウトサイドインの力学で生きていると言える。他方で、イデオロギーに基づく社会の求心力が落ちるなか、親や教師の考え方に耳を傾けず、自身の夢や理想を過度に追う者が少なからずいる。彼らは自己を優先して外側の期待される環境に収まらない者で、親や教師からみれば、インサイドアウトの力学で生きているようにみえる。インサイドアウトの力学で生きる者の中にも、期待される環境をうまく理解してそこに適合する者もいるが、そうでない者もいる。このような違いは、所与の環境に自己を適合させることだけを説明する適応概念では表現できないものである。

こうして、前節で紹介した職業指導から進路指導への転換を、適応、アウトサイドイン、インサイドアウトを用いて説明し直すと、次のようになる。職業指導は、適材適所的な配置指導に代表されるような大人（教師）の視点にポジショニングした指導のことである。それは生徒にとって、自己の外側（職業・教師・大人・社会）にポジショニングして、自己（内）をそれに適合させる力学である。つまり、アウトサイドイン（外的適応）の力学である。それに対して進路指導は、生徒の適応的で主体的な進路選択と謳われるような、生徒自身の視点にポジショニングした指導のことである。それは生徒にとって、自己の内側にポジショニングして、そこから外側（進路・職業）に向かっていく力学である。つまり、インサイドアウトの力学である。

しかし、教師（大人）には、生徒を、どこまでも望ましい進路や就職へと向かわせたい心情が働くから、インサイドアウトの先（終点）が何でもいいということにはけっしてならない。したがって、教師側からみた進路指導は、多かれ少なかれ教師が期待する、望ましい終点を目指すインサイドアウトの力学に基づく傾向をもつ。

保護すべき対象としての大学生——留年・アパシー

一九六〇年以降、生徒のインサイドアウトに基づく進路指導がなされるようになったと言っても、それは中学生・高校生の話である。大学は一九六〇代に入って大衆化されたと言われるようになるが、そこには、中学生・高校生の進路指導でみられたような力学はまだ一般的にはみられない。しかしその兆候は、一九六〇年代の留年やアパシー、無気力に対する大学の対応の中にみてとれる。

例えば、一九六四年大阪大学における大量留年をきっかけに、大規模国立総合大学の教養部における留年現象が注目されるようになった。大阪大学では、とりわけ工学部生に顕著であり、一三七名、全体の二二％という大量、高率の留年生が出るに至り、大々的に新聞で報道された。次の年も二二七名、三二％と急増し、やはり世間を騒がせた（石谷、一九六六）。それまでにも留年現象はみられたが、それは成績不良による落第であったり、良い就職口が得られず卒業を延ばしたりしての留年であった。この新しい留年現象は、意欲減退型の神経症タイプの学生たちによることが明らかになり、一九六七年、名古屋大学の丸井文男によって「意欲減退症候群」と名づけられた（土川、一九九〇）。東京大学、京都大学、島根大学、長崎大学の各国立大学に、こうした学生を保護する「保健管理センター」が設置されたのも、この時期、一九六六年の春であった（図4-10参照）。

〝弱い大学生〟を守る
東大など四校に「保健管理センター」

急増しているという大学生の若年性高血圧、ノイローゼなどを防ぐため、今春から東京、京都、島根、長崎の各国立大学に「保健管理センター」を設ける計画が、十九日、文部省から発表された。

同省が昨年七月におこなった「大学における保健管理に関する実態調査」によると、大学生の間では結核が減り、かわりに若年性高血圧、心臓、肝臓疾患など内科系の病気と、ノイローゼなど精神、神経系統の病気が目立ってふえている。また、大学生千人につき八人が病気のため休学あるいは退学していることも、この調査で明らかにされた。

「保健管理センター」計画は、こうした〝弱い大学生〟を内科系、神経系の病気から守るのが目的で、定期診断、指導など、予防面に重点をおき、約五千万円の予算で、まず東大など四大学にセンターを設け、専任の医師、看護婦をおくという。

図4-10 「〝弱い大学生〟を守る――東大など四校に『保健管理センター』」

（注）『朝日新聞』1966年1月20日。

京都大学保健管理センターの笠原嘉が、アメリカの症例から引っぱってきて、それが「スチューデント・アパシー」と呼ばれているものに相当すると報告したのは一九七三年であった。土川（一九八二）によれば、スチューデント・アパシーは、勉学の意欲をまったく喪失し、授業に出ない、試験も受けない意欲減退に

大学生とノイローゼ

"口もきかぬ"は危険

偏見持たず精神科医へ

家庭

青春は明るく楽しいはずだが…（東京・千代田区のＨ大学付近で）

おとなしい人が…

足りないベッド数

幼時の教育も重要

入試制度にも問題

図 4-11 「大学生とノイローゼ "口もきかぬ"は危険」

（注）『朝日新聞』1966 年 11 月 11 日。

特徴がある。しかしながら、パチンコやマージャン、クラブや趣味などには熱心であることが多く、日常生活は無気力ながらにも普通に営まれているので、家人は気がつかないまま年月を過ごすという。笠原（一九七七）は「選択的」忌避反応だと説明する。在籍年数が押し迫った頃、問題が発覚化することが多いようである。

この時期の『朝日新聞』の記事を見ると、「弱い大学生」（一九六六年一月二〇日）、「変な大学生」（一九六七年二月一七日）、「先生、ボクどこへ 幼稚な相談殺到」（一九六七年五月三一日）、「ノイローゼが目立つ大学生」（一九六九年八月九日）といった記事が目立つ（図4-11参照）。これらの記事にみられる社会や大人のまなざしは、一人前の大人としての大学生ではなく、保護すべき対象としての大学生である。彼らの内面世界でいったい何が起こっているかを理解するべく、彼らのまなざしにおけるポジショニングが大学生へとシフトしつつある。そのような力学のシフトを読み取ることができる。

周知の通り、一九六〇年代後半は学生運動・大学紛争のまっただ中である。この時期の新聞記事では、一方で、大人社会に対抗する大学生・若者の荒々しい姿が報道され、他方で、保護すべき対象としての弱々しい大学生の姿が報道されている。妙なコントラストである。

さらに勉強したい人に

笠原嘉（一九七七）『青年期——精神病理学から』中公新書

笠原嘉・山田和夫（編）（一九八一）『キャンパスの症状群——現代学生の不安と葛藤』弘文堂

＊ 一九六〇年代後半から七〇年代にかけてみられるようになった無気力な大学生を、精神科医の立場から論じたもの。このテーマでは広く読まれてきた古典とも呼べるものである。

アイデンティティ形成という考え方の登場

近代になって成立した学校教育は、子ども・若者を大人の世界から切り離すものであった（宮澤、一九九八）。このような学校教育が進展し切り離しが進んでいくと、今度は両者をつなぎ直す作業が学校教育の場で求められるようになる。職業指導や進路指導はこのような文脈で登場したものであり、このことは多くの青年にとって、学校教育を通して職業を選択し人生を形成する青年期が実質的に機能するようになったことの証左であった。そして、生徒にとって、切り離された青年の世界と大人の世界とを学校教育の場でつなぎ直す作業が、今日よく知られる「アイデンティティ形成（identity formation）」であると議論されるようになったのは、一九六〇年前後の時期であった（Tiedeman & O'Hara, 1963 : Munley, 1975, 1977）。

そもそも、「同一性」と訳されるアイデンティティは、人やモノが差異との揺らぎの中で同一であるかが問われるときに用いられる用語である。それを人の発達的概念として最初に用いたのは、よく知られるE・H・エリクソン（Erikson, 1950/1963, 1959）であった。エリクソンは、アイデンティティは二つのアイデンティティから形成されるものだと説明した。一つは、「私はどこから来てどこへ行くのか」という過去から未来への自己の連続性、すなわち自己アイデンティティ（self-identity）であり、もう一つは、「これが私だ」という自己定義が他者や社会から是認されるという心理社会的アイデンティティ（psychosocial identity）である。この二つのアイデンティティの絡み合いによって、全体感情としての「アイデンティティの感覚（a sense of identity）」が形成されるとエリクソンは考えた。

エリクソンは、職業指導や進路指導に関連してアイデンティティ形成を議論したわけではない。しかし、よく引用される彼の文句、「思春期や青年期においては、以前には信頼されていた……連続性がふたたび問題となる」（Erikson, 1950/1963, p. 261）が、子どもや青年が大人の世界から切り離されていることを前提としており、その切り離しをつなぐ際に職業的アイデンティティ（occupational identity）（Erikson, 1959）の確立が主テーマの一つとなるという彼の説明に、職業指導や進路指導が絡んでくるのであった。つまり、児童期までに外在的基準としての重要な他者（親や教師など）によって形成してきた自己を、青年期に入って、今度は職業領域を含めて、自己基準によって定義し直そうとする。そして、児童期以前の過去と成人期以降の将来とをつなぐような自己定義を見出すことができれば、青年は過去から未来へと連続する連続的なアイデンティティを得ることになるのであった。

青年はアイデンティティを形成するために、どのような大人になりたいかを模索する、理想とする自己定義を他者に対して、あるいは社会において試す（役割実験：role experimentation）、とエリクソンは述べた。これらの青年の行動は、青年の世界と大人の世界とが切り離されていることを前提としており、青年は青年期という発達的な空間で、大人の世界と自身とを否応なしにつながなければならないのであった。

わが国の青年心理学の教科書を振り返ると、エリクソンのアイデンティティ形成論が青年期発達の代表的テーマの一つとして当然のように取り上げられるようになるのは、一九七〇年代である。例えば、専門書（西平、一九六四b）で早くからエリクソンのアイデンティティ形成論を紹介していた西平の『青年心理学』（一九七三）はもちろんのこと、井上ら編の『青年心理学』（一九七五）、桂編の『青年期』（一九七七）、宮川・寺田編の『青年心理学』（一九七八）などで、エリクソンのアイデンティティ形成論は紹介されている。これ以降、今日に至る青年心理学の教科書では、アイデンティティ形成論は紹介されないものがないというほど、欠かせないテーマとなっている。

なお、アイデンティティという概念や見方はまだ存在しなかったものの、青年期が「疾風怒濤《しっぷうどとう》（［独］Sturm und Drang/［英］storm and stress）」の内的動揺の激しい発達期であることは、青年心理学の祖と呼ばれるS・ホール（Hall, 1904）によって早くから説明されていた。また、E・シュプランガー（Spranger, 1924）は了解心理学の立場から青年の精神世界全体を考察対象とし、青年期の大きな特徴の一つとして、「自我の発見（［独］die Entdeckung des Ich/［英］finding the self）」を挙げた。すなわち、自我は児童期にも存在するが、世界と融合していて対象として意識されることは少ない。それが青年期になると、外界から離れた存在として自己が見出される。しかし、青年が自己に見出すのは、ホールが「疾風怒濤」と表現したような内的動揺であった。青年はこうして動揺や苦痛、孤独を体験しながらも、自分自身の主観を一つの新しい世界として統合しつくり出していくのである。このような自我の発見は、同じくドイツのC・ビューラー（Bühler, 1922/1967）やアメリカのL・ホリングワース（Hollingworth, 1928）によっても議論されており、青年期の大きな特徴として人口に膾炙《かいしゃ》した。

戦前期からの代表的な青年心理学者である牛島義友や青木誠四郎は、このような海外の研究成果をいち早く取り入れて、わが国に紹介していた。牛島は『青年の心理』（一九四〇）の中で「自我意識の発達」に、青木は『改訂青年心理学』（一九三八／一九四八）の中で「自我の自覚とその表現」に一章を割いて、青年期の自我意識について説明している。

青年期の特徴として議論されてきた自我の発見や自我意識の問題は、エリクソンのアイデンティティ形成論の提起によって、それが単なる内的動揺や自我の発見の問題ではなく、切り離された大人世界とつなぐ、子どもから大人への連続性・斉一性という発達的・心理社会的問題であると、構造的に理解されるようになった。こうして一九七〇年代以降は、自我の発見や自我意識という用語を用いた青年期の説明は少なくなり、代わりに、エリクソンのアイデンティティ形成論による説明が一般的になっていくのである。

さらに勉強したい人に

クロガー、J(二〇〇五)『アイデンティティの発達――青年期から成人期』(榎本博明編訳)北大路書房

＊ 海外の代表的なエリクソン・アイデンティティ研究者がまとめたアイデンティティ発達の教科書。

溝上慎一(二〇〇八)『自己形成の心理学――他者の森をかけ抜けて自己になる』世界思想社

＊ アイデンティティ形成を自己形成の一部だとみなし、自己の観点からエリクソン・アイデンティティを論じ直している。

参考文献

小竹正美・山口政志・吉田辰雄(一九八八)『進路指導の理論と実践』日本文化科学社
久冨善之(一九九三)『競争の教育――なぜ受験競争はかくも激化するのか』労働旬報社
小川太郎(一九六四)『日本の子ども(増補)』新評論(初版一九六〇)
仙﨑武・野々村新・渡辺三枝子(編)(一九九一)『進路指導論』福村出版

第5章

広がる青年と大人との距離
――一九七〇年代後半～八〇年代

一元的能力主義のメリトクラシー社会の確立

一九六〇年代は高校への進学率が急増した時代であった。新規学卒就職者の中で高卒者が中卒者を上まわったのは一九六五年であった。新規学卒労働市場を含む青年の進路問題の中心は高卒者に移ってきていた。しかし、一九七〇年代半ばから八〇年代前半にかけて、今度は高校生の就職率が落ちてきて（図5‐1参照）、高校生の大学短大への志願者が就職者を上まわるようになった（乾、一九九〇）。このように、メリトクラシー社会へと移行するにつれて、より上級の学校卒業資格を獲得しようとする志向が青年全体の間で高まっていく。これが一九七〇年代後半から八〇年代にかけての特徴であった。

高校の中にも大学短大に進学しやすい普通科の偏差値上位校と、大学短大に進学しにくい普通科の

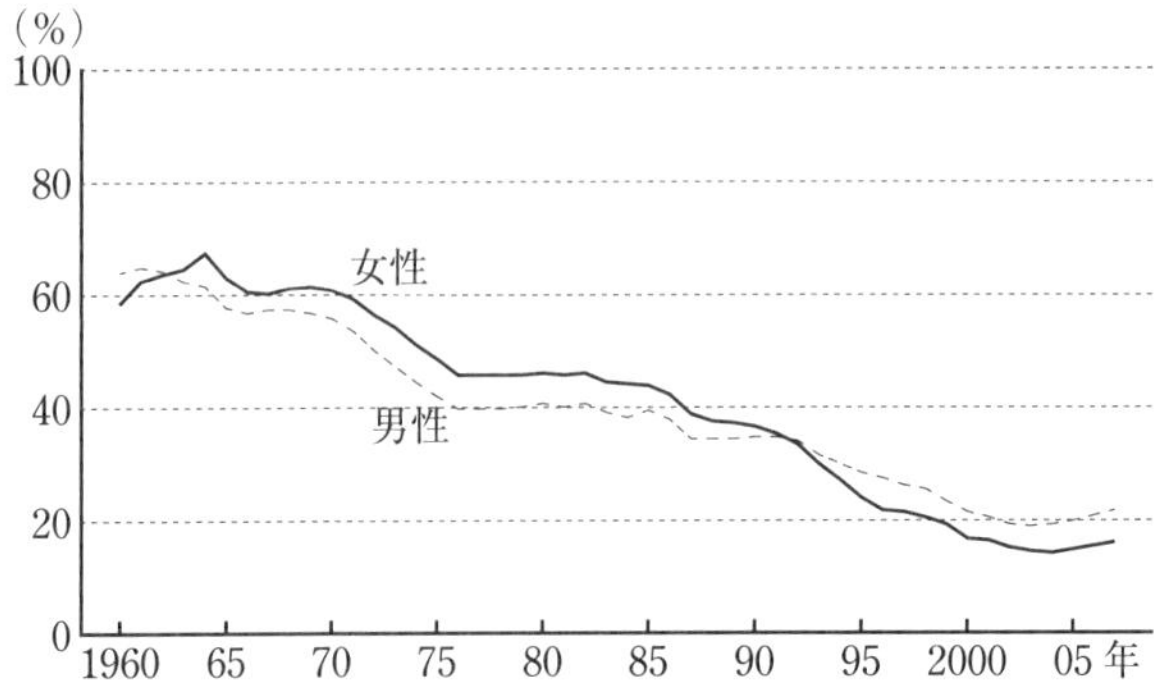

図5-1　高卒者の就職率

（注）　文部科学省『学校基本調査』各年度より作成。

偏差値下位校や職業科があった。ここに学校格差、ひいてはメリトクラシー社会を支える学校卒業資格の格差が厳然と認められるようになったことは、すでに第4章で述べた通りである（「メリトクラシー社会に乗っても限界がある下層の子ども」の節参照）。

本来ならば、工業科などの職業科卒業者は、一定程度の待遇をもって企業の中堅技術者として迎え入れられるべきものであったが、実際には、彼らは企業では給与、手当、昇進などの面でさほど優遇されなかった。大企業の技能部門では、職種によって企業内研修を前提にして普通科卒を大量に採用することもあったから、普通科卒と職業科卒との差異がみえにくくなる場面も多々あった（清水、一九七七）。

翻《ひるがえ》って教育界では、普通科の高校教育を中心に考えている傾向があり、職業科は学校関係者にとっても生徒にとっても傍系のような扱いであった。こうして職業科は、普通科底辺校と同じような、「勉強のできない子」「能力の低い生徒」が行く学校だとみなされるようになった。技術者になりたい能力の高い生徒は、大学の理工系へと進学した（清水、一九七七）。

乾は、高等教育機関に接続する普通科を主とするコースと、中堅技術者などを育成する職業科コースとが併存する複線型学校体系が一九七〇年代にははやばやと機能破綻し、それ以降の日本は一元的能力主義のメリトクラシー社会として進んでいったとまとめている。苅谷（一九九五）が述べる次のような状況は、このような六〇～八〇年代の状況を経た結果のものである。

「一流の塾へ行き、一流の中学・高校を経て、一流の大学に入る。そうすれば、一流の企業に就職して、幸せな人生を送ることができる。よい教育→よい仕事→幸福な人生。戦後日本社会は、こうしたサクセス・ストーリーを人びとに強く植えつけ、社会のすみずみにまでその構図を押し広げてきた。より高い学歴をめざす人びとの欲求の強さと広がりが、教育における競争をかきたて、教育機会の拡張を求める。そして、このような夢を実現可能にする豊かさに支えられて教育は一途に拡大をとげた。成功をめざした競争のなかでの教育機会の拡大――より高い学歴を求めて競い合う人びとの欲求が、戦後日本の教育をかたちづくってきたのである。」（苅谷、一九九五、i頁）

メリトクラシーの大衆化は、親の身分や社会的地位、財産にかかわらず、学校教育を通して職業を選択し人生を形成する青年期を多くの青年に与えるものであった。しかし、その媒体となる学校教育はけっして社会的に平等なものではなかった。一九七〇年代以降、メリトクラシー社会で能力を身につけ業績を示していくことの厳しさは、特に普通科底辺校・職業科の生徒——彼らは退学率も高かった——を中心に盛んに議論されるようになった。メリトクラシー社会を基盤とする青年期論としても、彼らが未来に希望をもてない青年期を過ごしていることを新たな課題として意識するのであった。

さらに勉強したい人に

久冨善之(一九九三)『競争の教育——なぜ受験競争はかくも激化するのか』労働旬報社

乾彰夫(一九九〇)『日本の教育と企業社会——一元的能力主義と現代の教育=社会構造』大月書店

* 一九六〇年代以降の日本の高学歴化・受験競争の激化について論じているもので、このテーマではよく読まれている本である。

宮原誠一(一九六六)『青年期の教育』岩波新書

* 高校における普通科と職業科の複線型教育が良くも悪くも活発に機能していた一九六〇年代における、青年期教育のあるべき姿について論じている。

新しいモラトリアム心理の出現

一九七〇年代後半~八〇年代に議論されたことで、青年期論に深く関わることは大きく二点ある。一つは新しいモラトリアム心理の出現であり、もう一つは情報化社会の到来による私生活志向である。

まず、新しいモラトリアム心理の出現からみていこう。

この見方は、小此木(一九七八)の「モラトリアム人間」論の中で提示されたものであった。彼は、古典的モラトリアムが終焉し、それに代わって、いつまでもモラトリアム気分を永続させ、大人になろうとしない新しいモラトリアム心理が社会的性格として広く流布したと論じた。この新しいモラトリアム心理は、小此木にとっては社会的性格としてのもので、けっして青年に限定されるものではなかったが、ここでは青年にもみられる社会的性格、青年期の力学として扱っていく。

そもそも、青年期を「モラトリアム(moratorium)」期ととらえたのは、第4章で紹介したエリクソンであった(「アイデンティティ形成という考え方の登場」の節参照)。エリクソンによれば、モラトリアム期を過ごす青年は、大人の義務や責任の履行が猶予される反面、社会から一人前扱いされず大人としての種々の権利も与えられないことから、一刻も早くこのモラトリアム状態を抜け出して大人の仲間入りをすることを渇望していた。青年はアイデンティティの確立を目指し、日々真摯《しんし》な自己探求を続けつつも、半人前意識と局外者意識に悩んでいた。この見方は、二〇世紀前半のホールやシュプランガー、ビューラーをはじめとする青年心理学の創始者たちが描いた「疾風怒濤《しっぷうどとう》」や「自我の発見」といった青年期の特徴を概念化したものとも言えた(第4章の「アイデンティティ形成という考え方の登場」参照)。

しかし、科学技術の進歩とそれに伴う社会変動が加速するにつれ、若い世代による新しい文化・技術の習得、さらにはその発見や創造という役割が重要になってきた。このために、これまで述べてきたような高校教育のユニバーサル化、大学短大の大衆化といった高学歴化が進行し、青年が実社会に巣立つ時期が遅れてくるという事態が生まれ始めた。青年が社会の中でみずからの力で生活の糧を得るという体験はどんどん繰り延べられ、親への寄生期間が長くなり、他者への依存度、保護されることへの慣れを助長した。また、社会が豊かになるにつれて青年たちは経済力をつけ、新しいものに敏感な彼らは情報化・消費社会の主役となってきた。こうした事情は、青年期＝モラトリアムの社会的地位・価値を相対的に向上させ、結果としてモラトリアムおよびモラトリアムにいる青年の心理に質的な変化をもたらした。本来アイデンティティ確立のための手段であり、子どもから大人への過渡的な発達期であったモラトリアムは、それ自体が目的化して合理化された（＝古典的モラトリアムの終焉）。青年たちは居心地の良くなったモラトリアム期を、まだ大人にならなくていい、青春を謳歌《おうか》する期間として都合良く解釈するようになった（小此木、一九七八）。

さらに勉強したい人に

栗原彬（一九八一）『やさしさのゆくえ＝現代青年論』筑摩書房

千石保（一九八五）『現代若者論――ポスト・モラトリアムへの摸索』弘文堂

＊　一九七〇年代後半から八〇年代の青年の変化を論じているもので、小此木のモラトリアム論とあわせてよく読まれている本である。

さまざまなモラトリアムの過ごし方

かつて青年は、一人前の大人だとみなされない半人前意識・局外者意識に悩んでいると考えられていた。それは青年にとって、社会（大人）が先にあってそのために学校（卒業資格）があるといった、つまり、自己の外側（大人・社会）にポジショニングして自己（内）を理解するアウトサイドインの力学に立つがゆえの感情であった。社会がメリトクラシー社会に移行したばかりの数十年、あるいは青年期の誕生期・創始期には、このようなアウトサイドインの力学が青年を支配していたと考えてもそう的外れなことではないように思われる。若者は長い歴史の中で、大人にポジショニングして見下ろされる力学で理解されてきたわけだから（第1章の「ポジショニングの違いとしての若者期と青年期」参照）、その力学が青年に内面化していたと十分考えられるのである。メリトクラシー社会になった、青年期が誕生したからと言っても、その力学はそんなに短期間では変化しないはずである。

あるいは、第3章でみたように（「さまざまな青年カテゴリー」の節参照）、青年期の誕生期・創始期には「学生青年」「非学生青年」のコントラストが顕著であったことも、このアウトサイドインの力学を理解するのに重要である。このコントラストの中で、まだ職に就いていない気楽な学生身分を恥ずかしく思う青年は少なからずいたことだろう。社会（大人）が先にあってそのために学校（卒業資格）があるというアウトサイドインの力学が働いているために、青年は一人前の大人だとみなされない半人前意識・局外者意識に悩んでいたと考えられるのである。

しかし、小此木が提出した新しいモラトリアム心理の出現は、かつては大人にあったポジショニングが青年自身にシフトしてきたことを意味していた。なぜなら、一九七〇年代の青年にとってモラトリアムは青春を謳歌するために必要不可欠なものであり、すぐさま大人になれないことはまったく問題だと感じられなかったからである。高校のユニバーサル化、大学短大の大衆化を受けて、かつての学生青年と非学生青年とのコントラストも薄れていた。高校生は言うまでもなく、大学生であっても、彼らはもはや社会で一握りのエリートではなかったし、学生青年であることはなにも珍しいものではなくなっていた。こうして、大学生を含めた青年全体にとって、学校がまずあって、そして社会（就職）があるという、今日の私たちがよく知る発達的力学が成立した。言い換えればそれは、学生にとって、自己の内側にポジショニングして、そこから外側（就職・大人・社会・その他）に向かうインサイドアウトの力学の成立であった。

中学・高校における教育・指導の力学は、一九六〇年前後にアウトサイドイン（外的適応）からインサイドアウトの力学へと転換したが（第4章の「適応とアウトサイドイン、インサイドアウト」参照）、それで生徒の青年期の過ごし方がどこまでインサイドアウトの力学に基づくようになったかは定かではない。しかし、七〇年代後半から八〇年代にかけて大学生にみられるようになった新しいモラトリアム心理は、明確に青年全体の青年期の過ごし方がインサイドアウトの力学に基づくようになったことを示していた。この時代、教師側からみた教育・指導も、青年側からみた青年期の過ごし方も、ともにインサイドアウトの力学に基づくものとなってきたと理解されるのである。

もちろん、一九七〇年以前の大学生の中にも、インサイドアウトの力学に基づいて青年期を過ごす者が少なからずみられたに違いない。六〇年代に報じられた留年やアパシー学生（第4章の「保護すべき対象としての大学生」参照）の存在は、なによりインサイドアウトの力学に基づき、終点が期待される環境に適合しない学生の増加を端的に示していた。しかし、一般大学生の青年期の過ごし方が変化したことは、小此木のモラトリアム論が出された七〇年代後半になってようやく理解され始めた。世の中が、青年全体の青年期の過ごし方がアウトサイドインからインサイドアウトの力学へと変わってきたことを自覚し出したのは、七〇年代後半になってからなのである。

さて、小此木のモラトリアム論以降、モラトリアムは一般的には次のようなニュアンスで用いられることが多い。

図5-2は、神戸大学で一九七七年に調査された学生の大学進学の目的である。全体的には、男女ともに「将来に備えて専門的知識・技能を習得するため」「自分の教養や視野を拡げるため」が最も多くみられる。これらの回答は、多くの学生が青年期にポジショニングしつつも、どのような大人になるかを模索・決定するために大学で学んでいることを示唆している。翻って、「すぐ就職して社会に出るのがいやだったから」「現代ではだれもが大学に行く時代だから」「クラブ活動やレジャーなど学生生活をエンジョイするため」はそれぞれ一〇〜二〇％の該当率と、高い数字である。関（一九八三）はこの調査結果をみて、モラトリアム志向の学生が増加していると、そして、大学は青年の保育園であるという説をある程度裏づけていると論じている。

すでに述べた通り、学生にとって、自己の内側から外側（就職・大人・社会・その他）へと向かうイ

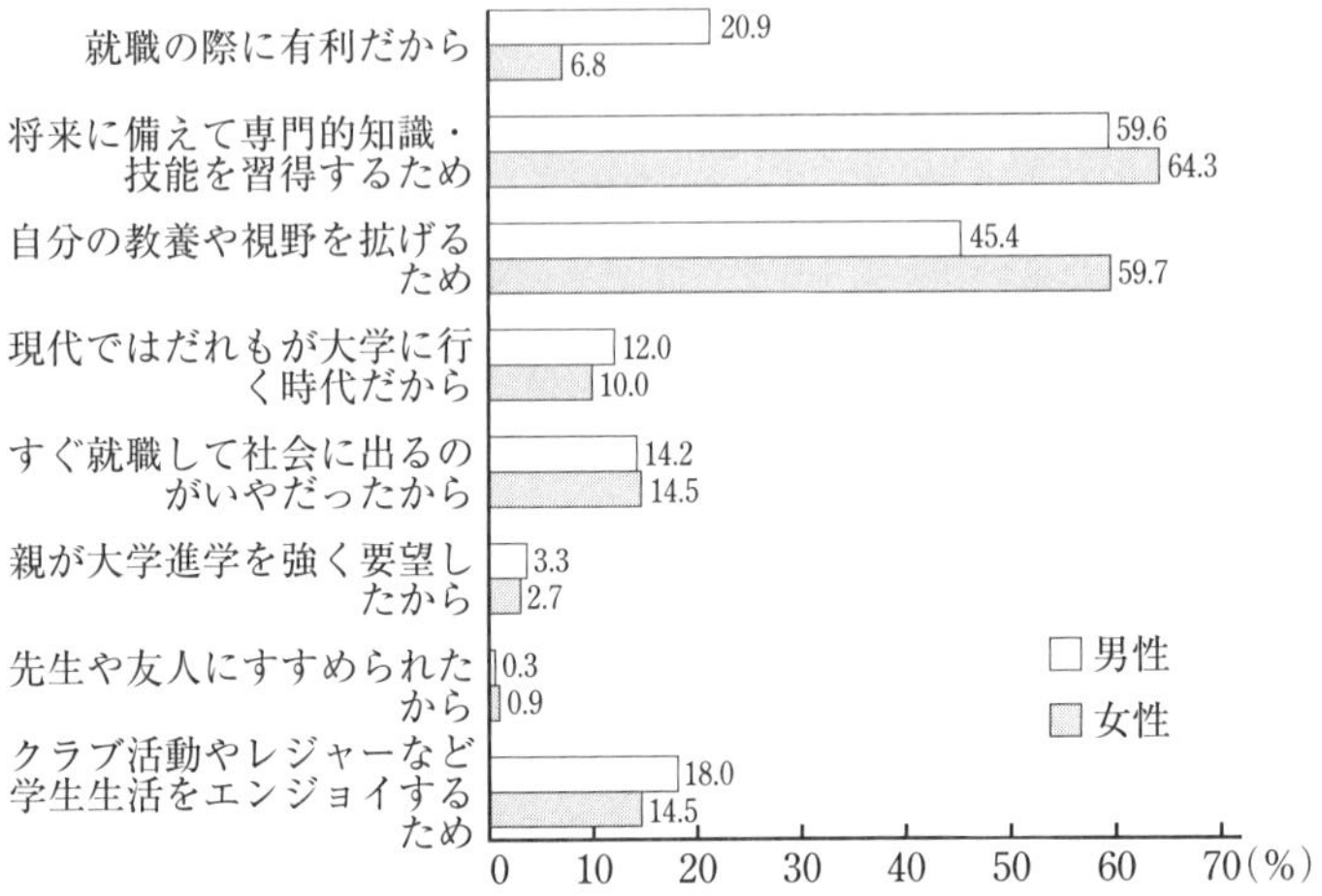

図 5-2 神戸大学の学生の大学進学の目的

(注 1) 関 (1983), 表 1-1 (3 頁) より作成。

(注 2) 調査は 1977 年に実施。回答は 2 つまで選択可能な多重回答方式。「その他」と「無答」は省略されている。

ンサイドアウトの力学は、終点を青年自身にゆだねるという問題点をもっている。アウトサイドインの力学であれば、終点が先に決められるので、学生の内なる主体性や個性は軽んじられることがあっても、着地点を外すことはない。インサイドアウトの力学は着地点を外す可能性が高い。学生の主体性を重んじることは重要であるが、このあたりが諸刃の剣となる。

高校生であれば、この問題はさほど切羽詰まったものとならないかもしれない。どのような職を得るか、どのような大人になるかは、「(大学短大への) 進学」をもって先送りにすることができるからである。実際、高校三年生の進路決定過程を検討した下山 (一九八三 a) は、みずからの進路や将来に対して模索を経ず進路決定している者が半数以上もいることを明らかにしており、主体的な進路選択が形骸化していることを示唆している。大学受験という社会から一方的に押しつけられる課題を前に、多くの生徒は自己理解や将来設計を先送りしながら、大学へ進学していると考察されている（ほかに下山、一九八三b）。このような高校生の姿は、終点をよく考えずに、インサイドアウトの力学に基づいて青年期を過ごしているものとして理解される。

しかし、大学生になると、このような先送りが基本的にできない。少しでも先送りをしようという心理が働くと、「大人になりたくない」「いつまでも学生でいたい」といった思考・生活パターンに入っていくことにもなる。一九六〇年代から報告されるようになった留年やアパシー学生（第4章の「保護すべき対象としての大学生」参照）の中には、このような意識がみられる（清水、一九七七）。

下山（一九九二）は、大学生を対象に調査を行い、大学生のモラトリアムの過ごし方には「模索」「混乱」「回避」「延期」の四つがあるという結果を示している（表5-1参照）。「模索」「混乱」はエリクソンの（古典的）モラトリアム概念に対応するもので、主体的なアイデンティティ形成のためのモラトリアムを過ごしているか（模索）、模索する意志はあるものの、自己探求の方向性を見失っているか（混乱）で分別される。また、「回避」「延期」は小此木の新しいモラトリアム心理に対応するものである。「回避」は、職業決定を先延ばしにし、できることなら大人になりたくないといった無気力なモラトリアムの過ごし方を表すのに対して、「延期」は、職業決定を先延ばしにして与えられた青春を謳歌し、必要なときがくれば社会参加を行うといったモラトリアムの過ごし方を表す。

表5-1　さまざまなモラトリアムと項目例

模索	主体的に職業決定に取り組み，社会的責任を果たすよう努力している状態を示す。この状態の学生は，職業選択の社会的重要性を意識し，積極的に職業決定に取り組み，自分に適した職業を選択するよう努力している。 (項目例)「将来やってみたい職業がいくつかあり，それらについていろいろ考えている」 「これだと思う職業が見つかるまでじっくり探していくつもりだ」
混乱	職業決定を行う意志はあるものの，現実的な職業決定ができず，職業選択の方向が拡散し，心理的に不安定となっている状態を示す。この状態の学生は，主体的に職業決定を猶予しているのではなく，職業決定課題に対応できないために，その結果としてモラトリアム状態に陥っている。 (項目例)「職業決定のことを考えると，とても焦りを感じる」 「誤った職業決定をしてしまうのではないかとの不安があり，決定できない」
回避	職業決定を猶予するというモラトリアムの基本構造が防衛機制として固着してしまった状態を示す。この状態では，将来展望がまったくなく，職業決定に対しては徹底して回避的で無気力な態度が続き，モラトリアムのもつ病的な側面が前面に出てくる。 (項目例)「将来自分が働いている姿がまったく思い浮かばない」 「できることなら職業などもたず，いつまでも好きなことをしていたい」
延期	わが国の健康な大学生の間でみられる典型的なモラトリアム状態を示す。この状態の学生は，大学期を社会的責任の免除された時期とみなし，その間は職業に関する決定を延期し，自由に遊びを楽しむが，必要なときになれば社会参加を行うのが特徴である。 (項目例)「せっかく大学に入ったのだから，今は職業のことは考えたくない」 「職業決定といわれても，まだ先のことのようでピンとこない」

(注1)　下山（1992)，Table 1（123頁)，下山（1997)，表7-5（216頁）をもとに作成。

(注2)　エリクソンのアイデンティティ形成論，ないしモラトリアム論は必ずしも職業領域に限定されるものではなかったが，下山の調査は職業領域に限定して考えられている。

(注3)　下山（1992）のTable 1には「模索」「混乱」「回避」「延期」以外に「安易」という種類のモラトリアムが示されているが，ここでは表5-2で示す結果と関連する4種類だけに説明を限った。

(注4)　ここでは，下山（1992）では「拡散」と表記されているものを，後のまとめである下山（1997）に従って「混乱」と表記している。

小此木のモラトリアム論が打ち出された後でも、エリクソンが説いたような、自身と社会（就職）とをつなげてアイデンティティ形成を行う大学生がみられなくなったわけではない（高田、一九八九）。青年心理学者の仕事をみても、大学生のアイデンティティ形成を理解するのにエリクソン・アイデンティティ形成論は、八〇年代以降今日に至るまで、ほとんど疑問を呈することなく参照され続けている（松島・橋本編、二〇〇九；宮下・杉村、二〇〇八；大野編、二〇一〇）。下山の分類によれば、「模索」「混乱」に相当するモラトリアム青年が一定程度存在するからこそ、そのような青年心理学者の仕事が成り立ってきたのだと理解されなければならない。翻って、小此木のモラトリアム論に相当する「回避」「延期」のモラトリアムを過ごしている大学生も少なからずいる。加えて、このような調査研究の中で、健康な大学生一般にみられる「延期」のようなモラトリアムの過ごし方もみえてくる。残念ながら、このあたりの研究は絶対的に数が少なく、これ以上の議論を続けることができないが、少なくとも、青年のモラトリアムの過ごし方を複眼的に理解することが必要であるとは言える。

社会志向から私生活志向へ

一九七〇年代後半～八〇年代のもう一つの青年の特徴として、生活態度が社会志向から私生活志向へと変化したことが挙げられる。「滅私奉公」という言葉が戦前では多く唱えられたが、こうした言葉がすっかり意味をもたなくなったという言い方もされる（平野・中野、一九七五）。戦前の青年調査の結果からみていこう。

表5-2　青年（壮丁対象）の生活態度の思想全国調査

	1930年	1940年
(1) 一生懸命働き倹約して金持ちになること	1478 (18.6)	2494 (8.7)
(2) まじめに勉強して名をあげること	702 (8.8)	1446 (5.0)
(3) 金や名誉を考えずに自分の趣味に合った暮らし方をすること	969 (12.2)	1555 (5.4)
(4) その日その日をのんきにくよくよしないで暮らすこと	282 (3.5)	336 (1.2)
(5) 世の中の正しくないことを押しのけてどこまでも清く正しく暮らすこと	2594 (32.6)	11755 (40.9)
(6) 自分一身のことを考えずに公のためにすべてを捧げ尽くすこと	1935 (24.3)	8729 (30.4)
(7) 自分のことを先にして，その後で他の人のことを考える		156 (0.5)
(8) 公のことを先にして，自分のことを後回しにする		1576 (5.5)
(9) 不明，無答		666 (2.3)
計	7960 (100.0)	28713 (100.0)

（注1）1930年データは，文部省社会教育局『昭和五年度壮丁思想調査概況』（昭和6年），1940年データは，同局『昭和十五年度壮丁思想調査概要』（昭和16年）による。表の結果は，青木（1938/1948），第26表（215頁），第27表（217頁）より作成。

（注2）1930年調査では全サンプルが$N=8561$，1940年調査では$N=28711$である。

（注3）青木（1938/1948）の1940年調査の結果表では「(9) 不明，無答」という欄が設けられているが，1930年調査の結果表ではこの欄はみられない。1930年調査では全サンプルが$N=8561$で，回答被験者の合計が$N=7960$であるから，その差が「(9) 不明，無答」に相当するものと考えられるが，ここでは青木の結果表をそのまま掲載している。また，1940年度調査の全サンプルは$N=28711$とされているが，青木の結果表で示される回答被験者の合計は$N=28713$である。このズレが表記ミスなのかどうかは不明である。ここでは，青木の結果表をそのまま掲載している。

（注4）1940年調査における「(7) 自分のことを先にして，その後で他の人のことを考える」「(8) 公のことを先にして，自分のことを後回しにする」は，追加項目である。1930年調査では尋ねられていない。

表5-2は、一九三〇年と一九四〇年に実施された壮丁（満二〇歳の徴兵検査を受ける年齢の男子）に対する生活態度の調査結果比較である。調査対象者の学歴別をみると、一九三〇年で最も多いのが「高等小学校卒業者」（三四・三％）、ついで「尋常小学校卒業者」（二七・一％）である。小学校卒業者だけで過半数である。ちなみに、高等教育段階の「専門学校以上」の者は卒業者・在学中・中途退学者を合わせて七・八％である。同様に、一九四〇年で最も多いのが「青年学校本科卒業者」（二七・六％）（労働に従事していた勤労青年のための「実業補習学校」と、同じ勤労青年を対象に施した軍事教練のための「青年訓練所」とが併存していたので、一九三五年にそれらを統合して「青年学校」となった）、ついで「高等小学校卒業者」（二二・一％）である。「専門学校以上」の者は卒業者・在学中・中途退学者を合わせて四・五％である。

一九三〇年調査の結果をみると、最も多いのは「世の中の正しくないことを押しのけてどこまでも清く正しく暮らすこと」（三二・六％）、ついで「自分一身のことを考えずに公のためにすべてを捧げ尽くすこと」（二四・二％）である。「一生懸命働き倹約して金持ちになること」（一八・六％）も多くみられるものの、過半数の青年の生活態度は社会志向的なものと言えよう。

同様に、一九四〇年調査の結果を見ると、一九三〇年調査と同じく、「世の中の正しくないことを押しのけてどこまでも清く正しく暮らすこと」（四〇・九％）、ついで「自分一身のことを考えずに公のためにすべてを捧げ尽くすこと」（三〇・四％）の二項目が多い。合わせて七割にも達する。

このような社会志向的な生活態度が著しく増大しているのは、当時の国家主義的な戦時体制ゆえで

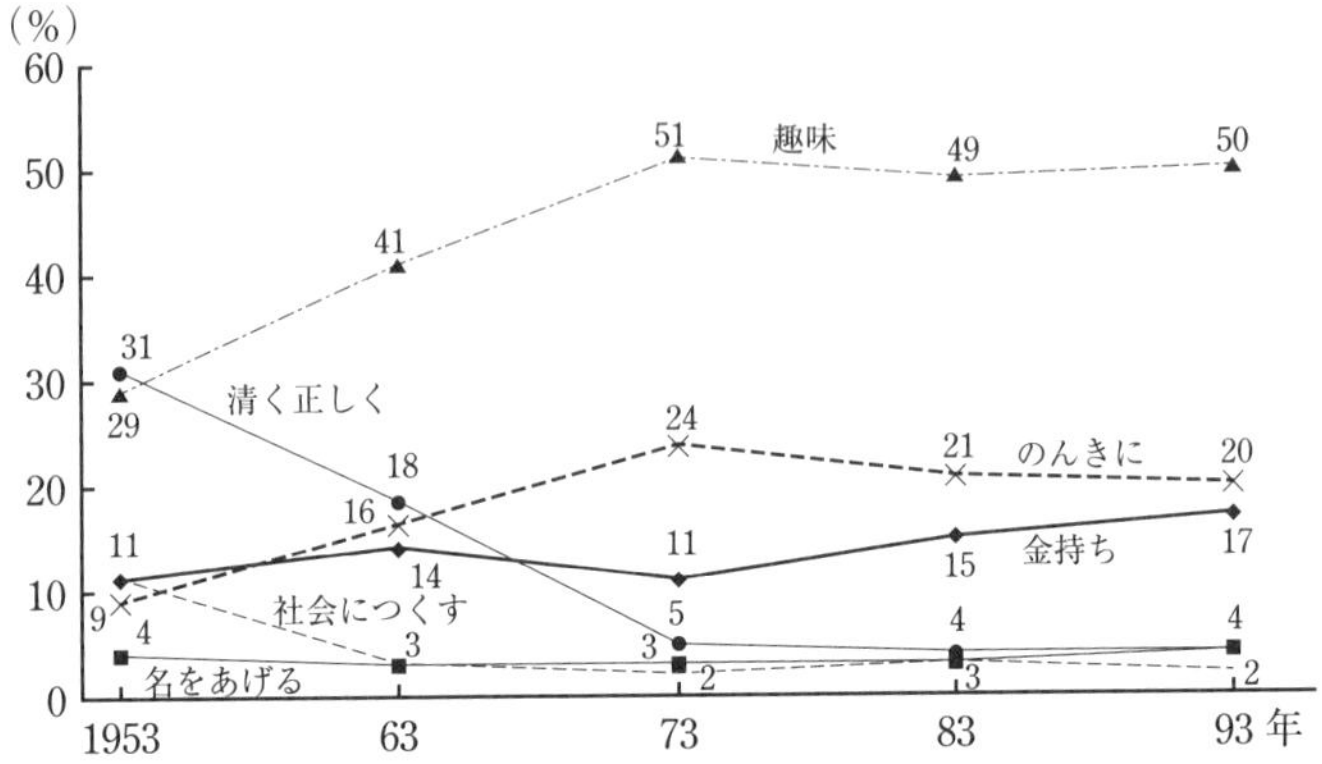

図 5−3　戦後の青年の生活態度

（注 1）　文部省統計数理研究所『国民性調査』の「くらし方」の質問結果（http://www.ism.ac.jp/kokuminsei/table/data/html/ss2/2_4/2_4_20.htm）より作成。結果は，20 歳代のデータを抽出してまとめられたもの。

（注 2）　質問は「人のくらし方には，いろいろあるでしょうが，つぎにあげるもののうちで，どれが一番，あなた自身の気持に近いものですか？」であり，選択肢は下記の通りである。金持ち「一生けんめい働き，金持ちになること」，名をあげる「まじめに勉強して，名をあげること」，趣味「金や名誉を考えずに，自分の趣味にあったくらし方をすること」，のんきに「その日その日を，のんきにクヨクヨしないでくらすこと」，清く正しく「世の中の正しくないことを押しのけて，どこまでも清く正しくくらすこと」，社会につくす「自分の一身のことを考えずに，社会のためにすべてを捧げてくらすこと」，その他（記入）。

あろう（青木、一九三八／一九四八）。特に一九四〇年頃は、学校も社会もともに滅私奉公を叫び、国家の絶対的優位性を説き、青年を取り巻く生活を国家主義的色彩に塗りつぶしていた。個人主義は排せられ、立身出世は斥けられていたのである。

次に、戦前の壮丁思想調査と類似の調査が現在の統計数理研究所によって行われているので、その中から二〇歳代の結果を抽出して紹介しよう。

図5－3をみると、戦前

に多くみられた「清く正しく」は一九五三年で依然として最も高い該当率であったが(三一%)、その後どんどん該当率が低下し、一九九三年には四%にまで下がってしまっている。「社会につくす」も同様にみて、一一%から二%への低下である。これらに代わって増加しているのが、「趣味」と「のんきに」である。「趣味」は一九五三年の二九%から九三年の五〇%への増加、「のんきに」は同じく九%から二〇%への増加である。これらの結果は、戦後の青年の生活態度が、戦前の社会志向(清く正しく、社会につくす)から私生活志向(趣味、のんきに)へと変わってきていることを示唆している。一九九三年では、「趣味」と「のんきに」を合算して七〇%にもなる。

さらに、一九八五年実施のNHK世論調査部の調査結果は、若者の私生活志向を「一〇年先の自分は?」という将来の見通しの問いによって明確に示している。

図5-4をみると、年齢、男女を問わず最も該当率の高い項目は「結婚して人並みの家庭を築いているだろう」であり、ついで「趣味を生かした仕事をしているだろう」であった。女性の二三~二五歳層では、「今と変わらない生活をしているだろう」の該当率も高かった。いずれも高い該当率は私生活志向の項目であり、「社会奉仕に力を入れているだろう」「社会を良くするための生活をしているだろう」といった社会志向の項目の該当率はきわめて低い。戦前から戦後にかけての社会志向の生活態度から私生活志向の生活態度への変化を、ここでも確認することができる。

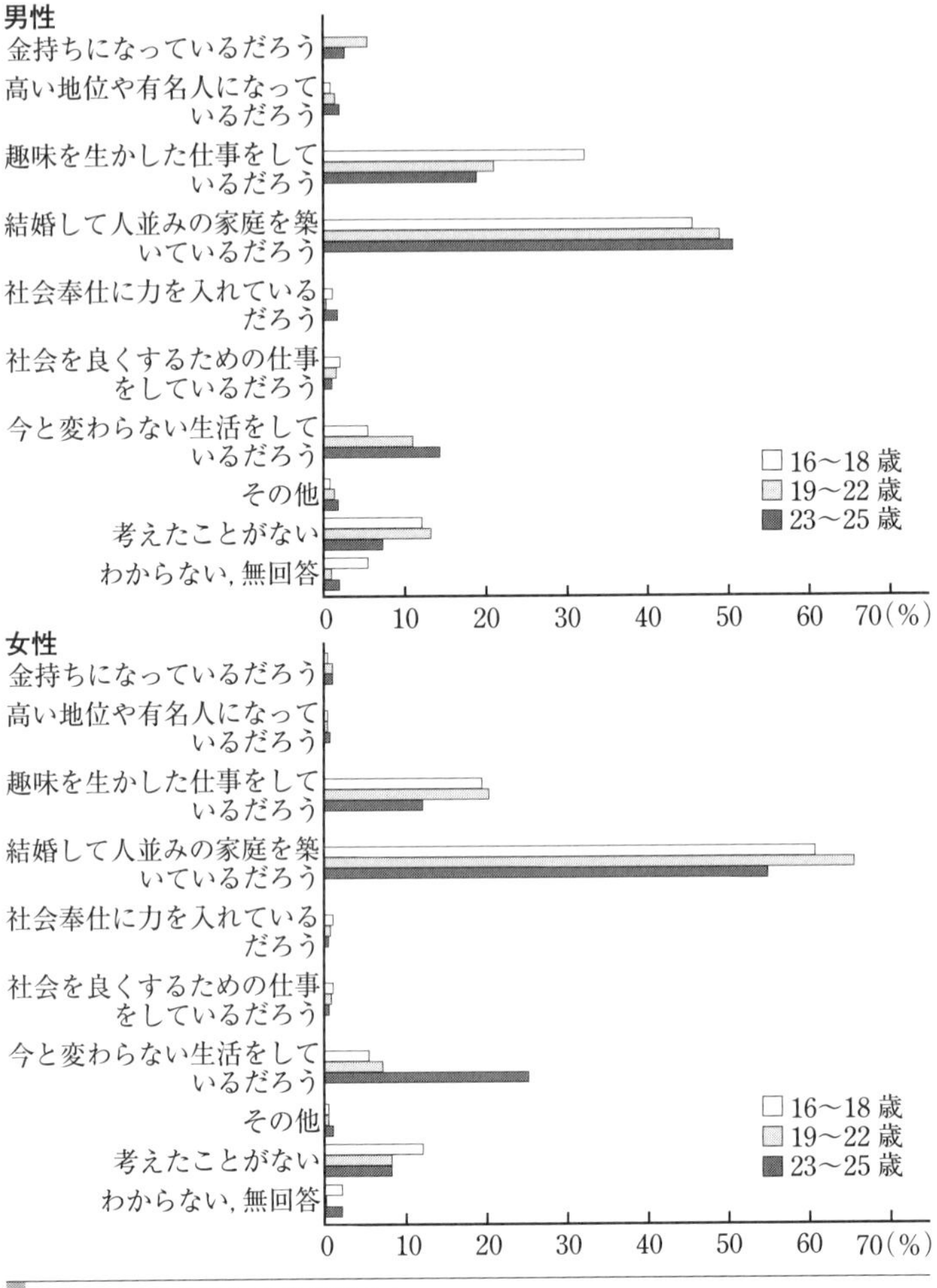

図 5-4 「10 年先の自分は？」

（注 1） NHK 世論調査部編（1986），基本属性別集計結果表 77 頁より作成。

（注 2） 調査は，1985 年 10 月実施。調査対象者・回答数は全国 13 ～ 29 歳の男女 2642 名。図はその中から，男性で「16 ～ 18 歳」（271 名），「19 ～ 22 歳」（222 名），「23 ～ 25 歳」（166 名），女性で「16 ～ 18 歳」（261 名），「19 ～ 22 歳」（263 名），「23 ～ 25 歳」（218 名），計 1401 名を抽出して作成。

（注 3） 質問は「あなた自身は 10 年先，どのようになっていると思いますか。リストの中から 1 つだけあげてください」である。

カプセル人間――個人空間をつくり出し楽しむ若者たち

一九七〇年代に議論された青年の私生活志向の高まりの背景には、伝統的な共同体の解体、都市化の進展、新しいコミュニティの創造、乗り物・個室などの個人空間の創出、個人空間と外界とをつなぐ情報メディア（機器）（テレビやラジオ、雑誌、マンガなど）の普及など、社会の都市化・消費化・情報化があった。そして、それによる人々の暮らしや関係性の変化があった。

青年はこうした新しい社会の中で、音楽やマンガ、ファッション、ゲームなどの若者文化（サブカルチャー）をつくり出し、私生活を楽しんだ。ラジカセやステレオ、雑誌、テレビ、ウォークマン、ビデオ、コンピュータといった情報メディア（機器）がそれらを支えた。

一九七〇年代に入って中野らは、「カプセル人間」という概念でこのような青年の私生活志向を理解しようとした（平野・中野、一九七五）。今日では、人々の生活空間が彼らにならってカプセル化しているのはむしろ当然のことだが、人と人とを土地を介して束縛していた伝統的な共同体の解体と隣り合わせにいた当時においては、個人の私的空間はまさにこのようなカプセルのイメージだったのだろうと想像される。なかなかおもしろい。なお、小此木（一九七八）のモラトリアム論と同様、カプセル人間は青年を超えて人々一般にも当てはまる社会的性格だと考えられている。

さて、中野らによれば、カプセルは各種情報機器を備えた個室として考えられるようなものである。青年はこの個室で勉強したり、音楽を聴いたり、テレビをみたりして、社会から切り離された私的空間を楽しむ。ラジオやテレビ、雑誌などの情報メディア（機器）を利用すれば、青年は個人空間にいながら社会のさまざまな情報を得ることができる。ラジオの深夜放送を聞きながら受験勉強をする青年の姿は、まさにカプセル人間のイメージであった。

加えて、カプセルはけっして実在の固定化された個室を意味するにとどまらず、それを心理化・身体化することで、公共空間をもカプセル化することができる。公共空間にいながら人目を気にせず恋人と「二人だけの世界」をつくり出すのは、このカプセル化の最たるイメージであるが、恋人だけでなく、ある価値を共有する特定の他者や集団ともこうしたカプセル状態をつくり出すことができる。当時から三〇年以上経っている今日においては、情報メディア機器が当時の比ではないことも加えて、私たちは公共空間でカプセル人間を至るところでみかけることができる。例えば、コンビニの前で座り込む若者、電車の中で人目を気にせず化粧をする女性、周囲の迷惑もそっちのけで携帯電話で話をする者、彼らはカプセル人間の進化形であろう。携帯メールを使用したり、イヤホンで音楽を聴いたりゲームをしたりするレベルであれば、かなり多くの者が当てはまってくる。これらはみんな、中野らに言わせればカプセル人間である。

カプセル人間は、心理的に外的環境から切り離された自我のメタファであった。カプセル人間は、実在的な個室はもちろんのこと、公共空間においても、身体を心理的に延長して個人空間をつくり出し、私生活を楽しむ。個人空間は、個室であろうと公共空間であろうと、自我の空間なのであった。

一九八〇年代、情報メディア機器がビデオ、ウォークマン、ゲーム、パソコンなどと進歩するに従って、個人空間はますます拡大・多様化していく。加えて青年は、ブランドや流行物、最新のメディア情報を獲得・記号化して、その記号によって自己を表現したり、他者と差異化を図ったりするようになるから（城戸、一九九三）、この過程で個人空間の価値はますます高められていったし、ひいては私生活志向の傾向も強まっていくのであった。

遠い存在となる大人

図5‐3（一三〇頁）をもう一度みるとわかるように、青年の私生活志向は一九七〇年代に入って突然高まったものではない。その傾向は六〇年代にすでに認められるからである。しかし、それが目立って注目されるようになったのは、一九六〇年代後半から七〇年代前半にかけて盛んだった、学生運動やヒッピー・ムーブメントをはじめとする青年の異議申し立てが衰退し始めてからである。カプセル人間や新しいモラトリアム心理の見方の提出によって、人々は青年の新しい生活態度に注目するようになった。また、八〇年代に入ると社会の消費化・情報化が加速して進み、青年の私生活志向が目立つようにもなった。

社会学にとって青年の私生活志向は、青年論から若者論への移行を意味していた（小谷、一九九三）。七〇年以前の学生運動やヒッピー・ムーブメントをはじめとする異議申し立ては、大人と青年との間にあった断絶を真正面から問題とするものであったが、運動が沈静化した一九七〇年代後半以降、青年は大人から距離を取り始めた（片瀬、一九九三）。そして、独自のサブカルチャーを発展させ、それを楽しむようになった。こうなってくると、大人との関係で定義されていた、そして人の発達的文脈で意味をもった「青年」という言葉が古くさく感じられるようになり、それに代わって「若者」という言葉が使用されるようになった。青年論は、「青年期論」として青年心理学者が発達的文脈において専門的に検討するだけのものとなり、社会学やジャーナリズムは消費や情報メディアに囲まれる若者の私生活に注目するようになっていった。小谷が指摘する「若者論」の始まりであった。

それでは、青年期論にとって青年の私生活志向はどのような意味をもつものだっただろうか。対人関係の希薄化はこの文脈に関連づけて議論されるものの一つであるが、大人との関係で青年期を論じている本書では、青年の意識のうえで大人が遠い存在となっていったことを特に指摘しておきたい。一九七〇年代、青年の間にシラケが蔓延《まんえん》したという見方が広まるが、彼らがしらけているのは政治をはじめとする大きな社会に対してであって、消費生活や若者文化を通しての身近な私生活に対してではなかった（高田、一九八九）。私生活に対しては、彼らはおおいに満足し、楽しんでいたのである。もはや青年は、大人を気にせず青年独自の世界をつくり楽しむことができた。先の新しいモラトリアム心理の話と合わせて、これらは青年の青年期の過ごし方がインサイドアウトの力学に基づくものとなったことを、より確かなものとする。

中野らのカプセル人間や小此木の新しいモラトリアム心理は、青年が大人との断絶性・異質性を前提として日常を過ごしていることを特徴づける用語であった。八〇年代に入って「新人類」という用語が、大人＝旧人類に対して登場し大流行となるが、この用語は青年と大人との断絶性・異質性を最大限に表現するものであった。こうして、青年心理学でかつて語られていた、「青年は理想をもち、昨日を忘れて明日に希望を抱くのが当然でなくてはならない」（青木、一九三八／一九四八、二一六頁）のような、大人目線の説明や当為はすっかり古くさいものとなっていく。

さらに勉強したい人に

岡田努（二〇〇七）『現代青年の心理学——若者の心の虚像と実像』世界思想社
岡田努（二〇一〇）『青年期の友人関係と自己——現代青年の友人認知と自己の発達』世界思想社

＊ 現代青年は、内省に乏しく深い関わりを避けたり、表面的な楽しさを求めて群れたり、あるいは傷つくことを怖れたりしていると論じられることが多い。本当にそうだろうか。本書は、そのような現代青年の特徴を実証的データから実態を浮き彫りにする。岡田（二〇〇七）は、岡田（二〇一〇）の理論的な背景を概説するものとして、あわせて読むとより理解が深まる。

モラトリアムでもさほど離職率は高くなかった

近年のキャリア教育（第6章の「進路指導からキャリア教育へ」参照）の必要性を説く中で、「七・五・三」がよく引合いに出される。七・五・三とは、中学生・高校生・大学生が、この順に卒業して就職後三年以内に離職する割合を指す。この理由として、青年の「自分は何をしたいか」「どのような職に就いてどのように働きたいか」といった自己や職業・人生の検討が不十分だ（大久保編、二〇〇二：谷茂岡、二〇〇〇）、本書の用語で言い換えれば、アイデンティティ形成が十分になされていな

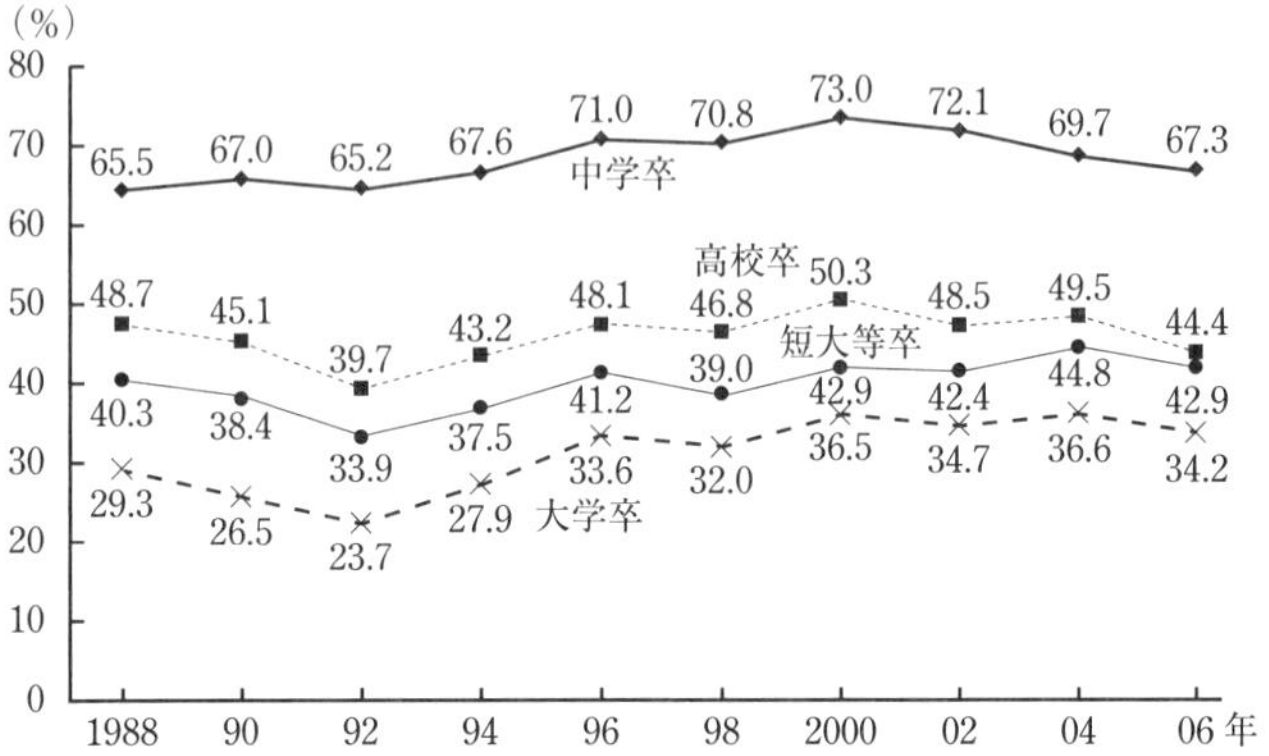

図 5-5　学歴別３年以内の離職率の経年変化

（注）　厚生労働省「新規学卒就職者の在職期間別離職率の推移」より作成。
http://www.mhlw.go.jp/bunya/koyou/wakachalle/pdf/data_1.pdf

いからだという話になり、キャリア教育の推進が叫ばれるわけである。

しかし、バブルの崩壊以前は終身雇用が十分に成り立っており、離職・転職などもってのほかであった、といったイメージでこの現象を理解しているなら、それは間違いである。終身雇用は一九八〇年代以前でも、中小企業や女性の中では十分に機能していなかったし、大企業でさえ子会社や下請けへの出向をはじめ、いくつもの例外があった（野村、一九九四）。そして、図5−5をみれば、バブル崩壊以前の一九八〇年代末でも、今よりはましだが、離職率はけっこう高かったことがわかる（江川、一九八八：谷茂岡、二〇〇〇）。離職率の高さは、何も近年になってはじめてみられるようになった現象ではない。

さて、大学生に関して言えば、インサイドアウトの力学が確立していながらモラトリアム気分の学生が多かった一九八〇年代において、ろくに自己探求もせずに就職して、よく大学卒の離職率が三割以下に収まっていたと感心する。

谷内（二〇〇五）は、かつての青年の職業意識の根底にあったのは、物的豊かさを希求する価値観であったと述べる。職業選択においても横並びの意識が強く、物的豊かさを維持できる大企業や安定した企業に入ることが主たる目標となっていた。入った会社で担当する仕事について事前に意識されることはほとんどなく、採用側も主として出身大学や人間性などを重視した全人格的な採用を行っていた。このような中での青年の職業意識は、まずは会社に入ることであり、「就社」と呼ばれるものであった。

それに対して、一九九〇年代後半以降の現代青年の職業意識の根底にあるのは、精神的豊かさを希求する価値観である。職業選択においても、自身の能力・個性が生かせるかどうかを重視して会社選択が行われる。彼らにおいて重要なのは「どこの会社に入るか」ではなく、入った会社で「どんな仕事ができるか」「その仕事は自分にあっているか」である。まさに「就職」である。このような就社から就職への変化は、一九七一年と二〇〇七年の会社選択における重視要因を比較するとよくわかる（図5−6参照）。

就社から就職へのこのような変化をふまえると、一九八〇年代の大学生の多くが、ろくに自己探求もせずに就職しながら、それでいてさほど離職しなかった原因がおぼろげながらみえてくる。つまり、彼らはインサイドアウトの力学で青年期を過ごしながらも、就職時（終点）には外側（会社・社会）の論理に従うアウトサイドインの力学に転換して生きていたのである。あくまで推測でしかないが、

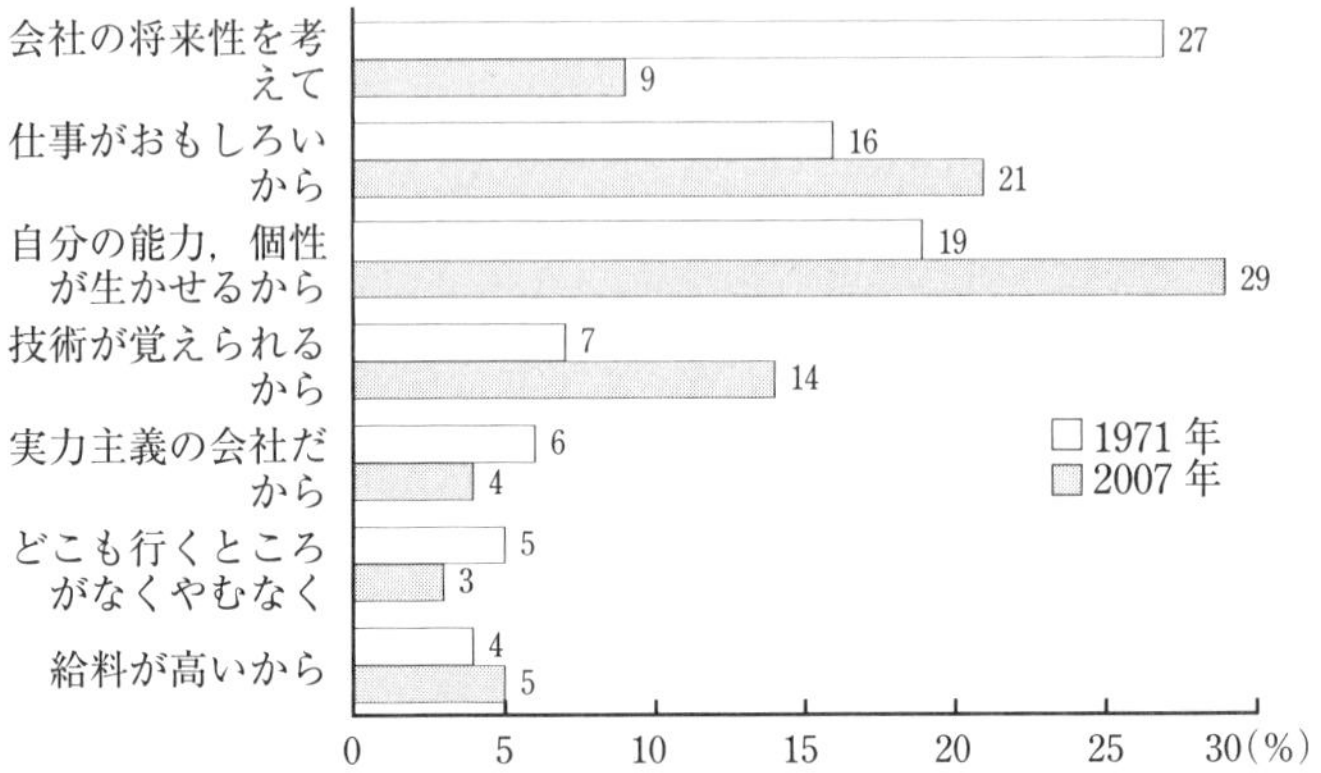

図 5-6　会社選択における重視要因

（注 1）　社会経済生産性本部・日本経済青年協議会『働くことの意識調査』（平成 19 年度）より作成。
http://activity.jpc-net.jp/detail/lrw/activity000821/attached.pdf

（注 2）　2007 年 3 ～ 4 月に調査実施。回答数 3849 名。

このように考えないと、当時の学生がモラトリアム気分で青年期を過ごしながらも、就職した後離職しない理由を理解することができない。またこのように考えると、栗原（一九八一）が、当時の青年は社会の論理と内なるモラトリアムの二重意識を併用しながら生きていると論じたことも理解できる。彼らは最終的には、アウトサイドインで社会（会社）の論理に従ったのである。

もちろん、アウトサイドインの力学に基づいて就職した者が、与えられる仕事をただこなすだけの人間であったと理解してはならない。適応とは、個体が所与の環境に自身を適合させつつも（外的適応）、積極的に働きかけ、環境を心理的に支配する（内的適応）ことさえある概念である（第4章の「適応とアウトサイドイン、インサイドアウト」参照）。彼らの中には、就社しながらも与えられる仕事との格闘を通じて、おもしろさを見出していた者が少なからずいたと聞く。インサイドアウトで青年期を過ごしながらアウトサイドイン（外的適応）で就社し、そして与えられる環境の中で内的適応を実現するという生き方は、当時の適応的な生き方の一つだったと言えるのかもしれない。

参考文献

小谷敏（編）（一九九三）『若者論を読む』世界思想社

第6章

課せられる自己形成
——一九九〇年代後半以降の現代

一九九〇年代初頭のバブル崩壊以降、戦後築き上げてきた政治・経済から教育、人々の暮らしに至るまで、わが国の社会のさまざまなシステムが根本から崩れ、改変することとなった。その改変作業は今も暗中模索のさなかであり、長期停滞という状況である。日本社会は、六〇年代の高度経済成長を機に大きく転換したわけだが（第4章参照）、九〇年代のこの転換はそれにつぐ規模の大きな転換であった。低成長と言われながらも、上向きに発展して雰囲気が明るかった八〇年代と比べると、九〇年代以降は先のみえない暗闇の中にいるかのようであり、さまざまな側面において閉塞感が漂っている。

一九九〇年代以降で青年期論に関わって重要な変化は、学校や就職・働き方の変化、役割の多様化など多数あるが、本質的な変化は、切り離された青年期を大人の世界とどのようにつなげればいいかを、学校も青年も本腰を入れて模索するようになったことである。

大学全入の時代と就職氷河期

青年期論にとって、一九九〇年代以降の現代で最も大きな出来事は、大学のユニバーサル化、すなわち大学全入の時代と就職氷河期がやってきたことであろう。

一九九一年のいわゆる大綱化（大学設置基準の改訂）による政府の規制緩和政策、少子化による一八歳人口の減少によって、それまで全体で三五~四〇%で推移していた大学進学率が再び上昇し、今日えり好みしなければどこかの大学に入れる全入時代を迎えるに至っている（大学のユニバーサル化）。図6-1をみると、男性では大学進学率が増加しただけの特徴であるが、女性ではそれまで高等教育の中心であった短大への進学率が減少し、一九九六年以降は四年制大学への進学がそれに代わっている。短大から四年制大学への編入進学があることも考えると、女性の四年制大学への進学が一般化していると言える。大学短大への進学率は、二〇〇九年現在で、男女平均五三・九%（現役）となっている。

このほか高等教育には、高等専門学校、専修学校（専門課程）、通信教育も含まれるので、これらへの進学率を合わせると全体で六八・六%（『学校基本調査』平成二一年度）となる。これに浪人などの過年度卒業者数を加えると、七割を超えるから、世の中の大多数の青年は高校卒より上の学校卒業資格を得る時代になったと言うことができる。

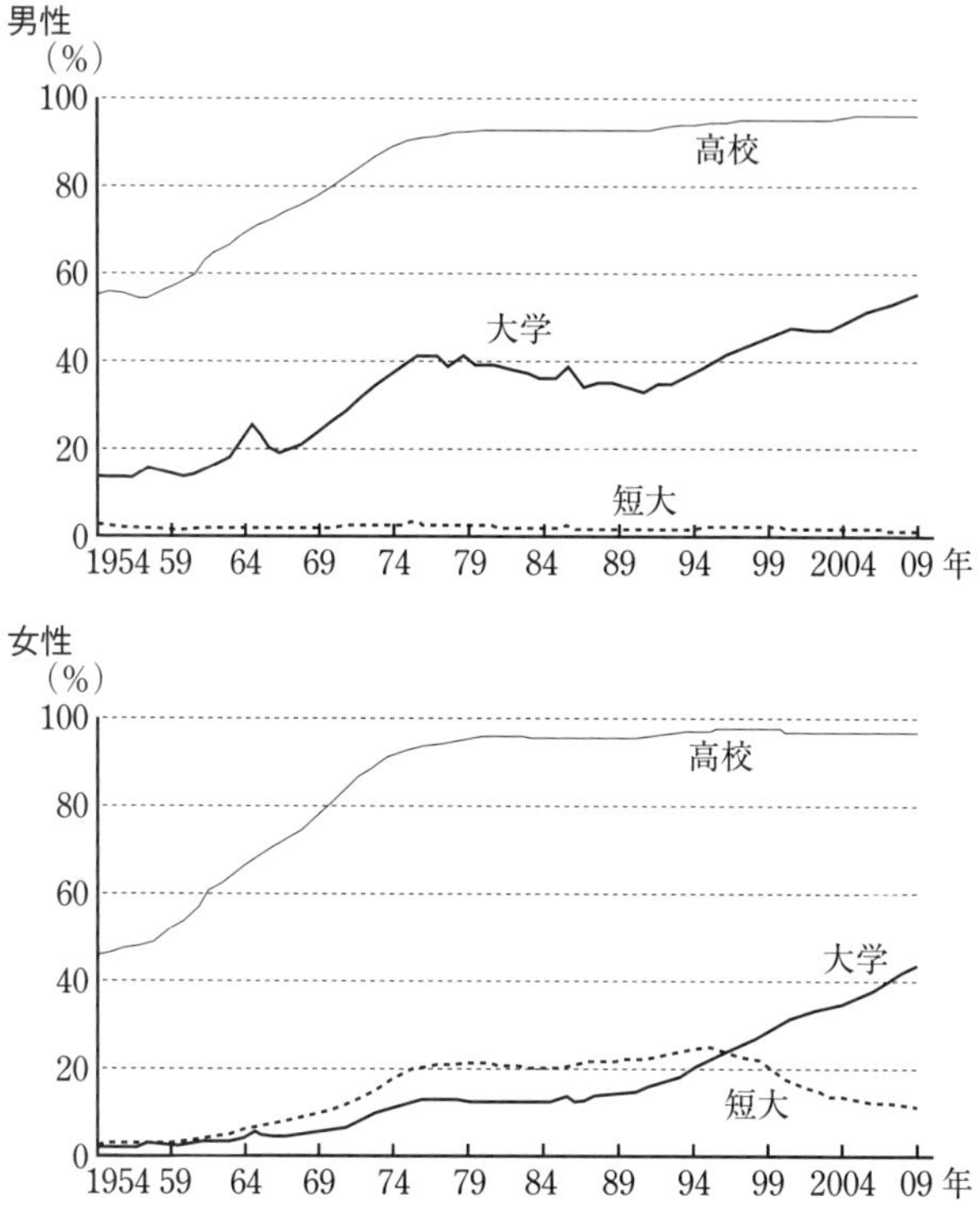

図 6-1 高校・短大・大学への進学率

(注 1) 文部科学省『学校基本調査』各年度より作成。

(注 2) 高校への進学率は通信制課程（本科）への進学者を除く。大学短大への進学率は過年度卒業者等を含む。

一九九一年は、このように大学が大きく転換した年であったが、他方で、バブルがはじけた年でもあった。新規学卒者の就職率は一気に冷え込み、「就職氷河期」と呼ばれる深刻な状況に陥った。図 6-2をみるとわかるように、大学短大ともに、九〇年代前半を境に就職率が激減している。「就職氷河

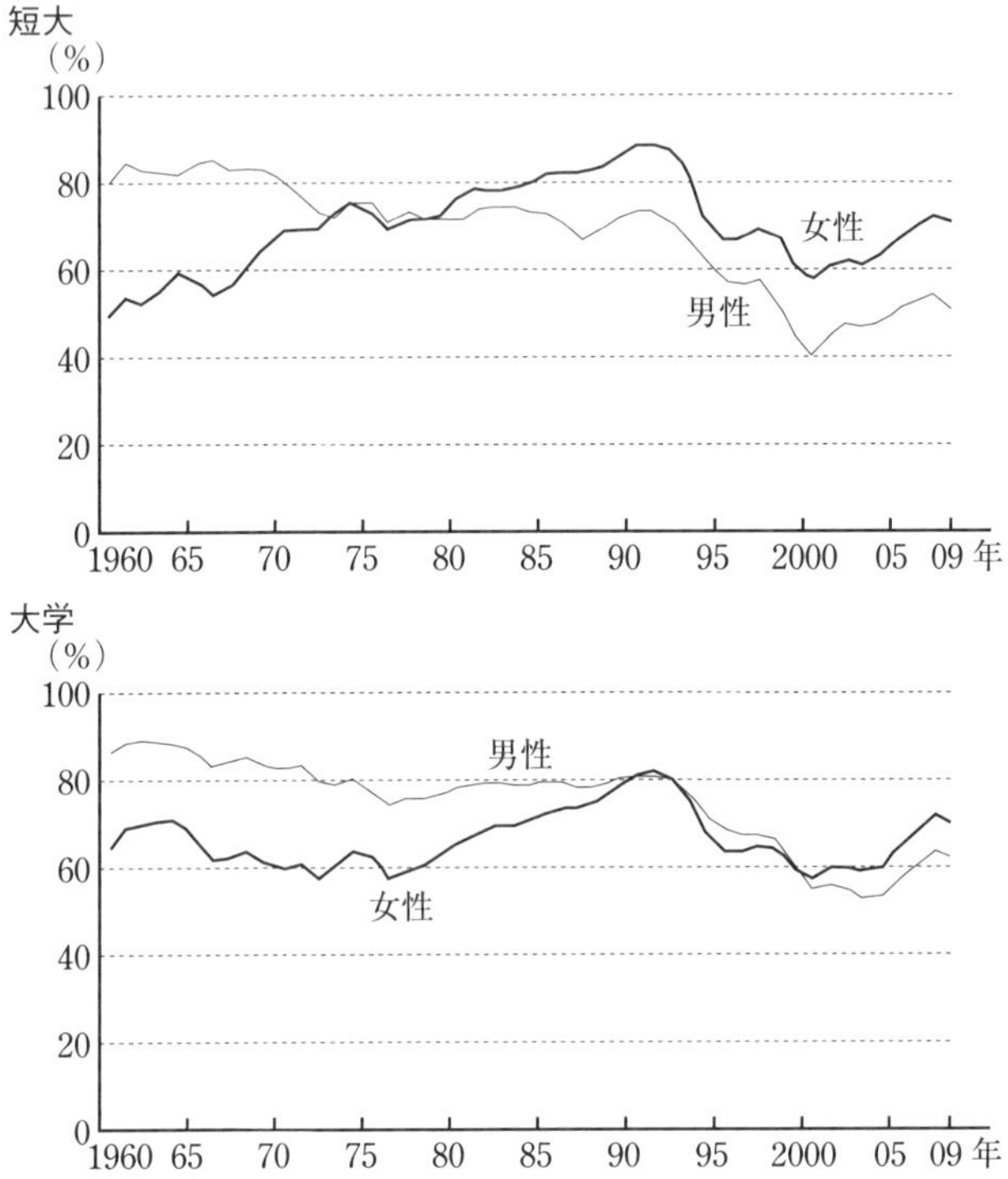

図 6-2　短大・大学卒業者の就職率

（注）　文部科学省『学校基本調査』各年度より作成。

期」とは、景気の悪化が産業構造の問題に深く根ざしており、一過性のものではないことから、一九九二年に生まれた造語である。一九九五年にはトップの流行語となった。就職氷河期は、途中回復の兆しをみせつつも、今なお続いている。

竹内（一九九九）は、就職状況のいい経済繁栄期のモラトリアムの風景は「小春日和のけだるさにつつまれ」たものだが、就職状況の悪い今日のような経済不況下でのモラトリアムの風景は「北国の冬景色の陰鬱さにつつまれ」たものであると述べる。一九七〇年代後半から八〇年代に唱えられた新しいモラトリアム心理とのコントラストが、あまりに大きい。

高校卒と大学卒との関係に目を向けると、一九九〇年代には、新規学卒就職者の中心が高校卒から大学卒へとシフトした（男女平均で大卒者が高卒者を上まわったのは一九九九年。厚生労働省雇用統計課『雇用動向調査』）。六〇年代には、新規学卒就職者の中心が中学卒から高校卒へとシフトしたが、それの九〇年代版である。高校卒を求める企業の規模は、それまでの一〇〇〇人以上大企業から三〇〇人以下の中小企業へとシフトし、求人内容も事務職は減少し、中心が技能生産工程・サービス職へとシフトしている（小杉・堀、二〇〇二）。八〇年代に高校卒に求められていた職種は、今日大学卒に代わって求められている。大学卒に求められる職種は、専門技術職・事務職・販売職などである。

しかし、一九九一年と二〇〇一年とを比較すると、大学生の大企業への就職は、高校生と同じく激減している。代わって、中小企業への就職が増加している。

谷内（二〇〇五）は、この背景にあるものを三点挙げている。第一に、景気低迷による労働需要の大幅な減少であり、大学進学率の高まりに伴う労働供給量の大幅な増加とのミスマッチである。大学卒への求人倍率が落ち、大企業からこぼれて中小企業にまわる者が増えているというわけである。第二に、派遣社員をはじめとする非正規従業員の大幅な活用によって、事務職や専門技術者の採用が減少していることである。これは、高校卒への事務職の求人が減っていることとも関係している。第三に、ITを中心とする技術革新への対応や即戦力となる人材を調達する理由から、中途採用やキャリア採用に対する依存度が高まっていることである。企業には新規学卒者の採用予定数というものがあるが、近年の傾向では、良い人材が得られなければ必ずしもこの数を埋めないという厳選採用の傾向もみられるから、この点も付け加えられるべきだろう。かつてのような、新規学卒者を一括採用して企業内研修で育てるという流れから、できるだけ研修期間を短く済ませられるような有能な新規学卒者を求める流れへと転換していることが読み取れる。

このように、新規学卒者のマーケットの中心が高校卒から大学卒へシフトしたと言っても、今や大学卒にとっても就職環境は氷河期のさなかなのであって、きわめて深刻な状況である。

一九六〇年代の高度経済成長は日本経済を豊かに発展させ、日本は国際的に経済大国の地位を得るに至った。一九八〇年に通商産業省が出した報告書（通商産業省産業構造審議会編『八〇年代の通産政策ビジョン』）では、明治以来の「追いつき型近代化」は終わったとも宣言された。翻《ひるがえ》って、貿易摩擦や基礎研究ただ乗り論をはじめ、高度情報化によるFA（ファクトリー・オートメーション）・OA（オフィス・オートメーション）、生涯学習やグローバル化社会の到来などをふまえて、課題がいくつも山積していた。その課題を解決していくための一つとして、大学が大きく変わらなければならなかった。日本が『ジャパン・アズ・ナンバーワン』と呼ばれ（Vogel, 1979）、アメリカの教育学者が日本の学校を絶賛したときでも（Cummings, 1980）、高等教育は受験競争の頂点に立つ以外の評価は与えられなかった[6]。評価の対象は、初等・中等教育、どちらかと言えば特に初等教育のほうにあった。ヴォーゲルにいたっては、下記の通り、日本の大学について言いたい放題である。

「日本の教育にも大きな問題がないわけではない。大学は卒業資格を与えるのには重要な役割を果たしているが、学生の教育に身を入れる教授の数はあまり多くなく、学生の勉強も大学受験前に比べるとはるかに落ちる。授業中の問題の掘り下げ方は甘く、出席率も悪い。学生一人当たりの大学側の支出は不当に低く、先端を行く研究のレヴェルも多様性もばらつきが目立つ。日本の学生の書くレポートは独創的ひらめきを示すよりも、どちらかと言えば、教えられたことに忠実にしたがうものが多い。高校・大学への入試があまりにも熾烈なので、学生の自由な思考は妨げられ、課外活動は限られ、社会性は身につかない。受験に失敗した場合には、精神的に落ち込む者も出る。

アメリカ人は、このような悪い面を取り入れる必要はない。日本の教育の根深い問題である。しかし、日本人の学ぶことへの意欲、九年間にわたる平均して質の高い義務教育、教育テレビの広範囲な利用といった点では、学ぶべきことがおおいにあると思う。」(Vogel, 1979, p. 162)

ちなみに、彼の著書の表紙に使われている日本人の写真は、工場で働くブルーカラーの青年である。

(6) カミングスはその後、日本の高等教育研究者と共編で日本の高等教育について出版している(Cummings et al., eds., 1986)。

彼が日本のどのような教育を賞賛していたかが象徴的に示されている。また、上記の引用も、「基礎教育――質の高さと機会均等（Basic education: Quality and equality）」という一章からのものである。彼は日本の義務教育にはおおいなる賞賛を与えたが、ホワイトカラーや高度な技術者を輩出する高等教育に対しては悪口雑言だったのである。

こうして大学設置基準の大綱化は、これまでの日本社会の到達点をもとに、新たな大学づくりを始めるべく、八〇年代から多くの関係者・識者の意見を集めて準備されてきたものであった。しかし今から振り返れば、大学が変わろうとするその直前にバブルがはじけた。そして、それまでの日本社会の繁栄を支えていたさまざまなシステムが崩れてしまった。たしかに、大学は大綱化以降大きく変貌したが、この変貌が八〇年代に想定していたものであったのかは疑わしい。大学は、繁栄を基礎にしての改革ではなく、むしろ新たな社会の立て直しを基礎として変革せざるをえなくなったのである。こうして、現在に至るのである。

さらに勉強したい人に

原清治・山内乾史（二〇〇九）『「使い捨てられる若者たち」は格差社会の象徴か――低賃金で働き続ける若者たちの学力と構造』ミネルヴァ書房

山内乾史（編）（二〇〇八）『教育から職業へのトランジション――若者の就労と進路職業選択の教育社会学』東信堂

山内乾史・原清治（編）（二〇一〇）『学歴と就労の比較教育社会学――教育から職業へのトランジションⅡ』学文社

＊　学校から仕事への移行問題を、「使い捨てられる若者たち」の観点から分析し論じている。また、日本だけでなく、アメリカ合衆国、イギリス、フランス、オーストラリア、北欧、エジプト、そして発展途上国と、他国における状況も同観点から分析して論じている。

進路指導からキャリア教育へ

第4章では、一九六〇年代に中学校・高校において、学校が生徒の適応的で主体的な進路・職業選択を図る場だと理解され始めたことを、職業指導から進路指導への転換としてみた（「職業指導から進路指導へ」の節参照）。それは学校が、生徒の「どのような大人になるか」という青年期発達課題を、明示的に引き受け始めたことを意味していた（「学校教育・指導における発達的力学の登場」の節参照）。

しかし、その後の生徒の進路意識をみると、実際にはなかなかこのようなかたちで進路指導が実現しなかったことが理解される。

一九八一年の中央教育審議会答申「生涯教育について」（一九八一年六月一一日）をみると、そこには「中学校や高等学校においては、生徒が正しい勤労観や職業観を身につけ、将来社会人としてあるいは職業人として、よりよい生き方を見いだし、自らその進路を選択することができるようにすることが重要である」（傍点は筆者による）と述べられている。これにみられるように、八〇年代は生徒の「生き方の指導」があちこちで叫ばれ始める時代であった（吉田、二〇〇五）。そもそも進路指導とは、

「生き方」という用語を用いずとも、人としての生き方・人生設計の指導であったはずであり、その含意はそれ以前の学習指導要領でも十分に認められるものであった（吉田、二〇〇五）。にもかかわらず、答申や審議会で「生き方の指導」が連呼され、一九八九年の学習指導要領の改訂では「生き方の指導」が明示的に強調されるに至る。なぜこうなるのか。

これに対する説明をみると、受験競争の加熱や学業成績に基づく偏差値偏重教育にその原因を求めるものが多い（例えば、清水、一九七七）。つまり、一九七〇年代から八〇年代にかけて日本のメリトクラシーは一元的能力主義のかたちで確立し（第5章の「一元的能力主義のメリトクラシー社会の確立」参照）、多くの生徒の進路意識は、何を学んで、どのような職を得て、どのように生きていくかといった主体的な進路・職業選択、人生形成よりもむしろ、進学校や有名大学に進んで大企業に入って幸せな人生を過ごす方向へ向かった、という説明である（坂本、一九八九）。下山（一九八三a）が八〇年代に検討した高校生の進路決定過程の研究も、みずからの進路や将来に対して模索を経ず進路決定している者が半数以上もいることを明らかにした。主体的な進路選択は形骸化していることを示したのである（ほかにも細江、一九七四；豊嶋ら、一九八五などを参照）。これらのことは、生徒たちの多くが大学受験という社会から押しつけられる課題を前に、自己理解や将来設計を先送りしながら、大学へ進学したことを意味していた（第5章の「さまざまなモラトリアムの過ごし方」参照）。

前節でみたように、このような一元的能力主義の日本型メリトクラシーを成り立たせていた企業の日本的雇用システム——例えば、新規学卒者の一括採用人事システムや、企業内研修を通して社員の年功序列・終身雇用を制度化すること——が、一九九〇年代以降は単純には成り立たなくなってしまった。そして、新規学卒者のマーケットの主役の座を奪われた高校生は言うまでもなく、それに代わった大学生でさえ就職は大変厳しい状況に追い込まれた。こうしてバブル崩壊以降の大学は、少子化に伴う生き残りの経営戦略として、教育の中身よりも卒業予定者の就職率を上げることを優先事項とせざるをえなくなった。なぜなら、就職もできない大学に受験生は集まらないからである。八〇年代に期待された新しい時代に向けての大学教育改革よりも、就職部・就職センターの就職指導のほうが熱心に、そして深刻に先行するかたちとなったのは、八〇年代の事情を知る者にとってはまったく皮肉なことであった。

就職協定が一九九六年廃止となり、翌年から大学生の就職活動は一気に早まることになった。それまで一般的には三年生終わり頃から四年生にかけて就職活動が始まっていたが、今では三年生の年明け頃からエントリーシートを出し始める。このような就職活動の仕方が始まったのは、九〇年代の末頃からである。就職部や就職センターは、学生が良い就職活動のスタートを切るために、三年生の前期から履歴書の書き方やエントリーシートの書き方などを教える就職ガイダンスを始める。学生は三年生になると、まだ大学生活の半分を折り返したばかりなのに、一気に就職・卒業モードになる。

また、就職部や就職センターの活動は、就職を控えた三年生だけでなく、新入生にまで降りて拡大していく。なぜなら、三年生になってから「自分は何をしたいか」とか「どのような職に就きたいか」「どのような大人になりたいか」などと考えるのでは、遅すぎるからである。早い時期から社会や職業世界を理解させ、学生の自己理解や自己形成を促し、有意義な学習や大学生活を過ごすように支援することが必要である。こうして、一年生から継続的に自己発見や自己理解レポートを書かせたり、OB・OGや社会人を講師として招いて社会や仕事の話をしてもらう、今で言うところのキャリア教育の授業が行われたり、インターンシップを仲介・斡旋したりするようになっていく。

このような就職支援の活動が、「キャリア教育」や「キャリア形成支援」という用語で置き換えられるようになったのは、二〇〇〇年前後の時期である。一九九九年の中央教育審議会答申「初等中等教育と高等教育との接続について」は、キャリア教育について言及しており、キャリア教育を「望ましい職業観・勤労観及び職業に関する知識や技能を身に付けさせるとともに、自己の個性を理解し、主体的に進路を選択する能力・態度を育てる教育」であると定義している。そこでは、それまでの進路指導や就職指導を、ワークキャリア（働き方）やライフキャリア（生き方）といった人生長期の視点で行うことが期待されている（川﨑、二〇〇五）。

第4章の「職業指導から進路指導へ」でみたように、初等・中等教育では、国は昔から学習指導要領を通して、生徒への進路指導の必要性、進路指導の考え方を教育関係者に伝えてきた。しかし、この中教審答申には、そのキャリア教育の考え方や実践を、大学に接続して広げようとする意図が込められていた。こうして、中学校や高校では八〇年代から連呼されてきた生き方をふまえた進路指導を、「卒業生講話」や「社会人講師による講演会」「自分で大学の学部・学科について調べさせる指導」「職場体験」「インターンシップ」などのかたちで発展させている。高大連携のプロジェクトやスーパ

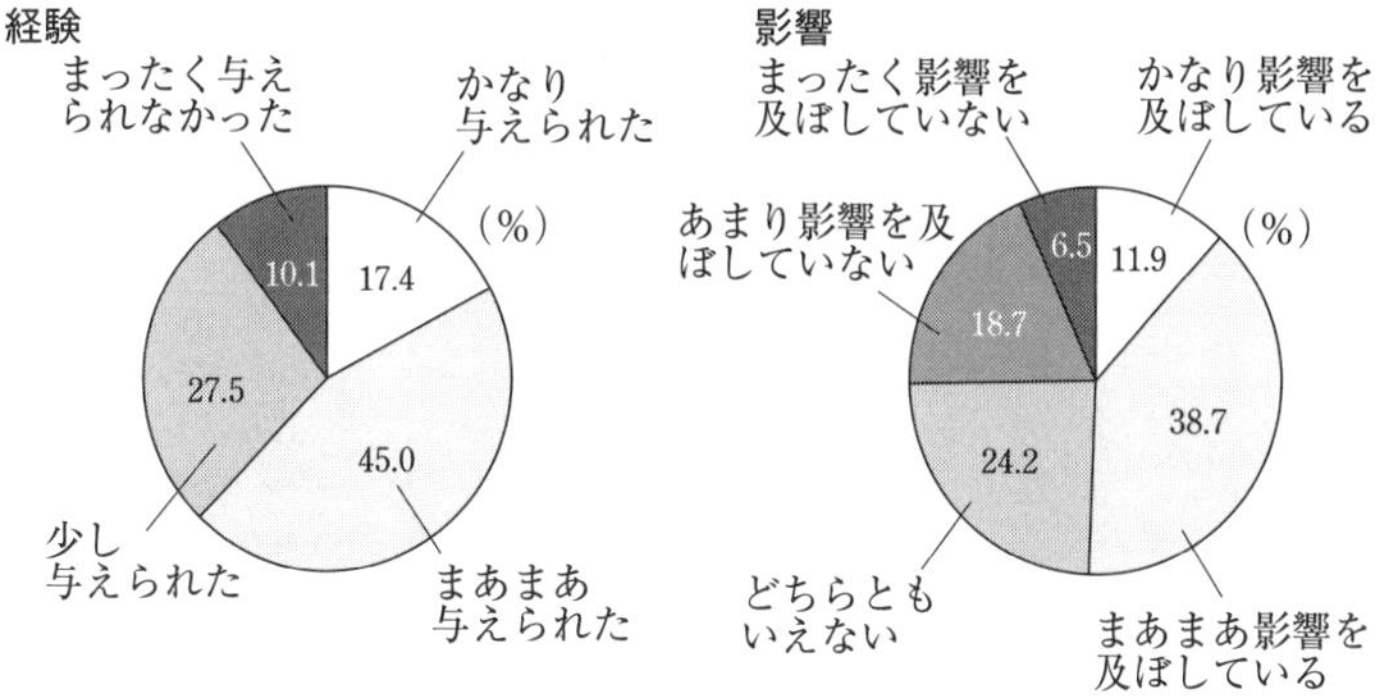

図6-3　中学・高校でのキャリア教育の経験と影響の程度

（注1）　データは京都大学高等教育研究開発推進センター・（財）電通育英会共催『大学生のキャリア意識調査2007』による。プロジェクトの詳細ならびに結果報告書はhttp://www.dentsu-ikueikai.or.jp/research/，溝上（2009）を参照のこと。

（注2）　調査対象者・回答数は全国の1，3年生2013名。2007年11月に実施。ここでの分析度数は，「経験」がN=2013，「影響」がN=1809である。

（注3）「経験」については，「あなたは，中学校・高校での進路指導などで，就職や将来の生き方についてどの程度考える機会を与えられてきましたか」という質問に対して4件法で回答を求めた。「影響」については，「経験」に対して〝かなり与えられた〞〝まあまあ与えられた〞〝少し与えられた〞と回答した者（N=1809/2013）に対して「そのことは今のあなたにどの程度影響を及ぼしていますか」という質問を与え，5件法で回答を求めた。

ーサイエンス・プログラムなども、結果的には進学先の大学や将来のこと、社会のことを考えさせる取り組みとなっており、キャリア教育の一つと位置づけられる。そして大学では、それまでの就職部や就職センターの活動をキャリア教育・キャリア形成支援の観点から見直し、活動を充実させている。就職部や就職センターの組織名称も、徐々に「キャリアセンター」や「キャリア支援センター」などと変更されている（川崎、二〇〇五：夏目、二〇〇六）。

二〇〇七年に京都大学高等教育研究開発推進センターと

（財）電通育英会とが全国の大学生に実施した『大学生のキャリア意識調査２００７』の結果によると、九割の大学生が中学・高校でキャリア教育を受けてきたと回答している（図6-3参照）。また、その影響の程度をみると、「かなり」と「まあまあ」を合わせて半数を超えるから、中学・高校でのキャリア教育の効果は一定程度認められると理解される。

さらに勉強したい人に

下村英雄（二〇〇九）『キャリア教育の心理学——大人は、子どもと若者に何を伝えたいのか』東海教育研究所

＊ 今日学校の総力を挙げて取り組まれているキャリア教育を行うことの意味や意義について、多数のデータを用いて説明されている。労働政策研究・研修機構にいる心理学者としての著者が、キャリア教育を理論的・実践的にどのようにみているかという点も本書のみどころである。

求められる技能・態度の育成——社会人基礎力とハイパー・メリトクラシー

二〇〇六年に経済産業省から「社会人基礎力」が打ち出された。社会人基礎力とは、図6-4にみられるように、「前に踏み出す力」「考え抜く力」「チームで働く力」の三つの能力（一二の能力要素）から構成されるもので、職場や地域社会で多様な人々と仕事をしていくために必要な基礎的な力と定義されている。企業や若者を取り巻く環境変化により、基礎学力・専門知識に加え、それらをうまく

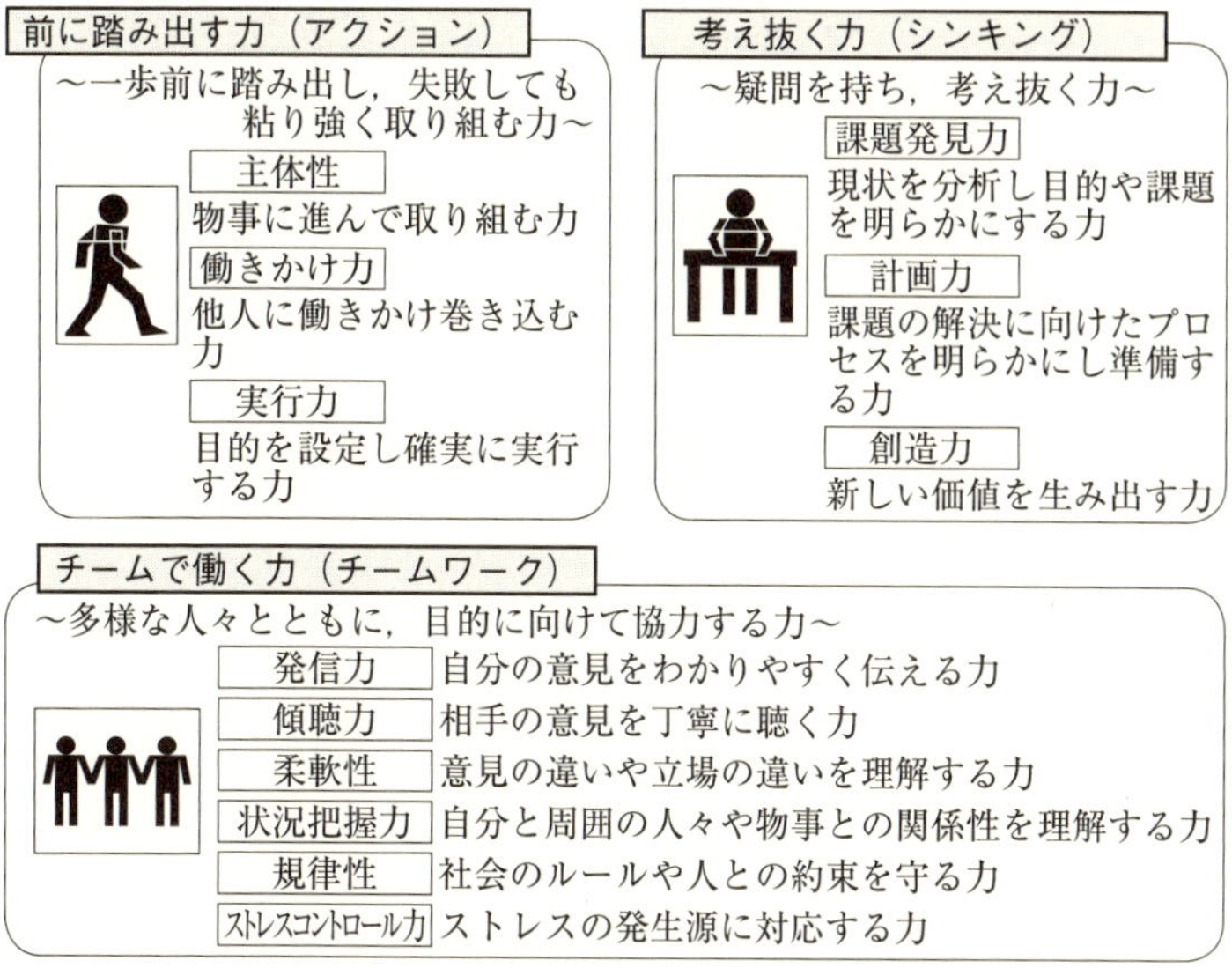

前に踏み出す力（アクション）
〜一歩前に踏み出し，失敗しても粘り強く取り組む力〜
主体性：物事に進んで取り組む力
働きかけ力：他人に働きかけ巻き込む力
実行力：目的を設定し確実に実行する力

考え抜く力（シンキング）
〜疑問を持ち，考え抜く力〜
課題発見力：現状を分析し目的や課題を明らかにする力
計画力：課題の解決に向けたプロセスを明らかにし準備する力
創造力：新しい価値を生み出す力

チームで働く力（チームワーク）
〜多様な人々とともに，目的に向けて協力する力〜
発信力：自分の意見をわかりやすく伝える力
傾聴力：相手の意見を丁寧に聴く力
柔軟性：意見の違いや立場の違いを理解する力
状況把握力：自分と周囲の人々や物事との関係性を理解する力
規律性：社会のルールや人との約束を守る力
ストレスコントロール力：ストレスの発生源に対応する力

図6-4　経済産業省「社会人基礎力」

（注）　http://www.meti.go.jp/policy/kisoryoku/kisoryoku_image.pdf より作成。

活用していくための社会人基礎力が意識的に育成されなければならないと考えられている。

学校教育を通して教え育てるものを「知識」「技能」「態度」であると大きくまとめるとすると、社会人基礎力は技能や態度に相当するものである。飯吉（二〇〇八）によれば、一九七〇年代から八〇年代にかけてすでに、産業界は大学に創造力や国際的態度、幅広く応用が利く一般的能力の育成を期待する提言を行っている。したがって、近年になってはじめて産業界から技能や態度の育成が、大学に期待されるようになったわけではない。しかし、それを経済産業省が国策として取り上げ、その必要性を打ち出したことは、産業界からの期待以上の意味があり、時代の転換を象徴している。

二〇〇八年には文部科学省の諮問機関である中央教育審議会から「学士力」が出され（表6-1）、そこで示される汎用的技能や態度・思考力が、大学での教育における技能・態度の育成の必要性をさらに強調することとなった。学士力は大学のユニバーサル化、すなわち大学全入の時代を迎えて、大卒者（学士）の質を保証することをねらいとして考えられたものであるから、仕事をしていくための基礎的な能力として打ち出された社会人基礎力とは、背景や文脈が異なっている。また、社会人基礎力と違って、技能や態度だけで考えられているものでもない。しかしながら、社会人基礎力も学士力も、学生の卒業後の職業・社会生活を力強く過ごすために最低限必要な能力を基礎として考えられており、技能や態度の育成の中味においては共通する部分がかなりある。

技能や態度の育成を高等教育機関の課題として期待する流れは、日本だけでなく、欧州のボローニャ・プロセスにおけるジェネリック・コンピテンシーをはじめ、国際的にも認められる流れである。その意味では、この流れは、先進国をはじめとする脱工業化・脱近代社会における現代的な課題であるとも理解される。

九〇年代後半以降の現代日本の職業世界では、機械的な仕事は次々とオートメーション化され、事務職や専門技術者の採用は、正規従業員から派遣社員をはじめとする非正規従業員にとって代わっていっている。脱工業化・脱近代化社会といった社会の進展に加えて、このような企業のオートメーション化や非正規従業員への依存傾向によって、正規従業員の採用条件の水準が上がっている。さらに、

表 6-1 学士力

1. 知識・理解	専攻する特定の学問分野における基本的な知識を体系的に理解するとともに，その知識体系の意味と自己の存在を歴史・社会・自然と関連付けて理解する。 ① 多文化・異文化に関する知識の理解 ② 人類の文化，社会と自然に関する知識の理解
2. 汎用的技能	知的活動でも職業生活や社会生活でも必要な技能 ① コミュニケーション・スキル（日本語と特定の外国語を用いて，読み，書き，聞き，話すことができる） ② 数量的スキル（自然や社会的事象について，シンボルを活用して分析し，理解し，表現することができる） ③ 情報リテラシー（情報通信技術（ICT）を用いて，多様な情報を収集・分析して適正に判断し，モラルに則って効果的に活用することができる） ④ 論理的思考力（情報や知識を複眼的，論理的に分析し，表現できる） ⑤ 問題解決力（問題を発見し，解決に必要な情報を収集・分析・整理し，その問題を確実に解決できる）
3. 態度・志向性	① 自己管理力（自らを律して行動できる） ② チームワーク，リーダーシップ（他者と協調・協働して行動できる。また，他者に方向性を示し，目標の実現のために動員できる） ③ 倫理観（自己の良心と社会の規範やルールに従って行動できる） ④ 市民としての社会的責任（社会の一員としての意識を持ち，義務と権利を適正に行使しつつ，社会の発展のために積極的に関与できる） ⑤ 生涯学習力（卒業後も自律・自立して学習できる）
4. 統合的な学習経験と創造的思考力	これまでに獲得した知識・技能・態度等を総合的に活用し，自らが立てた新たな課題にそれらを適用し，その課題を解決する能力

（注） 中央教育審議会答申『学士課程教育の構築に向けて』（2008 年 12 月 24 日）より作成。

昨今対人場面の業務やサービスが増加しており、コミュニケーション力に集約される技能が仕事に欠かせない。しかし、私生活志向や情報メディアの発達を通して（第5章の「カプセル人間」参照）、一九七〇年代以降の青年のコミュニケーションが希薄化している、変化していると論じられている（高田、一九八九）。個々の関係性を維持する高度なコミュニケーション力が新たに求められている状況とも考えられるが（岩田、二〇〇六）、その能力が高度化する公的な、社会的な場でのコミュニケーション力を高めるものでもない。産業界や国が、コミュニケーション力をはじめとする技能・態度の育成を大学に求めるようになった背景は、かなり複雑である。

本田（二〇〇五）はこうした状況を、現代社会が従来の近代型メリトクラシー社会から新しいタイプのメリトクラシー社会へと移行した結果のものであるとみなし、それを「ハイパー・メリトクラシー（超業績主義）」と名づけている。表6-2に示すように、従来のメリトクラシー社会では、基礎学力を中心とした標準的・適応的な能力が求められたのに対して、ハイパー・メリトクラシー社会では、より個性的で創造的な、そして組織や対人関係の場面では、相互に異なる個人の意見を調整したり他者をリソースとして活用したりする能力が求められている。

もっとも、メリトクラシー社会からハイパー・メリトクラシー社会に移行したからと言って、従来の基礎学力を中心とした標準的で適応的な能力が求められなくなったわけではない。学力低下への懸念に対して、近年ゆとり教育から旧来型の学力重視のカリキュラムへの転換がみられるように、現代社会で基礎学力が必要でないとは考えられていない。だから、現代社会では、従来型の標準的・適応

表6-2　メリトクラシー社会とハイパー・メリトクラシー社会との特徴の違い

メリトクラシー社会	ハイパー・メリトクラシー社会
・基礎学力 ・標準性 ・知識量・知的操作の速度 ・共通尺度で比較可能 ・順応性 ・協調性・同質性	・生きる力 ・多様性・新奇性 ・意欲・創造性 ・個別性・個性 ・能動性 ・ネットワーク形成力・交渉力

（注）　本田（2005），表序-1（22頁）より作成。

的能力を基盤としながらも、それらに加えて、状況や場面に応じて課題を個性的・創造的に仕上げ、対人スキル、人的ネットワークも駆使する力量が求められている、そうまとめられる。ハイパー・メリトクラシーはメリトクラシーを包含して発展させた、より高度な能力を求めるものと考えられる。

さらに勉強したい人に

松下佳代（二〇〇七）「コンピテンス概念の大学カリキュラムへのインパクトとその問題点――Tuning Project の批判的検討」『京都大学高等教育研究』一三、一〇一―一一九頁

＊「技能」「態度」に相当する概念は、英語では〝competence〟〝competency〟〝skill〟などとさまざまに表現されるが、それらは厳密には同じものではない。これらの差異に関心のある読者は松下の論文を読むとよい。

本田由紀（二〇〇五）『多元化する「能力」と日本社会――ハイパー・メリトクラシー化のなかで』ＮＴＴ出版

＊本田はハイパー・メリトクラシー論を通して、新しいポスト近代社会における能力観を説明しつつも、個人を全人

格にわたって不断に評価のまなざしにさらす、その特徴に批判的な態度を示している。問題は、新しい能力観の到来を認識したうえで、私たちはいったいいかなる教育実践を行えばよいのか、にある。この観点で本田の著書を読むことをお薦めする。

多様化する女性の生き方

第4章では、一九六〇年代において、学校教育を通して職業を選択し人生を形成する青年期の大衆化を、学生青年と非学生青年との対照的なカテゴリーが学生青年へと単一化していく過程として理解した。多くの青年にとって学生青年になることが当然になってくると、この議論は、高校・大学等の学校段階の差異の議論となっていくことも、すでにみてきた通りである。これに加えて九〇年代後半以降の現代では、男子青年と女子青年のジェンダー・カテゴリーが、単一化するところまではいかないまでも、両者の心理的境界がみえにくくなっていく点に特徴がある（西平、一九九〇）。ここでは、多様化する女性の生き方についてみていこう。

男子青年と女子青年のジェンダー・カテゴリーは、一方で、性や身体の発達にみられるような生物学的な差異を表すものであるが、他方で、社会で期待される役割、すなわち「性役割（gender role）」に基づいた差異を表すものでもある。この性役割のとらえ方によって、学校教育の程度や青年期の過ごし方が異なってくる。

今日の女性の性役割はずいぶんと多様になっているが、それは「男は外、女は内」といった伝統的な性役割から出発して、相対的に理解されてのものである。歴史的にみると、社会が工業化・近代化して、都市化・核家族化が進むにつれて、職場と家庭との距離が隔たり、仕事をして家計を担う者と、家で家事・育児を担う者との役割を分離せざるをえなくなった。「男は外、女は内」と言われる伝統的な性役割は、この役割を男女の間で分担して、それがしだいに固定したものである。それは昔からあったわけではなく、近代家族や近代学校と同じく近代の産物だと考えられるものである。日本では戦後にみられるようになった産物だと考えられている（落合、一九九四／二〇〇四）。

しかし、女性が家事から解放されるようになり、徐々に女性の仕事や社会進出が認められるようになってくる。人の寿命が延びてきて少子化も進んでくると、女性の人生の中に「子育て解放期」とでも呼べるような、子育てに一段落ついて老後までの数十年をどのように過ごすかというライフステージができてくる（岡本、一九九四）。ここに、仕事・結婚・出産・性役割・ライフスタイルといった生き方を構成する要素の自由度が増すと、その組み合わせによって女性の生き方がきわめて多様になってくる。男性でも同様の問題がないわけではないが、それは結婚や出産によって仕事をする・しない、あるいは仕事の仕方が変わってくる女性の比ではない。また、結婚する相手によって生き方が変わってくる点は、男性ではなかなか考えられないことである（杉村、二〇〇一）。

今から振り返れば、職業世界では男女の間に多くの社会的不平等が認められたものの、一九八〇年代は女性の生き方が多様になってきたと注目される時代であった。表6-3は、一九八七年に経済企画庁が出した『新しい女性の生き方を求めて』というタイトルの報告書から二〇歳代の結果を抜き出

表6‒3　女性のさまざまな生き方

		理想とする人生（%）	実際になりそうであるとする人生（%）
タイプ1	結婚しない 仕事をもち続ける	3.2	3.2
タイプ2	結婚し，出産しない 仕事をもち続ける	1.6	0.0
タイプ3	結婚し，出産する 仕事をもち続ける	23.0	27.0
タイプ4	結婚し，出産する 出産で仕事をやめる	4.0	12.7
タイプ5	結婚し，出産する 結婚で仕事をやめる	11.1	15.1
タイプ6	結婚し，出産する 出産で仕事を離れ，子どもが一定の年齢に達したらふたたび仕事につく	31.7	21.4
タイプ7	結婚し，出産する 結婚で仕事を離れ，子どもが一定の年齢に達したらふたたび仕事につく	22.2	17.5
タイプ8	結婚し，出産する 仕事につかない	0.8	0.8
その他・不明		2.4	2.4

（注1）　経済企画庁国民生活局『新しい女性の生き方を求めて――長寿社会における女性のライフコース』（1987），図72～74（137‒140頁）より作成。

（注2）　調査は東京都·富山県の20～60歳代の女性に対して実施。分析対象者はN=655である。1986年2～3月実施。表は，この中から20歳代（N=126）の結果を抽出して作成している。

したものである。男女雇用機会均等法が施行された年（一九八六年四月一日）の翌年の報告書でもある。男女雇用機会均等法とは、募集・採用、配置・昇進について女性を男性と均等に取り扱う努力義務や、教育訓練、福利厚生、定年・退職および解雇について、女性であることを理由とした差別禁止を定めた法律である。一九八六年施行の男女雇用機会均等法は努力目標であったが、一九九九年の改正で、雇用に関する男女差別は禁止規定となっている。九〇年代以降は育児休暇等も法的に整備されたから、そうしたものを勘案して、女性の社会進出はいっそうしやすい環境となってきている。

さて、表6-3の調査結果をみると、タイプ1～8まで実にさまざまな女性の生き方が選択肢として挙げられている。二〇歳代女性にとって最も頻度の高い理想の生き方は、タイプ6（三二・七%）であり、ついでタイプ3（二三・〇%）、タイプ7（二二・二%）である。結婚か出産で仕事を一時的に辞める・辞めないはあるにしても、いずれも仕事を一生涯続けていきたいと願う女性の生き方を表している。翻って、タイプ1（三・二%）・タイプ2（一・六%）のようなシングルを通す、あるいは結婚はするが出産はせず、そして仕事を続ける、あるいはタイプ8（〇・八%）のような仕事はまったくしないという生き方は、全体的にみて少数である。

次に、実際になりそうであるとする割合と理想とを比較してみると、理想の生き方として最も頻度の高かったタイプ3・6・7は、現実においても最頻度であることがわかる。しかし、最も理想的な生き方であったタイプ6の頻度は一〇%以上も落ちており、同種のタイプ7も落ちている。

以前の女性は、学校を卒業すると、家事手伝いか腰かけ程度の仕事をして結婚し、出産後は家事・育児に専念するというのが一般的な生き方であったから、それから比べると、これらの結果は女性の生き方の選択肢が過去の女性に比べて多岐にわたるようになったことを示唆している。翻って、理想の生き方に応えられるだけの社会的条件が十分に整っていないことなどもあって、結果として個人が好きな生き方を自由に選べるにまでは至っていないことも指摘される。理想と現実のギャップが垣間みえる瞬間である。

さらに勉強したい人に

岡本祐子（編）（一九九九）『女性の生涯発達とアイデンティティ――個としての発達・かかわりの中での成熟』北大路書房

＊ 女性のアイデンティティ形成が生涯発達的に論じられている。

大沢真理（二〇〇二）『男女共同参画社会をつくる』ＮＨＫブックス

＊ 税制・社会保障・雇用制度などの観点から、ジェンダーやライフスタイルの差に配慮した社会に変革していこうとする政策的提案・改革が論じられている。

みえにくくなる男子青年と女子青年の心理的境界

第4章の図4-2をもう一度みると（八三頁）、一九六〇～七〇年代前半において、大学と短大のどちらが主流であるかの違いはあっても、ほとんどの男女が同じように高校へ行き、その三分の一が同じように大学短大へと進学するようになったことがわかる。しかし、図4-4（八八頁）をみると、親の息子・娘への期待にはかなりの男女差をみてとれる。つまり七〇年代、息子に対しては大多数の親が大学（大学院含む）までの教育を受けさせたいと考えたのに対して、娘に対しては、大学や短大の教育を受けさせたいと考える親が増えてはいたものの、息子のそれとは違ってその割合はかなり少なかったのである。

また、図6-2（一四六頁）の一九七〇～八〇年代の女性をみると、短大卒の就職率はかなり良かったことがわかるが、大学卒の就職率は九〇年代以降の就職氷河期と同水準であったことがわかる。男性の場合、短大への進学者数が絶対的に少数なので、ここでは議論から除くとして、女性の場合、短大卒と大学卒では就職環境においてこれだけの差が認められたのである。

そして、それは就職時における募集・採用の話であって、彼女たちはほかにも、入社後、教育訓練や昇進・昇格、定年・退職制度などさまざまな点で男性社員と差別された。とりわけ賃金の低さや管理職に占める女性の割合の低さは顕著であった（江川、一九八八）。女性の社会進出が認められるようになってきたとは言っても、一九八〇年代までの女性の雇用、労働条件については、男性との間に大きな社会的不平等が存在したのである。

このような女性の社会的不平等も、八〇年代後半以降今日に至るまで、男女雇用機会均等法や育児休暇等の法的整備を幾度か経て、ずいぶんと是正されてきた。就職活動を行った女子大学生にインタビューをした杉村（二〇〇二）が、彼女らが就職活動を通して社会における性役割の現実に直面したり、そう簡単に育児休暇はもらえないものだとわかったりしたことを報告しているように、現実にはまだまだ課題が山積しているが、八〇年代以前と比べると、女性の近年の社会での活躍にはめざましいものがあり、職業世界における男女の差はずいぶん縮まってきていると感じられる。

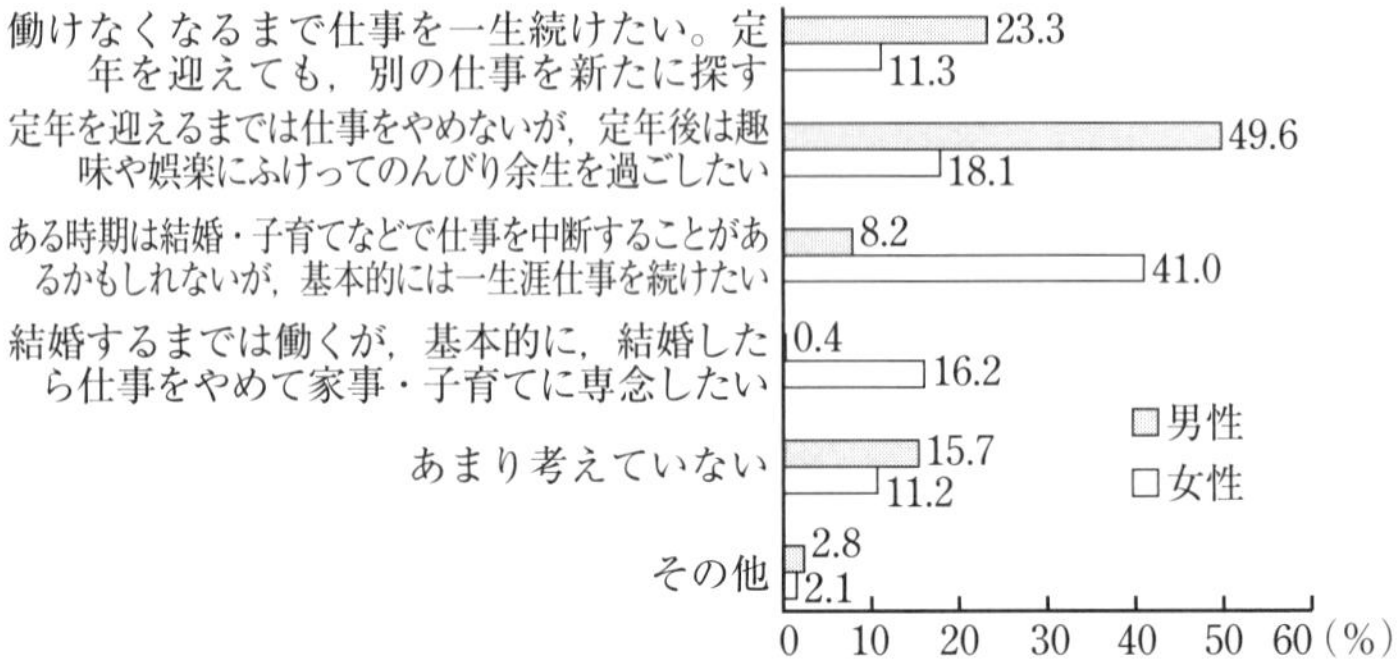

図 6-5 大学生の「仕事はいつまで続けるか」

（注 1） データは京都大学高等教育研究開発推進センター・（財）電通育英会共催『大学生のキャリア意識調査 2007』による。プロジェクトの詳細ならびに結果報告書は http://www.dentsu-ikueikai.or.jp/research/，溝上（2009）を参照のこと。

（注 2） 調査対象は全国の 1・3 年生 2013 名。2007 年 11 月に実施。ここでは 1・3 年生を分けずに男性・女性で分析を行っている。分析度数は，男性（N＝1075），女性（N＝938）である。

（注 3） 質問は，「あなたが就職した場合，仕事をいつまで続けようと考えていますか」である。

図6―5は、先に紹介した京都大学高等教育研究開発推進センターと（財）電通育英会が全国の大学生に実施した『大学生のキャリア意識調査2007』で、「あなたが就職した場合、仕事をいつまで続けようと考えていますか」という問いに対して回答を求めた結果である。男女の事情をあわせて選択肢を用意した点にこの問いの特徴があり、男女ともにどれか一つの選択肢を選ぶように求められている。

結果をみると、男性で最も多いのは「定年を迎えるまでは仕事をやめないが、定年後は趣味や娯楽にふけってのんびり余生を過ごしたい」（四九・六%）であり、ついで多いのは「働けなくなるまで仕事を一生続けたい。定年を迎えても、別の仕事を新たに探す」（二三・三％）である。この二つの回答をあわせると七二・九％であり、これが男性の代表的な人生観である。結婚や子育ての事情を含みこんで人生を考えているわけではない状況がみてとれる。

翻って女性で最も多いのは「ある時期は結婚・子育てなどで仕事を中断することがあるかもしれないが、基本的には一生涯仕事を続けたい」（四一・〇％）で、ついで多いのは「定年を迎えるまでは仕事をやめないが、定年後は趣味や娯楽にふけってのんびり余生を過ごしたい」（一八・一％）である。一つ目の回答は、表6-3のタイプ6、タイプ7に相当するものであり、一九八〇年代の女性の傾向を、近年の女子学生が踏襲していることを確認することができる。

他方で、二つ目の回答は、作成時には男性用として設けた選択肢であって、女性は「ある時期は結婚・子育てなどで仕事を中断することがあるかもしれないが、基本的には一生涯仕事を続けたい」「結婚するまでは働くが、基本的に、結婚したら仕事をやめて家事・子育てに専念したい」の選択肢を中心に回答してくるという予想を立てていた。しかし、結果はご覧の通りである。もう一つの男性用の選択肢「働けなくなるまで仕事を一生続けたい。定年を迎えても、別の仕事を新たに探す」（一一・三％）の回答が多いこともふまえて、ここに近年の男子青年・女子青年の心理的な境界がみえにくくなってきている実情をみてとれる。しかし、一般的には、結婚や出産をした後の女性が担わなければならない性役割の現実が消えてしまっているわけではないので、このような結果は、教育環境のうえで男女平等を享受してきた女子学生が、意識のうえで結婚や子育てのことをあまり考えずに、卒業後の人生設計を考えてしまっている姿として理解しなければならない側面もある（杉村、二〇〇一）。難しいところである。

逆に、男性もわずかだが、「ある時期は結婚・子育てなどで仕事を中断することがあるかもしれないが、基本的には一生涯仕事を続けたい」（八・二％）、「結婚するまでは働くが、基本的に、結婚したら仕事をやめて家事・子育てに専念したい」（〇・四％）といった、女性用の選択肢を選択している者がいる。昨今では男女間での伝統的性役割の交代も聞かれるようになってきているから、そうした意識をもつ男性が学生の中にいることも、私たちは理解しておかなければならない。

最後に、本書のような作業で女性の視点が弱いと批判を受けることについて若干考えを述べて、本節を締めたい。

多くの子ども史・若者史・社会史がどうしても男性を中心に描かれざるをえないのは、職業や社会的活動を中心とした社会の歴史的変化を描こうとするからである。ギリス（Gillis, 1974）はその問題点を認めながらも、女性を視点に描くと、社会史はまた違った歴史的展開になるだろうと述べている。本書もこの点同じ問題を抱えている。

アイデンティティ形成論で有名なエリクソン（Erikson, 1963）も、編著『青年の挑戦』の序文で、女子青年論について似たような感想を述べている。時代背景を知らずに読むと、過激な文章にみえる。「第二に、十分検討できていないテーマは女子青年に関するものである。これはまことに奇妙なテーマであって、あたりまえの男ならうかうかと看過してしまい、ある日突然、実は女性を無視することによって、男性としての誇り高い地位に幻想的な質を与えてきたのではないかと思って、思わず愕然《がくぜん》とする。本書には女性の執筆者がいないし、体裁をつくろうために誰か一人でも女性を入れようかという話にもならなかった。女性はそもそも、変化と挑戦という、私たちの設定した概念にしっくりあてはまらないのではないだろうか。あるいは、彼女たちの性格の変化の経験があまり世間を騒がすものではないので、一向に男性の関心を惹かないのか。」(Erikson, 1963, p. xiv)

たしかに青年期を、学校教育を通して職業を選択し人生を形成する発達期と定義している時点で、職業や社会的活動に関して、社会の中心にいなかった、あるいはそのような選択肢や自由度の少なかったかつての女性の記述が表立ってこないことを否定することはできない。しかし、そのような問題は何も性差だけではなく、都市・地方の差、あるいは大企業・中小企業の差としても指摘されるところである。

例えば、大学進学率が一九七〇年代半ばに三五~四〇%に達し、大学は大衆化されたという説明を本書ではしてきた。しかし、それは全国平均の話であって、一九七六年の県別の大学進学率をみると、男子では、「東京」「京都」「大阪」「広島」が五〇%を超えているのに対して、「青森」「岩手」「沖縄」では二〇%ちょっとでしかない。女性では、「東京」で二〇%を超えているのに対して、「北海道」や「長崎」「鹿児島」「沖縄」は五%程度でしかない(朴澤、二〇〇七)。男女差も大きいが、地域差もかなり大きい。しかし、本書でこれらはすべて捨象して議論されてきた。また、日本的雇用の特徴として年功序列や終身雇用が挙げられ、九〇年代以降それが単純には機能しなくなったという説明をしたが、これも実際には、中小企業において、あるいは女性に対してこれらの雇用システムは十分に機能していなかったし、大企業でさえ子会社や下請けへの出向をはじめ、いくつもの例外があった（野村、一九九四）。しかし、これもまた本書では、捨象して議論が進められてきたわけである。

筆者は、このような批判に対しては次のように考えている。すなわち、さまざまな例外があることを認めつつも、まずは細かなことを捨象した大きな一般論をつくることが重要であって、一般論から外れる、より個別的な水準でのジェンダーや地域、中小企業等の問題・例外は、より抽象度の高い一般論との対比において説明され、議論されるべきである。この一般論と個別の議論との対比が重要であって、個別の議論は全体の一般論があってはじめて位置づけられる。本書は、この観点で言えば、全体の一般論をつくっている作業だとみなされるものである。

学校が青年を大人につなぎ直す努力――青年に課す自己形成課題

一九七〇年代後半〜八〇年代、大学生を含む青年全体にとって、自己の内側にポジショニングして、そこから外側（就職・大人・社会・その他）に向かうインサイドアウトの力学が確立した（第5章の「さまざまなモラトリアムの過ごし方」参照）。インサイドアウトの力学は、一方で青年の主体性や個性を重んじる利点がある反面、終点を青年自身にゆだね、場合によっては、主体的な進路決定を先延ばしし、「大人になりたくない」「いつまでも学生でいたい」といった思考・生活パターンに入っていく危険性を内包している。しかし、大学生に関して言えば、モラトリアム気分の青年期を過ごし、ろくに自己探求もせずに就職していったわりには、離職率がよく三割以下に収まっていたと感心された。こうして八〇年代の青年は、インサイドアウトの力学で青年期を過ごしながらも、就職時には外側（会社・社会）の論理に従うアウトサイドインの力学へ転換して生きていたのだろうと考えられた（第5章の「モラトリアムでもさほど離職率は高くなかった」参照）。

さて、バブルがはじけ、戦後築き上げてきたわが国の社会のさまざまなシステムが根本から崩壊し、改変された。このような中、青年期論にとってのポイントの一つは、切り離された青年と大人とのつなぎ直しを、学校がただ青年自身に任せてはいられない状況となったことである。

その理由の一つは、卒業者の就職率の悪化である。すでに述べた就職環境の深刻な悪化だけでなく、単に良い大学の卒業資格を得るだけでは就職が決まらない状況ともなってきている。学校推薦は必ずしも就職に効力をもたなくなっている。企業は学生に標準的な学業成績以上のものを求め始め、経済産業省の社会人基礎力や本田（二〇〇五）のハイパー・メリトクラシー社会の議論がここに通じてくる。

大学で言えば、個々の大学にとって卒業者の就職率はその大学の生き残りに関わる経営的な問題であるから、大学は学生に就職斡旋だけでなく、就職支援を積極的に推進するようになったことは、すでに述べた通りである（「進路指導からキャリア教育へ」の節参照）。しかもその支援は、就職活動に直接関わるものから、自己理解や人生設計、職業世界や社会を理解させることまで広げられ、一年生入学時にまで降りて行われている。キャリア教育を受ける大学生は、一年生の早い時期から、「自分は何をしたいか」「どのような職に就きたいか」「どのような大人になりたいか」を考えさせられるのである。このような職業支援は、ワークキャリア、ライフキャリアの概念と合流して、徐々にキャリア教育、キャリア形成支援と名称を変えていく。

また、大学の前段階である中学・高校においても、単に上級の学校へ進学させるだけでなく、「どのように人生を過ごしたいか」「どのような仕事をしたいか」といった生き方を含めた進路指導、すなわち、キャリア教育を推進するようになっている。高大連携のプロジェクトやサイエンス・プログラムなども積極的に推進されている。いまや、青年と大人とをつなぐ作業は、学校全体の総力によって行われている。

第二の理由は、脱工業化・脱近代化による社会の進展、非正規従業員への依存による雇用構造の変化などによって、正規従業員に求められる技能や態度の水準が上がっていることである。社会人基礎力が政府レベルで打ち出されたことは、この事情の緊迫性を物語っている。この技能や態度の育成問題は就職環境の悪化と絡んで、大学の、学生を就職させる、「大人になる」べく育てる取り組みに拍車をかけている。

中学・高校はともかく、大学までもが、学生を何とか社会（大人）につなげようとしている近年の努力は、正課教育における教育改革の進展も合わさって、大学が「学校化」（田中、二〇〇三）したこととしても理解される。一九八〇年代まではみられなかった状況である。「学生」が「生徒化」したとも言われるし（武内ら、二〇〇五）、学生の多くが自身のことを「生徒」と呼ぶようにもなっている。六〇年代以降、中学・高校の進路指導ではその力学が、生徒のインサイドアウトの力学に基づいてなされるものとなったが、大学では九〇年代後半以降になってようやくこの力学に転換したと考えられる。いまや大学では、キャリア教育・キャリア形成支援だけでなく正課教育の授業においても、多かれ少なかれ、学生のインサイドアウトの力学に基づく教育や指導がなされるようになってきている。

以上のような取り組みは、学校が、それまでのインサイドアウトから就職時のアウトサイドインへの転換をもとにした青年の青年期の過ごし方・就職の仕方を改めさせ、彼らの青年期の過ごし方から就職の仕方、人生形成に至るまでインサイドアウトで貫徹するように促しているものとして理解される。正確に言えば、インサイドアウトの力学に基づく自己形成（self-formation）課題を課している状況と言える。しかし、インサイドアウトは終点を青年にゆだねる危険性を内包する力学であるから、その欠点は、青年に社会の現実、求められていること（期待される環境）を理解させる取り組みを加えて補完している。もっとも考え方自体は、中学・高校の職業指導から進路指導への転換をもとに、生徒の主体的な進路選択を促し始めた一九六〇年頃にすでにみられるものでもある（例えば、安藤、一九五八）。

こうして取り組まれ始めたキャリア教育やキャリア形成支援の効果は、すでに図6-3（一五五頁）でみた通りである。多くの大学生が中学・高校の段階でキャリア教育を受けてきたと回答しており、その影響を一定程度認めることができる。マスコミ報道等で社会の不景気や深刻な雇用事情が伝えられることも手伝って、近年の大学生は、八〇年代以前の大学生に比べれば、将来の仕事や人生設計に関してずいぶん考えるようになっている。大人の世界にずいぶんとつながってきていると評価される。

さらに勉強したい人に

中島史明（二〇〇二）「一九九〇年代における高校の職業紹介機能の変容——初回就職形態に見る高校から職業への移行の多様化」小杉礼子（編）『自由の代償／フリーター——現代若者の就業意識と行動』日本労働研究機構、一〇一―一一八頁

＊ 指定校制をはじめとする高校の学校推薦が、なぜ一九八〇年代までうまく機能していたか、その仕組み・制度が説明されている。

人生と日常生活が分離している大学生

しかし、二点疑問が残る。

一つは、たしかにかつての学生に比べれば、近年の学生は将来のことをずいぶんと考えるようになったし、自分が何をしたいのかということについても敏感になってきた。キャリア教育やそれに準ずる場で学生の活動をみたり話を聞いたりすれば、学生の将来や社会に対する意識がずいぶんと高くな

ってきたことを実感する。しかし、一般の学生の日常生活をみると、大学や大学の偏差値などによっても違うだろうが、どうもかつての学生とさほど変わらないようにみえるときが少なからずある。学生時代は大人になることを猶予されたモラトリアム気分を満喫し、就職活動が始まれば、社会の論理に従って精一杯「何をしたいか」「どのような職に就きたいか」を考え就職する、あのインサイドアウトからアウトサイドインへと転換する力学に基づいた青年期の過ごし方である。

大学生活を満喫するのは大学生の特権であり、重要なことである。そのことを誰も否定はしないだろう。しかし大学生活には、日々を楽しみながらも、他方で将来を見据えての目標や課題、それを達成するべく努力する自己形成の活動もなければならない。このあたりが一九八〇年代とは違うはずである。しかし、経験的にはまだまだ八〇年代の雰囲気をもつ大学生が多くみえる。理論的な考察とずれるところである。このあたりをどう理解すればいいのかが、一つ目の疑問である。

もう一つは、これだけ中学・高校からキャリア教育が行われていながら、そして、大学でも全員ではないけれどもキャリア教育やキャリア形成支援がなされていて、連日マスコミ報道等で社会の不景気や深刻な雇用事情が伝えられていながら、学生の就職活動開始期（三年生）における自己理解や職業選択、人生設計がぼんやりしたものに感じられるのはなぜだろうか、という疑問である。加えて、もし中学・高校から積み上げられてきたキャリア教育の効果がたしかなものであるのなら、キャリア教育の関係者はそれを受けて、「一・二年生の時期は将来のことよりもむしろ勉強をしっかりして基礎づくりに勤しみ、そして大学生活を楽しめばよい」、そう言ってもよさそうなものである。しかし、彼らはけっしてそのようなことを言わない。むしろ、「三年生になってからでは遅すぎる。一年生からキャリア教育を！」と言う。このあたりも理論的な考察と経験的な観察とがずれるところである。どう理解すればいいのか。

一九八〇年代の青年期アイデンティティ研究をみると、大学生のアイデンティティ形成は就職活動や進路選択に迫られる三～四年生で一気に進むと理解されている（加藤、一九八九；下山、一九八六）。十分なサンプルをもとにした成果ではないながらも、当時の大学生の多くはモラトリアム気分で青年期を過ごしており、就職時に社会に適合するように生きていたと、言い換えれば、インサイドアウトからアウトサイドインへと転換する力学に基づいて生きていたと考えられるから、この説明は理解可能である。しかし、近年の青年心理学者の仕事をみても同じように、大学生のアイデンティティ形成は三～四年生で一気に進むと理解されているようである（杉村、二〇〇一、二〇〇八）。キャリア教育等を通じて青年を大人とつなぎ直そうとしている学校関係者の努力は、はたして報われているのだろうか。

図6-6は、先の『大学生のキャリア意識調査2007』で二つのライフの実現状況を尋ねた結果であり、これらの疑問に答えるための一つの調査結果である。二つのライフとは二種類のライフ（lives）のことで、「日常生活」という意味でのライフと「人生」という意味でのライフを指す。日常生活としてのライフは、学業やクラブ・サークル活動、アルバイト、ボランティア、趣味・娯楽といった正課・正課外の活動、キャンパス以外の活動全般を指す。他方、人生としてのライフは、職業・

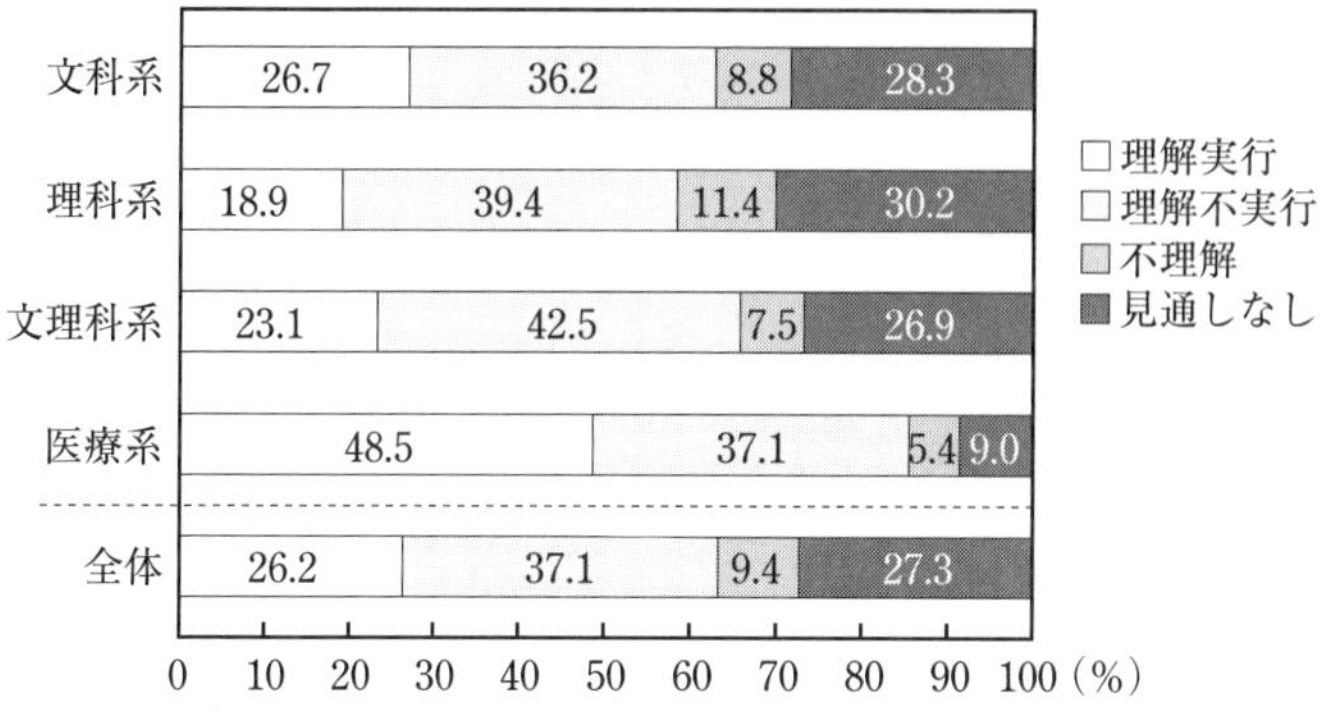

図 6-6　大学生の 2 つのライフ（人生・日常生活）

（注 1）　データは京都大学高等教育研究開発推進センター・（財）電通育英会共催『大学生のキャリア意識調査 2007』による。プロジェクトの詳細ならびに結果報告書は http://www.dentsu-ikueikai.or.jp/research/，溝上（2009）を参照のこと。

（注 2）　調査対象は全国の 1，3 年生 2013 名。2007 年 11 月に実施。ここでは 1，3 年生を分けずに，専門分野別で分析を行っている。分析度数は，文科系（N=1071），理科系（N=629），文理科系（N=134），医療系（N=167），計 2001 名である。

（注 3）　2 つのライフの 4 群の作成方法は次の通りである。「あなたは，自分の将来の見通し（将来こういう風でありたい）を持っていますか。」という質問に対して〝(1) 持っている（見通しあり）〟〝(2) 持っていない（見通しなし）〟のどちらかを選択させ，(1) と回答した者にはさらに，〝(1) 何をすべきかわかっているし，実行もしている（理解実行）〟〝(2) 何をすべきかはわかっているが，実行はできていない（理解不実行）〟〝(3) 何をすべきかはまだわからない（不理解）〟のいずれかを選択させた。こうして，「見通しあり」（「理解実行」「理解不実行」「不理解」）と「見通しなし」の計 4 群が作成される。

（注 4）　専門分野別のデータは，ピアソンの χ^2 検定の結果，0.1％水準で有意差がみられた（$\chi^2(9) = 77.158, p < .001$）。残差分析の結果，有意に多くみられたセルは，理科系の「不理解」「見通しなし」，医療系の「理解実行」であった。

進路選択、生き方、将来展望などの人生設計を指す。調査では、学生にまず、将来の見通し（人生）をもっているか、もっていないかを尋ねて（「見通しあり」「見通しなし」）、そのうえで、「見通しあり」の者には、その見通しを実現すべく日常生活で何を努力すればいいかを理解しておりそれを実行しているかを尋ねている（「理解実行」「理解不実行」「不理解」）。こうして作成される四群（「理解実行」「理解不実行」「不理解」「見通しなし」）の該当率を、専門分野別・全体でみたのが図6-6の結果である。

統計的にどのセルが有意に多かったという結果は図の注4をみてもらうとして、ここでは、全体的に七割の学生が何らかの将来の見通しをもっていると答えていること（「理解実行」「理解不実行」「不理解」の合計）、翻って、何をやるべきかを理解しているのにそれを実行していない「理解不実行」が四割近くおり、何をしたらいいかわからない「不理解」が一割、「見通しなし」が二〜三割いることを指摘しておきたい。全体の七〜八割の割合である。「理解不実行」の理由は、「やる気がしない」「忙しい」「面倒くさい」「やらないとと思っていても後回しにしてしまう」などで、私たち大人でもよくあるような理由である。

この結果は、近年の大学生が、認識的には将来のことをそれなりに考えるようになっていても、それは日常生活や行動に結びついていない、いわば頭だけの話となっていることを示唆するものである（溝上、二〇〇六）。そして、もし学生の現状がこのようなものであるならば、筆者の上記の疑問は次のように解決される。

第一に、多くの学生にとって将来の問題は日常生活や行動と結びついていないので、日常生活の過ごし方から現代青年期に課せられている自己形成の活動やその雰囲気を読み取ろうとしても、読み取れないのは当然である。

第二に、将来の問題が日常生活や行動に結びついていないということは、エリクソン（Erikson, 1959）がアイデンティティ形成で重要視した役割実験（role experimentation）がなされていないということである。カーペルマンら（Kerpelman et al., 1997）のアイデンティティ・コントロール理論――アイデンティティ基準（アイデンティティを支える価値基準のようなもの）が他者との関係性の中で試行され（社会的相互作用）、これでいけると感じられるような他者からのポジティブ・フィードバックを得ること、得られなければ得られるようにアイデンティティ基準を修正すること――に基づけば、アイデンティティを形成するための社会的相互作用がなされていないということでもある。いずれの場合でも、学生たちの多くは、将来の自己像を頭の中で描くだけで、将来の自己像を日常生活や他者との関係性の中で試す自己形成の活動に従事していない、そのようなところまで含めたアイデンティティ形成を行っていないということである。エリクソンの心理社会的アイデンティティの軸（第4章の「アイデンティティ形成という考え方の登場」参照）が追求されていない状況とも言える。

もしそうであるならば、就職活動開始期（三年生）における学生の自己理解や職業選択、人生設計がぼんやりしたものに感じられるのは当然のことかもしれない。なぜなら、彼らの多くは、少しでも将来の自己像を自身の現実に近づけるための自己形成を行っていないからである。人にとって、「こうなりたい」「ああなりたい」と思い描く理想や目標は、自己の能力や性格、自己を取り巻く家族・学校・社会環境など、さまざまな現実とズレをもっていて当然である。人はそのズレを、自己を変えたり理想や目標を変えたりして修正するのである。それが自己形成であり、そうしてアイデンティティは徐々に形成されていくのである。そのような自己形成を、多くの学生は就職活動以前の役割実験によってではなく、就職活動という本番によって行っているのだから、就職活動を始めるまで将来の自己像が不確かなままであるのは当然かもしれない。そして、就職活動を通して学生のアイデンティティ形成が一気に進む、という青年心理学者の説明になるのかもしれない。

もっとも、一、二年生の間で何を行うことが自己形成や役割実験になるのか、といった研究はもっと必要である。将来の職業に向けた専門の勉強をする以上のものが、そこにはあるはずであるが、本書ではこれ以上の議論をすることができない。理解実行群は大学生全体の中で二〜三割は存在するので、彼らを頼りにそれを明らかにしていくことが今後の課題である。

ところで、もう一つこの話に付け加えなければならないことがある。それは、同じ回答学生を一年後に追跡した調査結果（図6-7参照）をみて、統計的には二つのライフは変化しない、ということである。つまり、一年生のときに理解不実行の者は二年生のときにも理解不実行である確率が高く、一年生のときに見通しがない者は二年生のときにも見通しがない確率が高いのである。驚くことに、三年生から四年生になっても同じ傾向が確認される。

将来の見通しや日常の過ごし方など、本人の気持ち一つでどうにでもなるような話をする者がいる

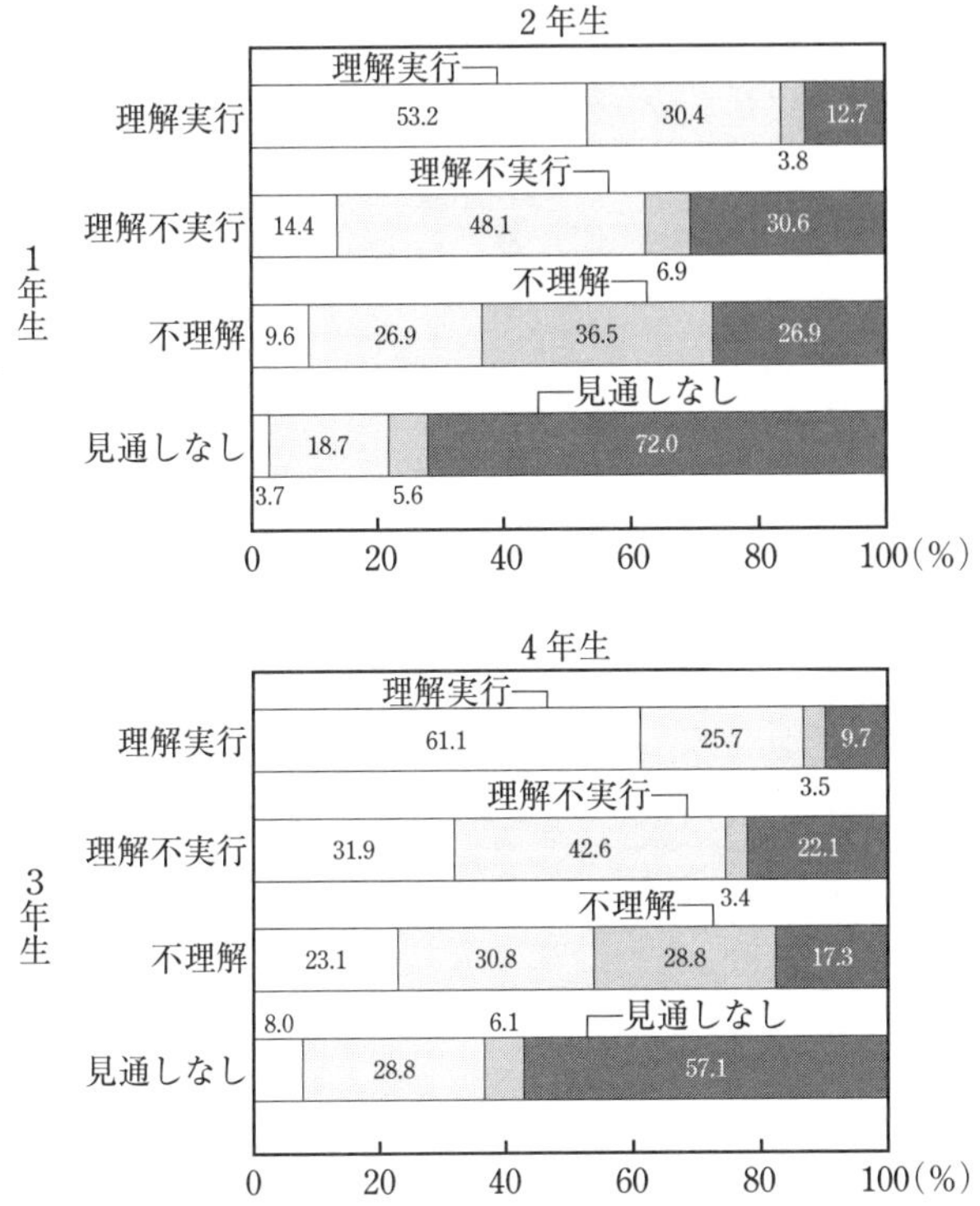

図6-7　大学生の2つのライフ・1年後追跡調査（人生・日常生活）

（注1）　データは京都大学高等教育研究開発推進センター・（財）電通育英会共催『大学生のキャリア意識調査2007追跡』による。プロジェクトの詳細ならびに結果報告書は http://www.dentsu-ikueikai.or.jp/research/ を参照のこと。

（注2）　調査対象は，同『大学生のキャリア意識調査2007』の回答者，全国の2，4年生。回答数は2年生398名（回収率42.7%），4年生563名（回収率56.8%）。2008年11月に実施。

（注3）　ピアソンのχ^2検定の結果，1・2年生，3・4年生ともに0.1%水準で有意差がみられた（1・2年生$\chi^2(9)=179.505, p<.001$；3・4年生$\chi^2(9)=192.531, p<.001$）。残差分析の結果，有意に多くみられたセルは，1・2年生，3・4年生ともに「理解実行×理解実行」「理解不実行×理解不実行」「不理解×不理解」「見通しなし×見通しなし」であった。

が、このような結果をふまえると、それは一般的には成り立たないことがわかる。行動や日常生活の過ごし方、気分の調整や思考パターンは、良くも悪くも長年培ってきたパーソナリティを基礎としている。やればできるかもしれないが、やらないのがその人なのだ。そう考えてきたのがパーソナリティ論だ。将来の見通しや日常の過ごし方についても、同じような理解をしていかなければならない。この点も、今後さらなる研究が必要なところである。

さらに勉強したい人に

都筑学（編）(二〇〇六)『思春期の自己形成——将来への不安のなかで』ゆまに書房

＊ 思春期の子どもの自己形成について、学校教育、対人関係、現代社会などと関連させて論じられている。

都筑学・白井利明（編）(二〇〇七)『時間的展望研究ガイドブック』ナカニシヤ出版

＊ 時間的展望研究の先駆者である著者たちが編集して、時間的展望の理論と課題、研究方法、近年の研究動向についてまとめている。カナダ、ベルギー、ポーランドなどにおける海外での時間的展望研究の動向もまとめられており、包括的な時間的展望の研究ガイドブックとなっている。

宮下一博・杉村和美（二〇〇八）『大学生の自己分析——いまだ見えぬアイデンティティに突然気づくために』ナカニシヤ出版

＊ 大学生にとって現代を生きる難しさは何なのかを明らかにし、そのうえで関係性を重視した自己分析によって将来展望を開かせようとする。大学生向けの本であるが、現代大学生の自己形成にとって

何がポイントとされているかに着目して読めば勉強になる。

白井利明（編）（二〇〇五）『迷走する若者のアイデンティティ――フリーター、パラサイト・シングル、ニート、ひきこもり』ゆまに書房

＊ フリーターやニート、パラサイト・シングルといった社会学者が中心になって論じてきた青年の「大人になる」「学校から仕事への移行」を、心理学者が独自の視点で論じたもの。

大学進学の目的が入学後変わる

前節の疑問を解決するデータをもう一つ示す。それは、せっかく高校までのキャリア教育が十分になされ、意欲的な進学目的をもっていたとしても、大学入学後の大学生活の中でそれは変わる可能性が高いということである。

図6-8は、関西学院大学が一九七六年より毎年実施している「カレッジ・コミュニティ調査」の結果の一部である。筆者の知る限り、数十年にわたってこれだけの学生データを継続的に収集している大学は全国を見渡しても皆無であり、都市圏にある伝統的な私立総合大学でもあって、われわれに貴重なデータを提供している。

図の得点は「差得点」であり、「在学理由」の該当率から「進学理由」の該当率を引いた得点である。差得点がプラスであれば、入学前は該当者が少なかったが、入学後は該当者が増えたことを表す。逆に、差得点がマイナスであれば、入学前は該当者が多かったが、入学後は該当者が減ったことを表す。もちろん、差得点が〇に近いからといって、必ずしも同一学生が同じ類型に留まったことを意味

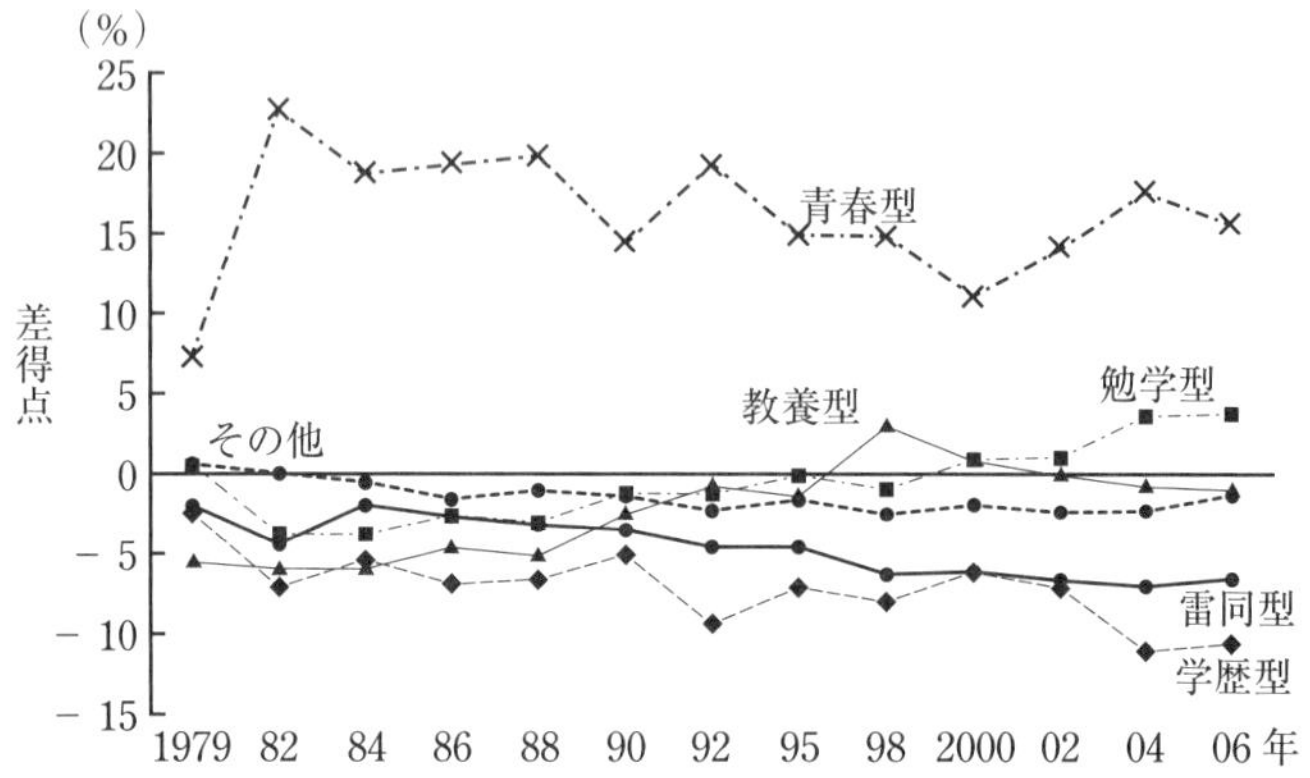

図 6-8　関西学院大学の学生の「在学理由」と「進学理由」の差得点

（注 1）　谷田薫氏が提供してくれたデータ（1979～2006年）を分析して作成。各年の報告書は，関西学院大学総合教育研究室（1977）『我々の大学をよりよく理解するために――カレッジ・コミュニティ調査第一次報告書』～同（2006）『我々の大学をよりよく理解するために（XIV）――第14回カレッジ・コミュニティ調査基本報告書』として刊行されている。また，谷田（2001）では25年間のカレッジ・コミュニティ調査結果の経年比較がなされている。

（注 2）　調査では，「あなたが大学に進学しようとしたのはなぜですか」（進学理由）という質問に対して，「教養や視野の拡大」「立派な人格形成」など15の選択肢（注3を参照）を与え，その中から「第1位」「第2位」「第3位」と順位をつけて3つ選択させる。さらに次の質問で，「それでは，現在あなたが重視しているのはどれですか」（在学理由）と尋ね，同様に「第1位」「第2位」「第3位」を選択させる。

（注 3）　分析手続きは，以下の2段階である。①選択された結果のうち「第1位」だけを選び，下記の定義で類型化，該当率を求める。② ①で作成された類型の該当率を用いて，「在学理由」－「進学理由」の差得点を算出する。

(1)教養型（「教養・視野の拡大」「人格形成」），(2)勉学型（「専門知識・技術の習得」「学問探究」），(3)学歴型（「就職に有利」「就職に必要な勉強」「将来の安定した生活」「結婚に有利」），(4)青春型（「青春を楽しむ」「課外活動」「皆がいくから」），(5)雷同型（「家族が勧める」「先生が勧める」「特に理由はない」），(6)その他（「その他」）。

するものではない。ここでは、ある類型から他の類型への移動を捨象しておおまかな差得点の変化の傾向をみる。

結果をみると、最も大きな特徴は「青春型」の差得点が、時代によって多少の変化をみせながらも、概してプラスを示していることである。つまりこの結果は、入学前に「青春型」を理由に大学進学した者は少なかったのだが、入学後多くの者が「青春型」に移動したことを示唆している。前節でみたような、多くの学生にとって将来が日常生活と結びついていない理由の一つは、ここにもあるかもしれない。もしそうだとすると、高校が進路指導、キャリア教育等で頑張って成果をあげていても、それが大学入学後持続していないということになる。ひいては、一九八〇年代の大学生と似たようなモラトリアム気分で大学生活を過ごすことにもなる。

また、「勉学型」が入学後増えていることもこの図から読み取れる特徴の一つである。「入学前は大学でこんなに勉強しないといけないとは思っていなかった」と述べる学生が多いが、この結果はそうした声を反映するものと考えられる。

ちなみに、同じ質問を、先の『大学生のキャリア意識調査2007』で尋ねて比較検討した結果によれば（谷田、二〇〇八）、「青春型」のこのような傾向は確認されなかった。『大学生のキャリア意識調査2007』のデータでは、「青春型」はさほど議論するほどの結果を示していない。

大学には、さまざまな種類の学部構成、大学教育改革やキャリア教育の推進の程度、学生の生活への影響など、大学やそこに所属する学生を個性化している要因が多数存在する。ここでの違いは、そのような大学や所属学生の個性化要因を捨象した全国の一般的結果と、関西学院大学という個別の大学との結果を比較検討した結果、出てきたものだと考えられる。筆者の経験では、個別の大学の特徴をみるとき、全国の一般的結果と似た結果がみられることも少なくないが、まったく異なる結果がみられることも少なくない。私たちは、一般的なデータ結果と個別の大学のデータ結果との間を行ったり来たりしながら、理論と経験とをすり合わせて理解していかなければならない。

みずから役割モデルになれない学校関係者が青年を教育・指導することの意味

話を戻そう。一九九〇年代後半以降現代における青年期論の一つのポイントは、切り離された青年と大人とのつなぎ直しを学校がただ青年自身に任せてはいられない状況となったことであった。もう一つのポイントは、青年の大人世界へのつなぎ直し、青年に課すインサイドアウトの力学に基づく自己形成が、みずからが役割モデルにならない学校関係者（教師やキャリア教育の専門家など）によって推進されていることである。つまり、学校関係者の教育・指導は、青年の自己形成に直接的に有用でなく、青年はその教育・指導をもとにして、役割モデルをみずからの力で見出していかなければならないのである。そして、それを頭の中だけでなく、日常生活や行動につなげて実行していかなければならないのである。自己形成のポイントは、学校関係者にとっての不可侵領域である青年のさまざまな内なる次元に置かれており、その意味で、自己形成力の弱い青年はいつまで経っても自己形成が進まないということになる。くわしくみていこう。

学校関係者が青年を大人・職業世界につなごうとするときにできる精一杯の試みは、実際に働いている大人（OB・OG、社会人）を学校に招くことである。あるいは、インターンシップやプロジェクトなどを通して、青年に社会や職業世界を体験させることである。高校であれば、これらに加えて、どういう大学や学部に進学するかといった大学調べ、オープン・キャンパスなどを通して大学の実際のキャンパスを訪問する、大学の先生の授業を体験する、など進学に関する情報収集や進路選択をさせることである。

いずれも共通しているのは、学校関係者は青年と大人の仲介者であって、ファシリテーターだということである。学校関係者は、将来どのような職業を選択するか、どのような大人になるか、まったく多様な青年に対して、前近代の主人や親方が人生や職業の役割モデルとして直接的・対面的に若者に働きかけ指導をしたようなかたちで指導をすることはできない。「何が大事だ」「ポイントはこうだ」といった指導や助言はできても、それはいつも抽象的で多様な解釈を伴う水準のものである。主人や親方のようにみずからの行動や技術を具体的にみせて、「そうじゃない、こうだ！」というような指導をすることはできない。学校関係者が良きファシリテーターであるためには知識や情報、見方が必要だが、青年はその知識や情報、見方を将来の「職業」や「大人になる」ために学ぶわけではない。もちろん、学校関係者が青年を力強くファシリテーションするためには、教育・指導への自信や内容に対する確信が必要であることは言うまでもなく、青年はそうして安心して促され、動機づけられる。それでも結局のところ、学校関係者ができることは、青年と大人を引き合わせて、彼らのしている仕事、生きてきた人生を具体的・直接的にみせ、そこから「あの人のようになりたい」「こんな仕事をしたい」「何々さんのような人生にあこがれる」と比喩的に抽象化された生き方の方向性をみつけさせることである。学校関係者は、青年と大人をつなぐファシリテーターなのである。

いや、キャリア教育やキャリア形成支援に限らず、そもそも学校とはそういうところであった。大人の世界から子ども・若者を切り離し、彼らが学校教育を通して職業を選択し人生を形成するように、学校教育はつくられ発展してきたのである。そこでの教師は、たとえ授業において知識や情報を授ける教授者であっても、青年の将来の職業選択・人生形成の観点からみれば、今も昔もファシリテーターでしかないのである。

初等教育の読み・書き・算くらいなら、まだ直接社会とのつながりを見通せても、中等・高等教育にまでなってくると、将来何に役立つのか見通せない学習の量は圧倒的に多くなる。そのような中で、与えられる知識や情報を通して、適応的で主体的な職業選択・人生形成を行っていくことは、青年に課せられた仕事である。この責任を自覚的に引き受けるかどうかが、最後青年に問われる。もちろん、青年がみずから主体的に職業選択や人生形成を行うことができるような精一杯の努力・ファシリテーションを行うことは教師の務めである。しかし、そのファシリテーションが直接青年を大人にするわけではないので、やはり最後に向けての形成作業は青年みずからが自覚的に引き受けていかなければならない。学校関係者にとってこの部分は、入り込みたくても入り込めない不可侵領域である。

役割モデルの不在は近代の特徴

一般的に言えば、親・学校関係者といった青年を大人にするべく関わる者はすべて、青年の職業選択・人生形成の具体的な役割モデルにはならない。彼らは、基本的にファシリテーターでしかない。「尊敬する親のようになりたい」「先生のようなすばらしい指導者になりたい」といったように、親や学校関係者の生き方や仕事に魅了されて、青年が彼らを役割モデルとすることはある。しかし、これは例外である。一般論としては組み込めない。

このような具体的な役割モデル不在の中で、青年が大人になるべく発達していくことは近代の特徴であって、近代を生きる者の宿命である。そして、このことは、何も今になってはじめて認識されたり議論されたりしていることではない。それは、エリクソンが一九五〇~六〇年代にかけて、青年期をアイデンティティ形成――切り離された青年期を大人の世界につなぎ直す作業（第4章の「アイデンティティ形成という考え方の登場」参照）――の時期であると論じたときから、専門家の間では自覚された問題だったのである。

エリクソンのアイデンティティ形成論が近代の特徴をもつことについては、青年心理学者の間でいくつか議論がある（例えば、Baumeister, 1986 : Baumeister & Tice, 1986）。最も最近のものでは、カナダの青年心理学者J・コテ（Côté, 1996）が、エリクソンの「達成的（achieved）」アイデンティティ形成を、前近代の「帰属的（ascribed）」アイデンティティ形成と比較するかたちでまとめている。この比較の作業においては、アイデンティティ（同一性）という言葉がそもそももっている、差異を前文脈とする同一の意が弱くなってしまうが、それはここでは不問にしておこう。

つまり、前近代では、世代間のつながりがきわめて強く、若者は伝統的で、かなり安定した知識や技能を親や祖父母（身近な先行世代）から継承されてアイデンティティを形成した。大人になるとは、みずからの価値観や自己定義を模索・確立することではなくて、身近な先行世代の世界を疑わず、そこに帰属することを意味していた。

それに対して、エリクソンの青年期アイデンティティ形成論は、児童期と青年期との断絶・不連続（discontinuity）を強調する。なぜなら、青年期の意義、アイデンティティ形成の意義は、児童期までに重要な他者（親や教師などの身近な先行世代）の外在的基準によって形成してきた自己を、青年期に入って、今度は職業領域を含めて、自分がどのような大人になりたいかという自己の基準――それは、身近な先行世代の基準を超える可能性をもっている――によって自己を定義し直すことと考えられているからである。エリクソンのアイデンティティ形成論では、自己の基準を何ら模索せず、児童期までの重要な他者（先行世代）の基準をそのまま継承して自己定義をする「早期完了（foreclosed）」の者は病的とみなされるが、前近代では早期完了こそがまさに求められたのである（Côté, 1996）。

このように、エリクソンのアイデンティティ形成論は、身近な先行世代を乗り越えて自己の基準・自己定義を確立することを、青年の発達作業の中にみるものであった。前節でみたように、女性の生き方が非常に多様化してきている近年において、女性にとってはまだ具体的な役割モデルとなりやすかった母親の生き方も、今では参考にならなくなっている（杉村、二〇〇一）。女性の青年期の様相が男性のそれに近くなっているという傾向も確認されている（「みえにくくなる男子青年と女子青年の心理的境界」の節参照）。女性にとっても役割モデルは、一般的には学校関係者のファシリテーションのもと、みずからがみつけていかなければならなくなっているのである。

もっとも、誤解がないように急いで補足をするが、筆者は、大人が役割モデルを示せないようになったからと言って、それをもって、父親や母親が子どもの将来に助言を与えたり考えを述べたりすることがナンセンスになっているとまでは言っていないので、その点は注意を要したい。

一般的には、先行世代としての親はもはや直接的な役割モデルにはならない。しかし、私たちが知っておかなければならないのは、子どもは親を心理的な踏み台にして自律的・自立的な自己を形成するということである。思春期の反抗期はよく知られるその一例であるし、S・フロイト以来の精神分析家たちの、特に対象関係論者（object relations theorists）にとっては基本的な発達観である。精神分析家のP・ブロス（Blos, 1967）は、「第二次個体化（the second individuation）」という見方を示し、青年は両親の表象との内在化された絆をつくり直すことを通して、より自律的な自己の感覚を発達させると考えた。青年心理学では、特に思春期における自立の問題に関してよく紹介される古典的な文献である（平石、二〇〇七）。いずれも、青年が大人になるための親の役割を強調している。

さらに勉強したい人に

平石賢二（二〇〇七）『青年期の親子間コミュニケーション』ナカニシヤ出版

＊ 独自性と結合性をキーワードとする青年と両親との親子間コミュニケーションが、アイデンティティ形成や他者の視点取得といった青年の心理社会的な態度形成に影響を及ぼすことが実証的に検討されている。親から自律・自立するばかりが思春期・青年期の青年期発達ではなく、結合も交えながら個性化していく過程が強調されている。

参考文献

細井克彦（一九九四）『設置基準改訂と大学改革』つむぎ出版

岡本祐子・松下美知子（編）（一九九四）『女性のためのライフサイクル心理学』福村出版

大久保幸夫（編著）（二〇〇二）『新卒無、業。——なぜ、彼らは就職しないのか』東洋経済新報社

谷内篤博（二〇〇五）『大学生の職業意識とキャリア教育』勁草書房

吉田辰雄（二〇〇五）『キャリア教育論——進路指導からキャリア教育へ』文憲堂

第7章

現代大学生の青年期の過ごし方

「はじめに」で、現代大学生の特徴が勉学志向へと変化していることをみた（図0–1、ⅱ頁）。筆者はこの勉学志向の高まりが、学生のインサイドアウトの力学に基づく自己形成の姿と関係があると考えている。

しかし、図0–1で「勉学第一」と答えた者が必ずしも学習意欲の高い学生、自己形成を熱心に行う学生であるとは限らない。ただまじめなだけ、あるいは、厳しい就職環境の中、「勉学第一」と答えておかないと不安だというだけの学生群も含まれている可能性が高い。大学生の志向性の変化を大きくつかむにはいいが、細かな検討をしていくためには、もう少し指標を細かくした分析結果が必要である。

ここでは、第6章で何度か紹介した、京都大学高等教育研究開発推進センター・（財）電通育英会共催の全国調査『大学生のキャリア意識調査２００７』の結果からみえてくる学生タイプを用いて検討を行う（くわしくは溝上、二〇〇九）。(7)

一週間の過ごし方から大学生を類型化

ここでは、学生タイプを作成して、学生がはたして自己形成の時代を生きているかどうかの検討を行うが、分析の説明に入る前に、学生類型化と指標について筆者の考えてきたことを述べておく。

学生の類型化は、学生理解を単一化しないという意味でとても重要な作業だと筆者は考えている。筆者が、例えば現代青年期を自己形成の時代だとみると言っても、どの程度の学生がこの自己形成の時代の波に乗っているかは、学生を類型化して横並びに検討しないとみえてこない。学生の類型化は、さまざまな学生を相手に教育や支援を行う実践的な関係者にとって必要な作業である。

難しいのは、何を指標にして学生を類型化するのかということである。最終的に、現代大学生が自己形成の時代の波に乗っているかを議論することができるような検討にしたいわけだが、自己形成を直接指標とすると、自己形成が無縁な学生を軽んじてしまうおそれがある。このような実証的な検討では、できる限り学生を複眼的に、横並びにみる、という観点が重要であるから、こちらの意図である自己形成を前面に出して横並びをつくったのでは公平ではない。

筆者はこのような中、これまでの試行錯誤の分析経験もふまえて、一週間の過ごし方、具体的には大学生活を構成するさまざまな活動にどのくらいの時間を費やしているかという指標をもとに学生を類型化するのがいいのではないか、と考えるようになった。理由は、この指標が筆者の関心である自己形成と直接関係をもたずに学生を類型化するからであるが、これ以外にも理由は二つある。

一つは、自己形成は、将来の見通しをもとにしながらも、最終的には日常生活や行動を通して自己を成長させていく営みだからである。考え方としては二つのライフに近い。将来の見通しをもって、それを日常の大学生活につなげる者とそうでない者との一週間の過ごし方が、違ってみえるような学生タイプをつくることができれば理想的である。実際、第6章の「人生と日常生活が分離している大学生」でみたように、多くの学生は「自分は何をしたいか」とか「どのような職に就きたいか」「どのような大人になりたいか」といった、頭の中では将来の見通しをもっているにもかかわらず、それは日常生活や行動に結びつくものではなかった。学生の日常生活や行動をみていくことがとにかく重要だと考えるゆえんである。

第二に、一週間の過ごし方は、教育改革や学生支援などに直結する実践的指標だからである。将来の見通しをもっている・もっていない、大学生活に満足している・していないといった指標は言うまでもなく重要だが、それらの結果を実践に生かそうと思えば、「見通しをもっていて、それで普段何をしているのか」とか「何をやっていて大学生活に満足しているのか」といったようなかたちで、二重の質問を行わなければならない。実践はあくまで学生の日常生活に関わるものであるから、それを

(7) プロジェクトの詳細ならびに結果報告書は http://www.dentsu-ikueikai.or.jp/research/ を参照のこと。

最初の指標として学生タイプを作成する。そして、学生タイプによって将来の見通しや大学生活の満足度が異なってくるという結果になれば、実践的にとても有用である。

学生タイプの作成

以上の考えをもとに、作成した学生タイプの手続きを簡単に述べると次のようになる（くわしくは溝上、二〇〇九）。

①大学生活を構成する一七項目（授業、授業外学習〔予習・復習・課題など〕、自主学習、読書、マンガ・雑誌、クラブ・サークル、アルバイト、同性・異性の友人とのつきあい、テレビ、ゲームなど）に対して一週間に費やす時間を尋ねる。②それを三因子（因子分析）にまとめ、それぞれの因子を「授業外学習・読書」「インターネット・ゲーム・マンガ」「友人・クラブサークル」と命名する。それらは一週間に概してどのような活動に時間を費やしているか・費やしていないか、を表すものである。授業やアルバイトは各因子に高く負荷してこなかったが、昨今の多くの学生はけっこうな時間をそれらに費やすので、そのせいで大学生活の分類に効いてこなかったのだと考えられる。③三因子それぞれの因子得点を用いてクラスター分析を行い、四つのクラスターを得る。これを学生タイプとする。こうして得られる四つの学生タイプは、図7-1に示す通りである。

学生タイプの特徴をそれぞれみると、ここで最も注目したいタイプ3は、「授業外学習・読書」「インターネット・ゲーム・マンガ」「友人・クラブサークル」のどの生活因子も、得点が高い点に特徴

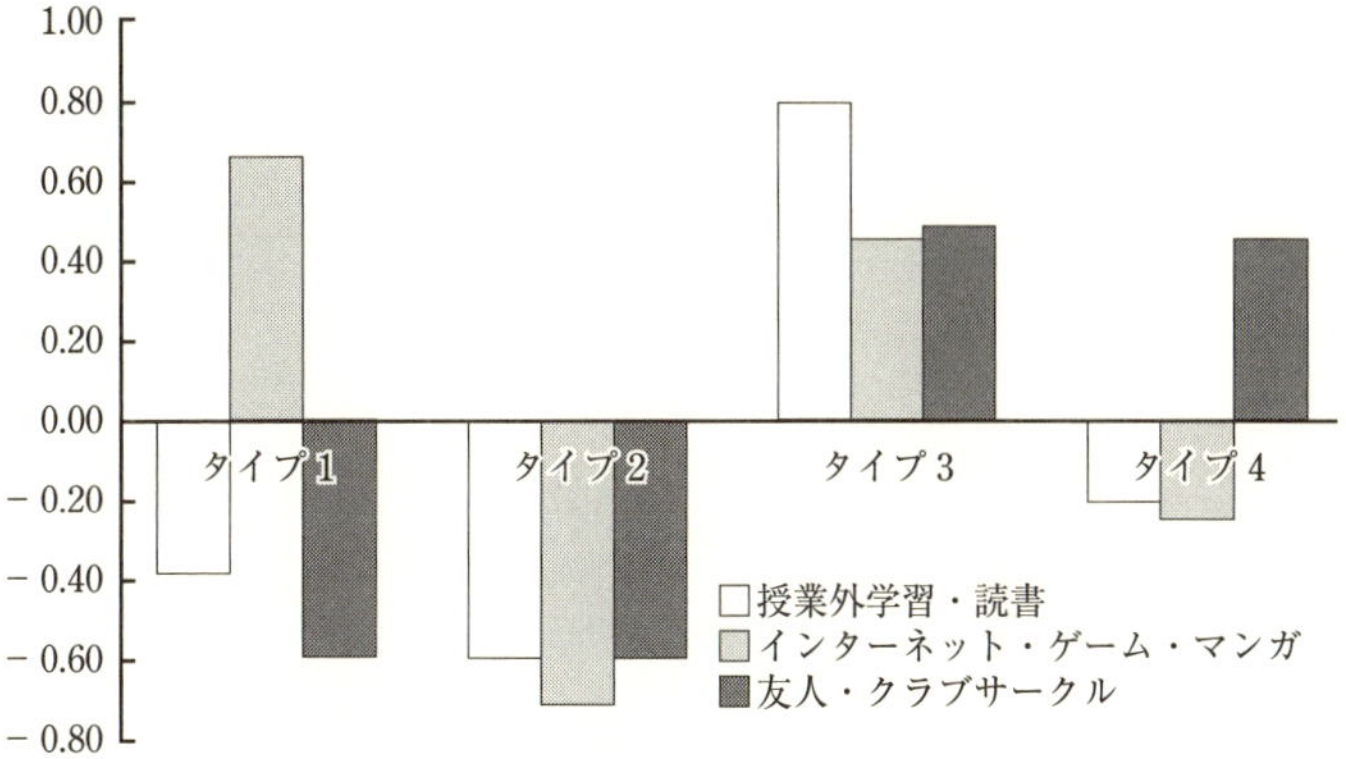

図7−1　大学生活の過ごし方からみた学生タイプ（クラスター分析・Ward 法）

（注1）　溝上（2009），図1（110頁）より作成。

（注2）　分析者数はN=1964。各タイプの内訳は，タイプ1（N=317），タイプ2（N=672），タイプ3（N=533），タイプ4（N=442）である。

がある。タイプ1は「インターネット・ゲーム・マンガ」だけが他の生活因子に比べて得点が高い、どちらかと言えば自宅や一人で過ごすことの多い学生タイプであるが、タイプ3の「インターネット・ゲーム・マンガ」のその得点もタイプ1に負けていない。同じように、タイプ4は「友人・クラブサークル」だけが他の生活因子に比べて得点が高く、対人関係や外での活動を重視する学生タイプだと考えられるが、タイプ3の「友人・クラブサークル」の得点はそのタイプ4よりも若干得点が高い。こうしてタイプ3は、何でもかんでも興味を示して活動し、すべての生活因子で高得点を示す活動性の高い学生タイプであると考えられる。

また、「大学で授業や実験に参加する」といった授業出席時間を尋ねる問いにはタイプ1・3・4の間に有意差はみられないが（タイプ2

だけこれらより有意に短い)、「授業に関する勉強(予習や復習、宿題・課題など)」や「授業とは関係のない勉強を自主的にする」といった授業外学習・自主学習の時間を尋ねる問いにはタイプ3が有意に長い。この結果は、図7-1でタイプ3の「授業外学習・読書」の得点が他の学生タイプに比べて突出して高いことからも示されている。全体的にみて、現代大学生はタイプに関係なく授業にはよく出席するが、授業外学習や読書を行うか・行わないかはタイプによって違いがあると理解される。タイプ3は「よく学び、よく遊ぶ」といった形容詞がぴったりの学生タイプであるとも言える。

なお、タイプ2はすべての生活因子について得点の低い、言い換えれば際立った大学生活の特徴がみられない学生タイプである。度数は六七二人(三四・一%)と全体で最も多い。

学生タイプの特徴

これらの学生タイプと外部変数との関係にはいろいろな結果が出ているが(溝上、二〇〇九も参照)、本書に関係する分析結果を二点紹介しておく。

第一に、四つの学生タイプの中で大学生活が最も充実しているのは、タイプ3とタイプ4である。両者に統計的な有意差はみられない。しかし、総合的にみて知識や技能が身についている、将来設計をもっている、などの項目で有意に高得点を示すのはタイプ3のほうである。第6章の「人生と日常生活が分離している大学生」で扱った二つのライフと学生タイプとの関係をみても(図7-2参照)、タイプ3の「理解実行」は統計的に最も多いセルである。タイプ3は総じて、日々が充実しており、

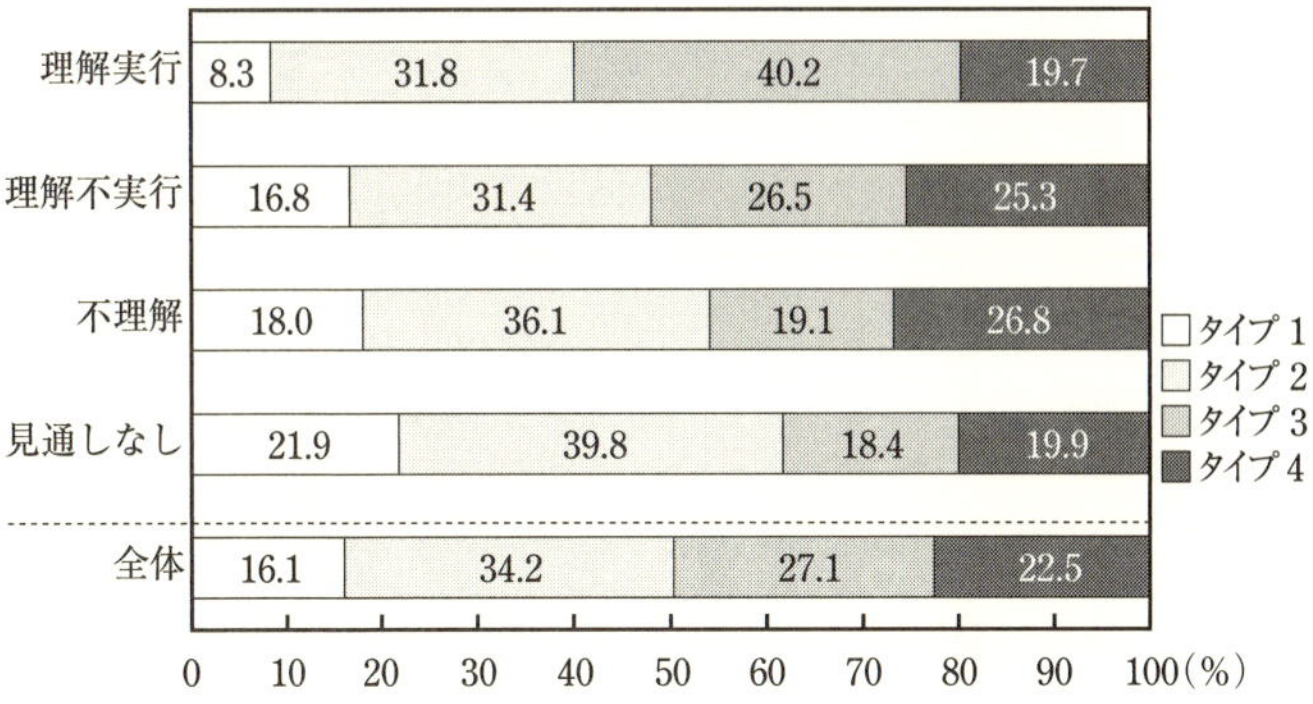

図 7-2　2 つのライフと学生タイプとの関係

（注 1）　2 つのライフの各度数は以下の通りである。理解実行（N=507），理解不実行（N=736），不理解（N=183），見通しなし（N=538），計 1964 名。

（注 2）　ピアソンの χ^2 検定の結果，0.1％水準で有意差がみられた（$\chi^2(9)=97.864, p<.001$）。残差分析の結果，5％水準で有意に多くみられたセルは，「理解実行」のタイプ 3，「理解不実行」のタイプ 4，「見通しなし」のタイプ 1，タイプ 2 であった。

かつ大学生活を通して自分が成長していると実感している学生タイプである。

　第二に、「大学生活の重点」の結果（図0-1、ii頁[8]）と学生タイプとの関連をみてみよう（図7-3参照）。統計的結果をもとにすると、「勉学第一」にはタイプ3が多く集まっており、妥当な結果である。ほか、「クラブ第一」「豊かな人間関係」にはタイプ4、「趣味第一」や「その他」にはタイプ1が多く集まっている。これらも妥当な結果である。

　なお、図の数字と統計的結果との関係について一点補足しておく。それは、図7-1で四つのタイプに分類する時点で、境界線に近い学生が存在していると考えられることである。つまり、もう少しある点数が高かったり低かったりすれば、別のタイプになっていたかもしれない学生たちを含み込んで、学生タ

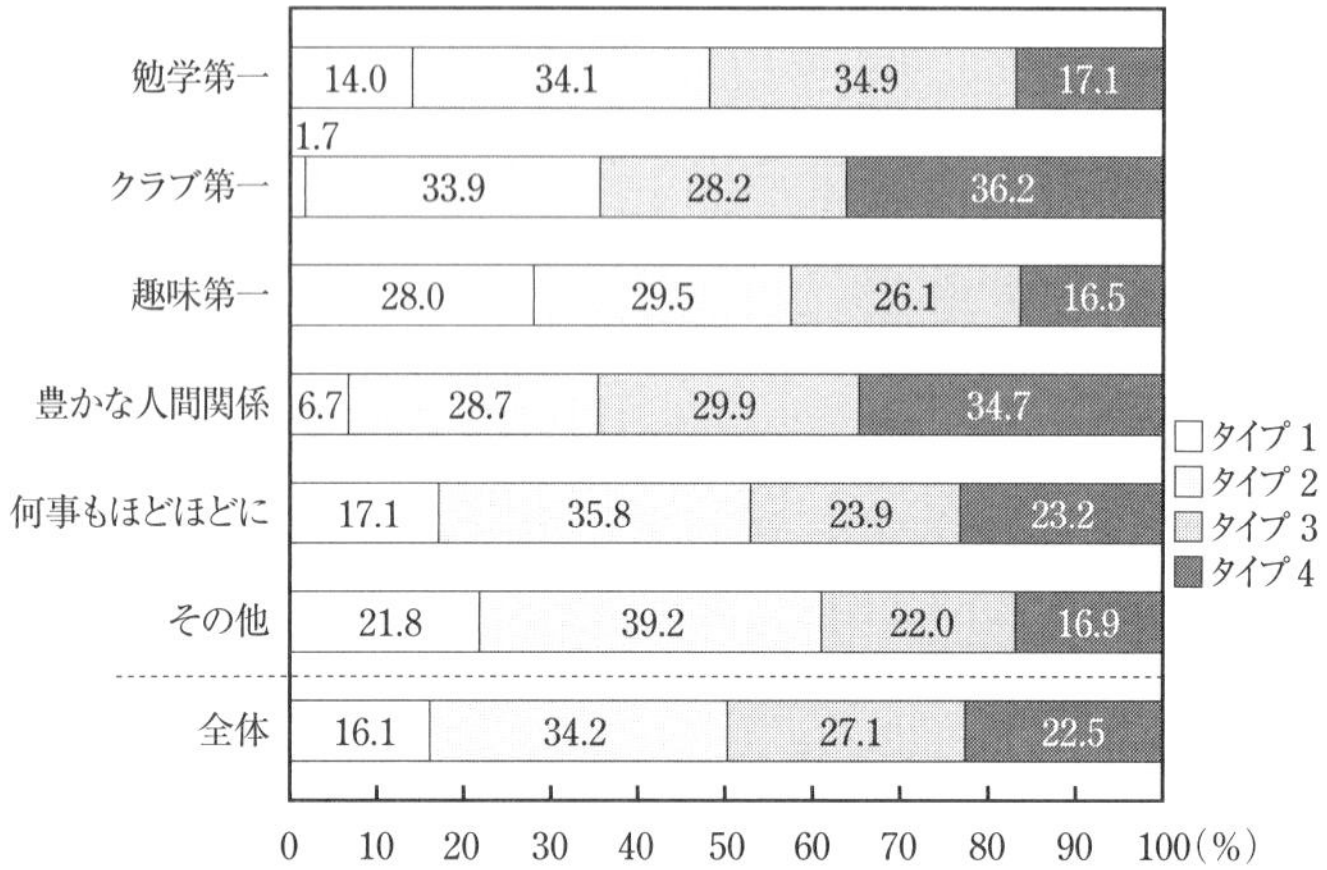

図7-3　大学生活の重点と学生タイプとの関係

（注1）　大学生活重点項目の各度数は以下の通りである。勉学第一（N=387），クラブ第一（N=174），趣味第一（N=261），豊かな人間関係（N=268），何事もほどほどに（N=461），その他（N=413），計1964名。

（注2）　ここでは度数が多くみられた重点項目を中心に表示し，それ以外の「資格取得第一」「アルバイト・貯金」「何となく」「その他」は一括して「その他」としてまとめている。χ^2検定もこのまとめた度数で行っている。

（注3）　ピアソンのχ^2検定の結果，0.1％水準で有意差がみられた（$\chi^2(15)=139.374, p<.001$）。残差分析の結果，5％水準で有意に多くみられたセルは，「勉学第一」のタイプ3，「クラブ第一」のタイプ4，「趣味第一」のタイプ1，「豊かな人間関係」のタイプ4，「その他」のタイプ1，タイプ2であった。

イプは作成されている。だから、例えば図7-2で統計的に「理解実行」にタイプ3が多いと言っても、たかだかその割合は四割程度ではないかと思う必要はない。多様な学生をある限られた枠組みに無理やり押しはめて分類する、分類が難しくてもどこかには必ず入れる、そのような手続きに従っての分析結果であるから、図7-2や図7-3の結果をみるときにはそのような点を考慮に入れてみなければならない。

学生タイプの青年期の過ごし方

以上の結果を総合的にみて、それを青年期の過ごし方という観点から考察すると、日々を充実させながらも、他方で大学生活を通して自分が成長していると実感しているタイプ3は、一九九〇年代後半以降の現代青年に課せられている自己形成課題に積極的に取り組んでいる学生タイプであると考えられる。時代の経年比較のデータが図0-1の「大学生活の重点」(ii頁)しかないので、たしかなことは言えないが、それでも「よく学び、よく遊ぶ」学生タイプはこれまでの大学生論では言及されてこなかったものである。小此木(一九七八)の提示した青年の新しいモラトリアム心理が七〇年代後半になって見出されたのと同様、私たちはいま新しいタイプの青年をタイプ3としてようやく見出したのである(溝上、二〇一〇)。その割合は全国データで言えば約四分の一(二七・一%)である。

タイプ4は、大学生活は充実しているけれども、タイプ3と比べれば自己形成の活動が弱い学生タ

(8) 京都大学高等教育研究開発推進センター・(財)電通育英会共催の『大学生のキャリア意識調査2007』のデータで全体的に最も多かったのは「何事もほどほどに」(二九・四%)であり、ついで「勉学第一」(二五・四%)であった。以下「豊かな人間関係」(一七・二%)、「趣味第一」(一六・七%)、「クラブ第一」(一一・三%)であった。全国大学生活協同組合連合会の調査結果と順位が異なるが、『大学生のキャリア意識調査2007』でも「勉学第一」は上位にあり、かつ出現頻度の高かった五つの項目も同様に出現したので、そのまま分析を続けた。なおここでは立ち入らないが、全国大学生活協同組合連合会の調査では、「何事もほどほどに」は二〇〇〇年前後から徐々に増加傾向にあり、かつ「勉学第一」は二〇〇四年を境に減少傾向にあることを付け加えておく。

イプである。どちらかと言えば、一九八〇年代のモラトリアムとしての青年期を楽しむ学生群に近いイメージであるが、タイプ4も全国データで約四分の一（二二・五%）であり、タイプ3とあわせて大学生の約半分の割合を占めている。

こうして、学生タイプの特徴を「成長型（タイプ3）」「適応型（タイプ4）」「不適応型（タイプ1・2）」としてまとめよう。

「適応」と「不適応」の違いは、大学生活が充実しているかしていないかを基準としている。大学生活が充実しているタイプ3・タイプ4は適応型であり、そうでないタイプ1・タイプ2は不適応型と分類される。外部変数との関係をみた結果（溝上、二〇〇九）に基づけば、タイプ1とタイプ2のどちらがより不適応かは一概に言えない。ある変数との関係ではタイプ1がより不適応であるし、別の変数との関係ではタイプ2のほうがより不適応である。また、適応の中でも、将来の見通しを実現すべく日々を過ごしているか（「成長型」）、そうでないか（「適応型」）を基準として分類すると、前者にはタイプ3、後者にはタイプ4が該当する。こうして、「成長型（タイプ3）」「適応型（タイプ4）」「不適応型（タイプ1・タイプ2）」とまとめられる。

大学生をどのような観点で教育・指導していくかはまだまだ議論がしつくされていないが、少なくとも、学校関係者が大人とつなぎ直そうと努力している現代青年期の文脈では、ただ楽しいだけの適応的な大学生活を過ごすタイプ4（適応型）ではなく、適応しつつも成長をも目指している自己形成的なタイプ3（成長型）の育成を目指して、大学教育改革・FD（ファカルティ・ディベロップメント）、

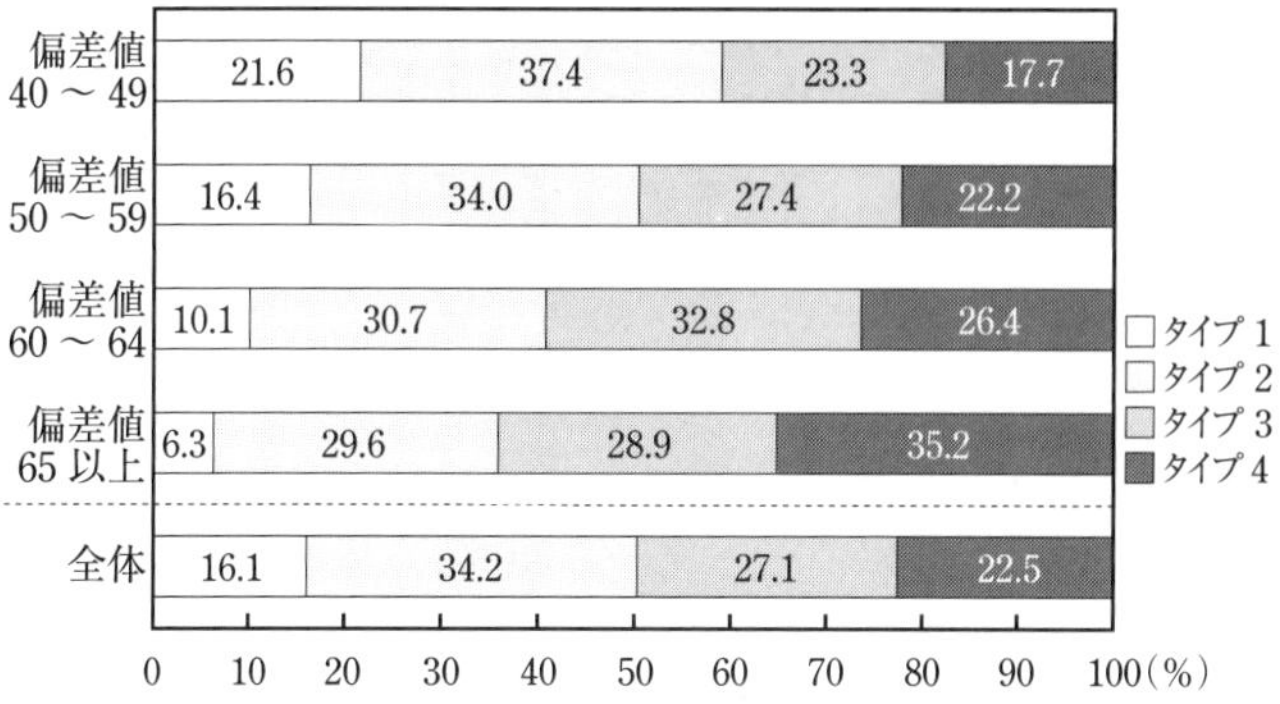

図 7-4　大学偏差値別の学生タイプの割合

（注 1）　溝上（2009），図 8（115 頁）より作成。

（注 2）　大学偏差値は，代々木ゼミナールの入試難易度大学ランキングの偏差値（http://www.yozemi.ac.jp/rank/daigakubetsu/）を参考にして「偏差値 65 以上」「偏差値 60 ～ 64」「偏差値 50 ～ 59」「偏差値 40 ～ 49」「偏差値 39 以下」というカテゴリーが作成された。

（注 3）　度数は「偏差値 65 以上」（$N=142$），「偏差値 60 ～ 64」（$N=296$），「偏差値 50 ～ 59」（$N=847$），「偏差値 40 ～ 49」（$N=583$），「偏差値 39 以下」（$N=15$）であり，「偏差値 39 以下」は分析対象から除外したので，計 $N=1868$ であった。なお，学科試験がないなどの理由で入試難易度が示されていない大学・学部の回答者（$N=81$）については欠損扱いとした。

（注 4）　ピアソンの χ^2 検定の結果，0.1％水準で有意差がみられた（$\chi^2(9)=54.410, p<.001$）。残差分析の結果，5％水準で有意に多くみられたセルは，「偏差値 65 以上」のタイプ 4，「偏差値 60 ～ 64」のタイプ 3，「偏差値 40 ～ 49」のタイプ 1，タイプ 2 であった。

あるいはキャリア教育を推進していくべきだと考えられる。他方で、大学生活が充実していない不適応型のタイプ1・2を無視することはできない。彼らに対しては、適応させるための教育・指導、学生支援や学生相談を通しての支援が必要である。

大学の偏差値に規定される学生タイプ

最後にもう一つ、学生タイプを大学偏差値別にみておこう（図7-4参照）。

統計的結果をもとにすると、タイプ3（成長型）は「偏差値六〇～六四」に多く集まっており、タイプ4（適応型）は「偏差値六五以上」に多く集まっていることがわかる。タイプ1とタイプ2（不適応型）は「偏差値四〇～四九」に多く集まっており、両タイプの合計は六割に達する（五九・〇％）。偏差値が上がるにつれ、この合計値は漸減する。

高校や大学の進学に関しては、親の年収や職業などが影響する社会階層間の不平等が指摘されたが（第4章の「メリトクラシー社会に乗っても限界がある下層の子ども」参照）、ここでも、偏差値によって学生の日々の過ごし方が異なる実態が指摘される。ここで示す日々の過ごし方は「不適応型」「適応型」「成長型」に分類されるようなかたちで検討されているものであるから、その意味では、この結果は学生（青年）を大人につなげる、学生（青年）の主体的な職業選択や人生形成をファシリテーションする学校関係者にとって深刻な結果である。今後、さらなるデータをもとに検討していくことが必要である。

第8章 本書のまとめ

本書では、現代大学生の勉学志向を、彼らの、現代青年期に課せられる自己形成課題への対応とみなし、そのような現代青年期がどのように成立してきたかを歴史的に概観した。それは、現代大学生、ゆるやかに広げて現代青年を理解するための青年期の歴史的概観であった。

青年期は一般的に、「学校教育を通して子どもから大人になる発達的移行プロセスである」と定義されるが（第1章の「青年期の定義」参照）、本書では、現代大学生を念頭に置いて、「親の身分や社会的地位、財産にかかわらず、学校教育を通して将来の職業を選択し人生を形成する発達期である」と特化して定義した（第1章冒頭参照）。そして、このような意味での青年期は、近代国家の形成における教育の近代化とメリトクラシー社会成立の過程を通して、誕生したものと考えられた（第2章の「教育の近代化とメリトクラシー社会の成立」参照）。

青年期は、工業化（産業革命）を経た近代社会で誕生した社会歴史的な概念であると説明されることが多い（第1章の「青年期の定義」参照）。しかし、社会の工業化と教育の近代化、メリトクラシー社会の成立との関係をみると、イギリスの場合にはそれが当てはまるが、フランスやドイツ、日本ではそれが単純には当てはまらないことが議論された。イギリスでは、中産階級（ブルジョワジー）のジェントルマン教育の需要の高まりによって教育の近代化が推し進められ、やがてメリトクラシー社会へと移行した。そこでは、たしかに工業化社会への移行が教育の近代化、メリトクラシー社会成立へと直接的に後押ししていた（第2章）。しかし、フランスにおける教育の近代化は、直接的にはフランス革命や王政復古を契機に推し進められたし、ドイツに至っては教育の近代化に先立ってメリトクラシー社会への移行が萌芽的に認められた（第3章の「イギリスと異なるメリトクラシー社会の成立の仕方」参照）。日本はフランスの状況と似ており、士農工商の身分制社会から革命（明治維新）を経て、近代国家の形成が推進された。教育の近代化とメリトクラシー社会の成立は、国家の近代化を進める作業の一側面であった（第3章の「日本の教育の近代化とメリトクラシー社会の成立」参照）。日本の青年期は、近代国家の形成の中で誕生したのであった。

青年期の誕生期・創始期において、学生青年としての発達期を享受できる若者の数はきわめて少数であり、彼らはエリート学生であった。大多数の子ども・若者はなかなか労働から解放されず、学校教育を通して職業を選択し人生を選択するなど、縁の遠い話であった（第3章の「特権的な青年期、労働から解放されない子ども」参照）。日本の場合、一九五〇年代までは勤労青年が大多数を占めており、非学生青年（勤労青年、労働青年、工場青年、農村青年など）のカテゴリーはまったく珍しいものではなかった（第3章の「さまざまな青年カテゴリー」参照）。

それも一九六〇年代の高度経済成長期に入ると、ほとんどの者が高校へ進学するユニバーサル化を迎え、大学短大は大衆化した。明治初期の教育の近代化からみて一〇〇年近く経ってようやく、子どもや若者が労働から解放され始めた。こうして日本の青年期は大衆化した（第4章の「青年期の大衆化」参照）。

青年期が大衆化し始めた一九六〇年代、中学・高校において、適材適所的な配置指導に代表される職業指導から、生徒の適応的で主体的な進路選択を目指す進路指導へと、学校教育・指導の力学が転換した（第4章の「職業指導から進路指導へ」参照）。この教育・指導観の転換を生徒の側からみると、それは自己の外側（職業・教師・大人・社会）にポジショニングして、自己（内）をそれに適合させるというアウトサイドイン（外的適応）の力学から、今度は、自己の内側にポジショニングして、そこから外側（進路・職業・その他）に向かうインサイドアウトの力学へ転換するものと理解された（第4章の「適応とアウトサイドイン、インサイドアウト」参照）。

一九六〇年代から転換した進路指導論は、その後、生き方の指導の観点を加えて、生徒の主体的な生き方や人生設計をふまえた進路選択を強調した（第6章の「進路指導からキャリア教育へ」参照）。しかし、日本のメリトクラシー社会は七〇～八〇年代にかけて一元的能力主義のかたちで確立し（第5章の「一元的能力主義のメリトクラシー社会の確立」参照）、多くの生徒の進路意識は、何を学んで、どのような職を得て、どのように生きていくかといった主体的な進路・職業選択、人生形成よりもむしろ、進学校や有名大学に進んで大企業に入れば幸せな人生を送れるという方向に向かった。

大学生をみれば、一九七〇年代後半は彼らの新しいモラトリアム意識や私生活志向が見出された時代でもあった（第5章の「新しいモラトリアム心理の出現」「社会志向から私生活志向へ」参照）。彼らは、一人前の大人だとみなされず半人前意識・局外者意識に悩んでいたかつての青年と違って、すぐさま大人になれないことを何ら問題としていなかった。彼らにとって大人になることを猶予された青年期は、大人にまだならなくていい青春を謳歌《おうか》するためのモラトリアム期間であった。

かつての青年は、社会（大人）が先にあって、そのために学校（卒業資格）があるという、アウトサイドインの力学に基づいて生きていると考えられていた。であるがゆえに、一人前の大人になれない青年期は半人前意識・局外者意識に悩む苦しいものだった。世の中の大多数を占めていた非学生青年とのコントラストも著しかった（第5章の「さまざまなモラトリアムの過ごし方」）。しかし、一九七〇年代後半～八〇年代になると、高校のユニバーサル化、大学短大の大衆化を受けて、学生青年はもはや社会で一握りのエリートではなかったし、かつての学生青年と非学生青年とのコントラストも薄まっていた。彼らは学校がまずあって、そして社会（就職）があるという、今日私たちがよく知る発達的力学に基づいて生きていた。それは、インサイドアウトの力学に基づく生き方であった。このようなインサイドアウトの力学に基づく青年期の過ごし方は、七〇年代後半になって見出されたものだが、その兆候は、六〇年代に報じられた留年やアパシー学生にすでに認められるものであった（第4

章の「保護すべき対象としての大学生」参照)。

一九八〇年代の大学生の離職率をみると、当時でも大学生の離職率はけっして低くなかったことがわかる。しかし、今日の、いわゆる七・五・三の離職率の観点からみると、モラトリアム気分で青年期を過ごし、ろくに自己探求もせずに就職した大学生の離職率が、よく三割以下に収まっていたと感心された。それは、この時代の大学生が今日のような就職ではなく就社をしていたからであり、インサイドアウト(モラトリアム気分)で青年期を過ごしながらも、就職時には外側(会社・社会)の論理に従うアウトサイドインの力学に転換して生きていたからだと考えられた。彼らの中には、アウトサイドイン(外的適応)で就社しながらも、与えられる仕事との格闘を通して内的適応をし、仕事を楽しんでいる者が少なからずいたと聞く。それは、当時の適応的な生き方の一つではなかったかと考えられた(第5章の「モラトリアムでもさほど離職率は高くなかった」参照)。

しかし、バブルの崩壊以降、就職率が悪化する就職氷河期を迎えた(第6章の「大学全入の時代と就職氷河期」参照)。しかし、それだけでなく、単に良い大学の卒業資格を得るだけでは就職が決まらない者が出るようにもなった。学校推薦は必ずしも就職に効力をもたなくなった。企業は学生に標準的な学業成績以上のものを求め始め、経済産業省の社会人基礎力やハイパー・メリトクラシー社会の議論がここに通じてくると考えられた(第6章の「学校が青年を大人につなぎ直す努力」参照)。職業世界の雇用システムや働き方の変容も加わって、学校では、できるだけ良い高校・大学へ進学するための進路指導、就職斡旋としての就職支援から、青年の主体的な職業選択や人生形成に導くようなキャリア教育・キャリア形成支援へと取り組みをシフトせざるをえなくなった（第6章の「進路指導からキャリア教育へ」参照）。

以上のような取り組みは、学校が、一九八〇年代までのインサイドアウトから就職時のアウトサイドインへの転換をもとにした青年の青年期の過ごし方・就職の仕方を改めさせ、彼らの青年期の過ごし方から就職の仕方、人生形成に至るまでインサイドアウトで貫徹するように促すものと理解された。それは、インサイドアウトの力学に基づく自己形成課題を課している状況であった。しかし、インサイドアウトは終点を青年にゆだねる危険性を内包する力学であったから、その欠点は、青年に社会の現実、求められていること（期待される環境）を理解させる取り組みを加えて補完された（第6章の「学校が青年を大人につなぎ直す努力」参照）。

また、青年に課すインサイドアウトの力学に基づく自己形成が、みずからが役割モデルになれない学校関係者（教師やキャリア教育の専門家など）によってなされていることの意味が考察された（第6章の「みずから役割モデルになれない学校関係者が青年を教育・指導することの意味」参照）。学校関係者の教育・指導は、青年の自己形成に直接的に有用でなく、青年はその教育・指導をもとにして、役割モデルをみずからの力で見出していかなければならない。しかも、それを頭の中だけでなく、日常生活につなげて実行していかなければならない。自己形成のポイントは、学校関係者にとっての不可侵領域である青年のさまざまな内なる次元に置かれており、その意味で、自己形成力の弱い青年はいつまで経っても自己形成が進まないと考えられた。

最後に、一週間の過ごし方を指標にして見出された四つの大学生タイプから、彼らの青年期の過ごし方を検討した（第7章参照）。その結果、日々を充実させながらも、他方で自分が成長していると実感しているタイプ3は、一九九〇年代後半以降の現代青年に課せられている自己形成課題に積極的に取り組んでいる学生タイプであると考えられた。彼らは、これまでの大学生論では言及されてこなかった「よく学び、よく遊ぶ」学生タイプでもあった。またタイプ4は、大学生活は充実しているけれども、タイプ3と比べれば自己形成の活動が弱い学生タイプであった。どちらかと言えば、八〇年代のモラトリアムとしての青年期を楽しむ学生群に近いイメージだと考えられた。そのほか、不適応の特徴を示したタイプ1・タイプ2を含めて、学生タイプを「成長型（タイプ3）」「適応型（タイプ4）」「不適応型（タイプ1・タイプ2）」と分類して理解された。

引用文献

＊読者のために、洋書で翻訳書が刊行されている場合にはそれをあわせて記載している。ただし、筆者は洋書を引用するときには原則として原典を参照するようにしているので、翻訳書がテクストとしたものが、下記の引用文献と合致するとは必ずしも限らない。その点に注意願いたい。

Allport, G. W. (1937) *Personality: A psychological interpretation.* London: Constable.（詫摩武俊・青木孝悦・近藤由紀子・堀正訳『パーソナリティ――心理学的解釈』新曜社、一九八二）

天野郁夫（一九九三）『旧制専門学校論』玉川大学出版部

安藤堯雄（一九五八）「中学校学習指導要領の改訂と進路指導の意義」『職業指導』三一（一二）、五―八頁

青木誠四郎（一九四八）『改訂青年心理学』朝倉書店（初版一九三八）

Ariès, P. (1960) *L'enfant et la vie familiale sous l'ancien régime.* Paris: Plon.（杉山光信・杉山恵美子訳『〈子供〉の誕生――アンシァン・レジーム期の子供と家庭生活』みすず書房、一九八〇）

アリストテレス（一九九二）『弁論術』（戸塚七郎訳）岩波文庫

アリストテレス（一九九八）『動物誌　上・下』（島崎三郎訳）岩波文庫

Baumeister, R. F. (1986) *Identity: Cultural change and the struggle for self.* New York: Oxford University Press.

Baumeister, R. F., & Tice, D. M. (1986) How adolescence became the struggle for self: A historical transformation of psychological development. In J. Suls, & A. G. Greenwald (Eds.), *Psychological perspectives on the self.* (Vol. 3). Hillsdale, New Jersey: Lawrence Erlbaum Associates. Pp. 183–201.

Ben-Amos, I. K. (1994) *Adolescence and youth in early modern England*. New Haven: Yale University Press.

Berger, P. L., & Berger, B. (1972) *Sociology: A biographical approach*. New York: Basic Books.（安江孝司・鎌田彰仁・樋口祐子訳『バーガー社会学』学習研究社、一九七九）

Blos, P. (1967) The second individuation process of adolescence. *The Psychoanalytic Study of the Child*, **22**, 162–186.

Bühler, C. (1967) *Das Seelenleben des Jugendlichen: Versuch einer Analyse und Theorie der psychischen Pubertät*. Stuttgart-Hohenheim: Gustav Fischer Verlag. (Original work published in 1922)（原田茂訳『青年の精神生活』協同出版、一九六九）

千輪浩（監修）（一九五七）『青年心理学』誠信書房

Côté, J. E. (1996) Sociological perspectives on identity formation: The culture-identity link and identity capital. *Journal of Adolescence*, **19**, 417–428.

Cummings, W. K. (1980) *Education and equality in Japan*. Princeton, New Jersey: Princeton University Press.（友田泰正訳『ニッポンの学校――観察してわかったその優秀性』サイマル出版会、一九八一）

Cummings, W. K., Beauchamp, E. R., Ichikawa, S., Kobayashi, V. N., & Ushiogi, M. (Eds.) (1986) *Educational policies in crisis: Japanese and American perspectives*. New York: Praeger.

Davis, N. Z.(1971) The reason of misrule: Youth groups and Charivaris in sixteenth century France. *Past and Present*, **50**, 41-75.

Debesse, M. (1946) *L'adolescence*. Paris: Presses Universitaires de France.（吉倉範光訳『青年期（改訳）』白水社、一九六九）

Denney, R. (1963) American youth today: A bigger cast, a wider screen. In E. H. Erikson (Ed.), *Youth: Change and challenge*. New York: Basic Books. Pp. 131–151.（栗原彬監訳『青年の挑戦』北望社、一九七一）

Dennis, W. (1946) The adolescent. In L. Carmichael (Ed.), *Manual of child psychology*. New York: John Wiley & Sons. Pp.

636–666.
江川亮（一九八八）「今日の勤労青年——その職業観と勤労観」宮川知彰（編）『青年の心理と教育』放送大学教育振興会、一三〇—一五〇頁
Erikson, E. H. (1959) *Identity and the life cycle*. New York: W. W. Norton.（小此木啓吾訳編『自我同一性——アイデンティティとライフ・サイクル』誠信書房、一九七三）
Erikson, E. H. (1963) *Childhood and society*. (2nd ed.). New York: W. W. Norton. (Original work published in 1950)（仁科弥生訳『幼児期と社会Ⅰ・Ⅱ』みすず書房、一九七七／一九八〇）
Erikson, E. H. (1963) Editor's preface. In E. H. Erikson (Ed.), *Youth: Change and challenge*. New York: Basic Books. Pp. vii–xiv.（栗原彬監訳『青年の挑戦』北望社、一九七一）
藤井泰（二〇〇一）「近代イギリスのエリート教育システム——パブリック・スクールからオックスブリッジへの学歴経路」橋本伸也・藤井泰・渡辺和行・進藤修一・安原義仁『エリート教育』（近代ヨーロッパの探究4）ミネルヴァ書房、二三—六七頁
藤井泰・山田浩之（編）（二〇〇五）『地方都市における学生文化の形成過程——愛媛県松山市の事例を中心にして』松山大学地域研究センター叢書 第3巻
深谷昌志（一九九六）『子どもの生活史——明治から平成』黎明書房
福田アジオ（二〇〇〇）「若者組」福田アジオ・新谷尚紀・湯川洋司・神田より子・中込睦子・渡邊欣雄（編）『日本民俗大辞典 下』吉川弘文館、八二五—八二六頁
Gillis, J. R. (1974) *Youth and history: Tradition and change in European age relations, 1770-present*. New York: Academic Press.（北本正章訳『〈若者〉の社会史——ヨーロッパにおける家族と年齢集団の変貌』新曜社、一九八五）
Grotevant, H. D. (1998) Adolescent development in family contexts. In N. Eisenberg (Ed.), *Social, emotional and personality development*. (5th ed.). New York: John Wiley & Sons. Pp. 1097–1149.

Hall, G. S. (1904) *Adolescence: Its psychology and its relations to physiology, anthropology, sociology, sex, crime, religion and education*. (Vol. I & II). New York: D. Appleton.

浜口恵俊（一九八二）『間人主義の社会日本』東洋経済新報社

花岡重行（一九五七）「進路状況の考察と学校職業指導」『信州大学教育学部研究論集（人文・社会・自然科学）』八、一七―三六頁

秦政春（一九七八）「高校教育の大衆化と教育機会の構造――高等学校格差との関連を中心に」『福岡教育大学紀要』二八（第四分冊）、二一―三四頁

平石賢二（二〇〇七）『青年期の親子間コミュニケーション』ナカニシヤ出版

平野秀秋・中野収（一九七五）『コピー体験の文化――孤独な群衆の後裔』時事通信社

Hollingworth, L. S.(1928) *The psychology of the adolescent*. New York: D. Appleton.

本田由紀（二〇〇五）『多元化する「能力」と日本社会――ハイパー・メリトクラシー化のなかで』ＮＴＴ出版

細江達郎（一九七四）「大学新入学生の『非適応』に関する社会心理学的接近――青年期全体の適応体制と大学生の準拠構造をめぐって」『東北大学学生相談所紀要』一、三―八頁

朴澤泰男（二〇〇七）「地域における大学進学機会――高校生の進路希望に及ぼす影響」東京大学大学院教育学研究科大学経営・政策研究センターワーキングペーパー

(http://daikei.p.u-tokyo.ac.jp/index.php?plugin=attach&refer=Publications&openfile=crump_wp_no22.pdf)

飯吉弘子（二〇〇八）『戦後日本産業界の大学教育要求――経済団体の教育言説と現代の教養論』東信堂

井上健治・柏木恵子・古沢頼雄（編）（一九七五）『青年心理学――現代に生きる青年像』有斐閣大学双書

乾彰夫（一九九〇）『日本の教育と企業社会――一元的能力主義と現代の教育＝社会構造』大月書店

石谷清幹（一九六六）「大学における大量留年問題の現状――大阪大学の場合」『自然』（中央公論社）、二一（一〇）、九二―一〇三頁

伊藤裕子（一九九五）「女子青年の職歴選択と父母の養育態度――親への評価を媒介として」『青年心理学研究』七、一五―二九頁
岩田弘三・北條英勝・浜島幸司（二〇〇一）「生活時間調査からみた大学生の生活と意識――3大学調査から」『大学教育研究（神戸大学大学教育研究センター）』九、一―二九頁
岩田考（二〇〇六）「多元化する自己のコミュニケーション――動物化とコミュニケーション・サバイバル」岩田考・羽渕一代・菊池裕生・苫米地伸（編）『若者たちのコミュニケーション・サバイバル――親密さのゆくえ』恒星社厚生閣、三―一六頁
Jones, G., & Wallace, C. (1992) *Youth, family, and citizenship*. Buckingham, Philadelphia: Open University Press.（宮本みち子監訳・鈴木宏訳『若者はなぜ大人になれないのか――家族・国家・シティズンシップ』新評論、一九九六／第二版二〇〇二）
梶田叡一（一九八九）『内面性の人間教育を――真の自立を育む』金子書房
梶田叡一（一九九八）『意識としての自己――自己意識研究序説』金子書房
梶田叡一（二〇〇八）『自己を生きるという意識――〈我の世界〉と実存的自己意識』金子書房
苅谷剛彦（一九九五）『大衆教育社会のゆくえ――学歴主義と平等神話の戦後史』中公新書
笠原嘉（一九七七）『青年期――精神病理学から』中公新書
片瀬一男（一九九三）「発達理論のなかの青年像――エリクソンとコールバーグの理論を中心に」小谷敏（編）『若者論を読む』世界思想社、二九―五三頁
加藤厚（一九八九）「大学生における同一性次元の発達に関する縦断的研究」『心理学研究』六〇、一八四―一八七頁
桂広介（編著）（一九七七）『青年期――意識と行動』金子書房
川﨑友嗣（二〇〇五）「変わる私立大学・『就職支援』から『キャリア形成支援』へ」『ＩＤＥ（現代の高等教育）』四六七、四五―四九頁

Keniston, K. (1968) *Young radicals: Notes on committed youth.* New York: Harcourt, Brace & World.（庄司興吉・庄司洋子訳『ヤング・ラディカルズ――青年と歴史』みすず書房、一九七三）
Kerpelman, J. L., Pittman, J. F., & Lamke, L. K. (1997) Toward a microprocess perspective on adolescent identity development: An identity control theory approach. *Journal of Adolescent Research*, **12(3)**, 325–346.
城戸秀之（一九九三）「消費記号論とは何だったのか」小谷敏（編）『若者論を読む』世界思想社、八六―一〇九頁
吉川徹（二〇〇一）『学歴社会のローカル・トラック――地方からの大学進学』世界思想社
菊池城司（一九七五）「教育水準と教育機会」市川昭午（編）『戦後日本の教育政策――国民にとって教育とは何であったか』第一法規出版、二三九―二九七頁
北村三子（一九八八）「青年の歴史と近代――アメリカにおける青年史研究の動向から」宮澤康人（編）『社会史のなかの子ども――アリエス以後の〈家族と学校の近代〉』新曜社、二七七―三二七頁
北村三子（一九九八）『青年と近代――青年と青年をめぐる言説の系譜学』世織書房
北村晴朗（一九六五）『適応の心理』誠信書房
国立教育研究所（編）（一九七四）『学校教育（3）』（日本近代教育百年史5）教育研究振興会
小杉礼子・堀有喜衣（二〇〇二）「若者の労働市場の変化とフリーター」小杉礼子（編）『自由の代償／フリーター――現代若者の就業意識と行動』日本労働研究機構、一五―三五頁
小竹正美・山口政志・吉田辰雄（一九八八）『進路指導の理論と実践』日本文化科学社
小谷敏（一九九三）「消費社会の到来と『総ノリ』現象――八十年代の社会と若者像（1）」小谷敏（編）『若者論を読む』世界思想社、八二―八五頁
久冨善之（一九九三）『競争の教育――なぜ受験競争はかくも激化するのか』労働旬報社
久冨善之（二〇〇八）「再考・戦後教育史――いくつかの意味変化を考える」『人間と教育』六〇、二九―三六頁
栗原彬（一九八一）『やさしさのゆくえ＝現代青年論』筑摩書房

久世敏雄（一九八〇）「青年期とはなにか」久世敏雄・加藤隆勝・五味義夫・江見佳俊・鈴木康平・斎藤耕二『青年心理学入門』有斐閣新書、一—二七頁

久世敏雄（二〇〇〇）「青年心理学のはじまり——ホール」久世敏雄・齋藤耕二（監修）『青年心理学事典』福村出版、六—七頁

Laslett, P. (1977) *Family life and illicit love in earlier generations: Essays in historical sociology*. Cambridge: Cambridge University Press.

Lewin, K. (1939) Field theory and experiment in social psychology: Concepts and methods. *The American Journal of Sociology*, **44**, 868–896.

増田幸一（一九三二）「思想的動向考察の試み」『心理学研究』七、八八三—八八八頁

松本純（二〇〇五）「イギリスにおける実業教育振興の萌芽と市民大学設立運動」『松山大学論集』一六（六）、四一—六九頁

松島公望・橋本広信（編）（二〇〇九）『ようこそ！　青年心理学——若者たちは何処から来て何処へ行くのか』ナカニシヤ出版

松下佳代（二〇〇七）「コンピテンス概念の大学カリキュラムへのインパクトとその問題点——Tuning Project の批判的検討」『京都大学高等教育研究』一三、一〇一—一一九頁

三浦雅士（一九九五）「若者の喪失——『青春』『青年』という概念の起源とは」『１９４５-１９９５若者の顔』（別冊太陽九〇）平凡社、一二四—一二六頁

宮川知彰（編）（一九八八）『青年の心理と教育』放送大学教育振興会

宮川知彰（一九九二）「青年期とは——『青年』の誕生」久世敏雄（編）『青年の心理と教育』放送大学教育振興会、九—一八頁

宮川知彰・寺田晃（編）（一九七八）『青年心理学』福村出版

宮原誠一（一九六六）『青年期の教育』岩波新書
宮本みち子（二〇〇二）『若者が〈社会的弱者〉に転落する』洋泉社
宮本みち子（二〇〇四）『ポスト青年期と親子戦略――大人になる意味と形の変容』勁草書房
宮下一博・杉村和美（二〇〇八）『大学生の自己分析――いまだ見えぬアイデンティティに突然気づくために』ナカニシヤ出版
宮澤康人（一九九八）『大人と子供の関係史序説――教育学と歴史的方法』柏書房
溝上慎一（二〇〇六）『大学生の学び・入門――大学での勉強は役に立つ！』有斐閣アルマ
溝上慎一（二〇〇八）『自己形成の心理学――他者の森をかけ抜けて自己になる』世界思想社
溝上慎一（二〇〇九）「『大学生活の過ごし方』から見た学生の学びと成長の検討――正課・正課外のバランスのとれた活動が高い成長を示す」『京都大学高等教育研究』一五、一〇七―一一八頁
溝上慎一（二〇一〇）「現代社会における大学生の学びとアイデンティティ形成」佐伯胖（監修）・渡部信一（編）『「学び」の認知科学事典』大修館書店、二二三―二三八頁
文部省（編）（一九九二）『学制百二十年史』ぎょうせい
森口兼二（一九六〇）「進学機会の規定諸因子に関する一研究」『京都大学教育学部紀要』六、一二八―一四九頁
Munley, P. H. (1975) Erik Erikson's theory of psychosocial development and vocational behavior. *Journal of Counseling Psychology*, **22(4)**, 314–319.
Munley, P. H. (1977) Erikson's theory of psychosocial development and career development. *Journal of Vocational Behavior*, **10**, 261–269.
Musgrove, F. (1964) *Youth and the social order*. New York: The Humanities Press.
中島史明（二〇〇二）「１９９０年代における高校の職業紹介機能の変容――初回就職形態に見る高校から職業への移行の多様化」小杉礼子（編）『自由の代償／フリーター――現代若者の就業意識と行動』日本労働研究機構、一〇一

――一一八頁
中野光（一九九四）『戦後の子ども史（新訂版）』金子書房
夏目達也（二〇〇六）「大学における学生の就職支援――就職指導からキャリア形成支援へ」『都市問題研究』五八（五）、二六―三八頁
NHK世論調査部（編）（一九八六）『日本の若者――その意識と行動』日本放送出版協会
日本私立大学連盟（一九九二）『キャンパスライフこの20年――学生生活実態調査』開成出版
日本私立大学連盟学生部会（一九九七）『学生生活白書――新しい大学のあり方を求めて』開成出版
日本私立大学連盟学生部会（二〇〇〇）『学生生活白書：ユニバーサル化時代の私立大学――そのクライアントの期待と要望』開成出版
西平直喜（一九六四a）「青年の心理学的特性の形成機構――方法論的視点から」『心理学評論』八、一〇二―一一一頁
西平直喜（一九六四b）『青年分析――人間形成の青年心理学』大日本図書
西平直喜（一九七三）『青年心理学』共立出版
西平直喜（一九九〇）『成人になること――生育史心理学から』東京大学出版会
野村耕一（一九九二）「プロフェッションとしてのプロイセン官僚制の成立（I）」『政治経済史学』三一五、一―一二頁
野村正實（一九九四）『終身雇用』岩波書店
落合恵美子（二〇〇四）『21世紀家族へ――家族の戦後体制の見かた・超えかた（第3版）』ゆうひかく選書（初版一九九四）
小川太郎（一九六四）『日本の子ども（増補）』新評論（初版一九六〇）
岡本重雄・津留宏（一九五七）『青年期心理学』朝倉書店
岡本祐子（一九九四）「現代女性をとりまく状況」岡本祐子・松下美知子（編）『女性のためのライフサイクル心理学』

福村出版、一二―二一頁
小此木啓吾（一九七八）『モラトリアム人間の時代』中央公論社
大久保智生（二〇一〇）『青年の学校適応に関する研究――関係論的アプローチによる検討』ナカニシヤ出版
大久保智生・加藤弘通（二〇〇五）「青年期における個人―環境の適合の良さ仮説の検証――学校環境における心理的欲求と適応感との関連」『教育心理学研究』五三、三六八―三八〇頁
大久保幸夫（編著）（二〇〇二）『新卒無、業。――なぜ、彼らは就職しないのか』東洋経済新報社
大野久（編）（二〇一〇）『エピソードでつかむ青年心理学』ミネルヴァ書房
Ries, A., & Trout, J. (1981) *Positioning: The battle for your mind*. New York: McGraw-Hill.
Rothblatt, S. (1988) The idea of general education. National Society for the Study of Education, 87th Yearbook, Part II, pp. 9–28.
Rubinstein, W. D. (1993) *Capitalism, culture, and decline in Britain, 1750-1990*. London: Routledge.（藤井泰・平田雅博・村田邦夫・千石好郎訳『衰退しない大英帝国――その経済・文化・教育１７５０―１９９０』晃洋書房、一九九七）
坂本昭（一九八九）「『進路指導』の在り方（２）――『自己概念』からの接近」『福岡大学人文論叢』二一（一）、四八一―五〇二頁
沢田慶輔・木川達爾・神保信一（編）（一九六七）『中・高校生の心理と教育』第一法規
Schwartz, S. J., Côté, J. E., & Arnett, J. J. (2005) Identity and agency in emerging adulthood: Two developmental routes in the individualization process. *Youth & Society*, **37(2)**, 201–229.
関峋一（一九八三）「大衆化時代の大学生――エリートから多様化へ」関峋一・返田健（編）『大学生の心理――自立とモラトリアムの間にゆれる』有斐閣選書、一―二二頁
関峋一・返田健（編）（一九八三）『大学生の心理――自立とモラトリアムの間にゆれる』有斐閣選書
仙﨑武・野々村新・渡辺三枝子（編）（一九九一）『進路指導論』福村出版

柴野昌山（一九九〇）『現代の青少年――自立とネットワークの技法』学文社
清水義弘（一九七七）『現代教育の課題――高校改革と大学改革』東京大学出版会
下山晴彦（一九八三ａ）「高校生の人格発達状況と進路決定との関連性についての一研究」『教育心理学研究』三一（二）、一五七―一六二頁
下山晴彦（一九八三ｂ）「高校生の人格発達と進路決定――テストバッテリーを用いての縦断的事例研究」『東京大学教育学部紀要』二二、二一一―二二二頁
下山晴彦（一九八六）「大学生の職業未決定の研究」『教育心理学研究』三四、二〇―三〇頁
下山晴彦（一九九二）「大学生のモラトリアムの下位分類の研究――アイデンティティの発達との関連で」『教育心理学研究』四〇、一二一―一二九頁
下山晴彦（一九九七）『臨床心理学研究の理論と実際――スチューデント・アパシー研究を例として』東京大学出版会
潮田武彦（編）（一九六七）『職業指導の心理学』川島書店
Spranger, E. (1924) *Psychologie des Jugendalters*. Heidelberg: Quelle & Meyer Verlag.（土井竹治訳『青年の心理』五月書房、一九七三）
杉村和美（二〇〇一）「関係性の観点から見た女子青年のアイデンティティ探求――2年間の変化とその要因」『発達心理学研究』一二（二）、八七―九八頁
杉村和美（二〇〇八）「大学生の時期にやっておくべきこと――アイデンティティ形成の契機」宮下一博・杉村和美『大学生の自己分析――いまだ見えぬアイデンティティに突然気づくために』ナカニシヤ出版、四九―七九頁
鈴木淳（二〇〇六）「日本の産業革命はいつか」『日本歴史』（日本歴史学会）七〇〇、一一五―一三三頁
高木秀明（一九九九）『高校生の心理（2）――深まる自己』大日本図書
高田昭彦（一九八九）「現代青年の政治意識――アイデンティティ概念の現代的再規定」H・カスタニエダ・長島正（編）『ライフサイクルと人間の意識』金子書房、一六三―一八〇頁

武内清（二〇〇三）「授業と学生」武内清（編）『キャンパスライフの今』玉川大学出版部、一六―二九頁

武内清・浜島幸司・大島真夫（二〇〇五）「現代大学生の素顔――『12大学・学生調査』から」武内清（編）『大学とキャンパスライフ』上智大学出版、二九三―三一五頁

竹内真一（一九九九）『失業時代を生きる若者――転機にたつ学校と仕事』大月書店

竹内洋（一九九三）「メリトクラシー」森岡清美・塩原勉・本間康平（編集代表）『新社会学辞典』有斐閣、一四一八頁

竹内洋（一九九五）『日本のメリトクラシー――構造と心性』東京大学出版会

竹内洋（一九九七）『立身出世主義――近代日本のロマンと欲望』ＮＨＫ出版

田村鍾次郎（一九九五）「今後の高等学校教育への期待」日本進路指導協会『高校教育改革と進路指導』日本進路指導協会、七一―八五頁

田中毎実（二〇〇三）「大学教育学とは何か」京都大学高等教育研究開発推進センター（編）『大学教育学』培風館、一―二〇頁

谷田薫（二〇〇一）「カレッジコミュニティ調査の20年」『総研ジャーナル』（関西学院大学総合教育研究室）七九、一―一二頁

谷田薫（二〇〇八）「進学・在学理由の5類型と能力習得評定・学生生活充実度との関連」京都大学高等教育研究開発推進センター・（財）電通育英会共催『大学生のキャリア意識調査２００７』調査レポート
(http://www.dentsu-ikueikai.or.jp/files/research/topics/manuscript.pdf)

谷川稔（二〇〇六）「社会共和国の夢から産業帝政へ」谷川稔・渡辺和行（編）『近代フランスの歴史――国民国家形成の彼方に』ミネルヴァ書房、一一九―一四二頁

田崎仁（一九五六）「進路指導のための調査と技術」『教育技術』一〇（一二）、三〇―三三頁

Tiedeman, D. V., & O'hara, R. (1963) *Career development: Choice and adjustment.* New York: College Entrance Examination Board.

豊嶋秋彦・芳野晴男・清俊夫・細川徹（一九八五）「大学新入生における人格適応の変遷と大学教育・学生相談の課題――社会心理学的接近」『弘前大学保健管理研究』七、一一―二五頁
Trow, M. (1974) Problems in the transition elite to mass higher education. In *Policies for higher education: General report.* Paris: Organisation for Economic Co-operation and Development. Pp. 51–101.（天野郁夫・喜多村和之訳『高学歴社会の大学――エリートからマスへ』東京大学出版会、一九七六）
土川隆史（一九八一）「スチューデント・アパシー」笠原嘉・山田和夫（編）『キャンパスの症状群――現代学生の不安と葛藤』弘文堂、一四三―一六六頁
土川隆史（一九九〇）「スチューデント・アパシーの輪郭」土川隆史（編）『スチューデント・アパシー』同朋舎出版、一―六五頁
津留宏（一九六三）「成人特性の発達――青年期の終期測定の研究Ⅰ」『教育心理学研究』一一（四）、一九三―二〇二頁
津留宏（一九六四）「成人特性の発達――青年期の終期測定の研究Ⅱ」『教育心理学研究』一二（四）、一九三―二〇一頁
津留宏（一九六五）『高校生の生活と心理』大日本図書
津留宏（一九六八）「成人度の発達とその規定因」依田新（編）『現代青年の人格形成』金子書房、八六―一一八頁
都筑学（一九九九）「青年はどこから来て、どこへ行くのか――現代社会における青年の発達的特徴」心理科学研究会（編）『新かたりあう青年心理学』青木書店、一一―二九頁
牛島義友（一九四〇）『青年の心理』巌松堂
牛島義友（一九五四）『牛島青年心理学――日本の青年における自我意識と社会意識の研究』光文社
潮木守一・高沼秀正・竹内通夫（一九七一）「愛知県における高校不進学者の社会的背景――第一報告」『名古屋大学教育学部紀要』（教育学科）、一八、六七―八一頁
Vogel, E. F. (1979) *Japan as number one: Lessons for America.* Cambridge, Massachusetts: Harvard University Press.（広中和歌子・木本彰子訳『ジャパン・アズ・ナンバーワン――アメリカへの教訓』TBSブリタニカ、一九七九）

Wall, R. (1978) The age at leaving home. *Journal of Family History*, **3**, 181–202.
渡辺和行（二〇〇一）「近代フランス中等教育におけるエリートの養成――リセについて」橋本伸也・藤井泰・渡辺和行・進藤修一・安原義仁『エリート教育』（近代ヨーロッパの探究4）ミネルヴァ書房、七〇―一〇九頁
谷内篤博（二〇〇五）『大学生の職業意識とキャリア教育』勁草書房
八幡晃暢（一九六五）「中学校卒業後の進路に関する意識の調査研究」『福井県教育研究所研究紀要』四八、八一―一〇〇頁
山田剛史（二〇〇四）「現代大学生における自己形成とアイデンティティ――日常的活動とその文脈の観点から」『教育心理学研究』五二（四）、四〇二―四一三頁
谷茂岡万知子（二〇〇〇）「大学卒業者のキャリア形成に関する一考察――社会教育研究における『青年』概念の再検討に向けて」『生涯学習・社会教育学研究』（東京大学大学院教育学研究科）二五、四一―四八頁
保江正義（一九六七）「能力主義と資格主義の教育――職業指導の立場から（その一）」『岡山大学教育学部研究集録』二四、二五―三四頁
安原義仁（二〇〇一）「近代オックスフォード大学の教育と文化――装置とエートス」橋本伸也・藤井泰・渡辺和行・進藤修一・安原義仁『エリート教育』（近代ヨーロッパの探究4）ミネルヴァ書房、二〇一―二四〇頁
吉田辰雄（二〇〇五）『キャリア教育論――進路指導からキャリア教育へ』文憲堂
Young, M. (1958) *The rise of the meritocracy, 1870-2033: An essay on education and equality*. London: Thames and Hudson.（伊藤慎一訳『メリトクラシーの法則――２０３３年の遺稿』至誠堂新書、一九六五）

あとがき

本書は、大きくまとめると、日本の青年期がそれまでのアウトサイドイン（外的適応・内的適応）からインサイドアウト、さらには自己形成へと変化していることを大きな主張点とするものである。資料が限られているので、すべての時代、すべての青年の種類（勤労青年や中学生・高校生など）について、アウトサイドイン（外的適応・内的適応）、インサイドアウト、自己形成を用いて説明できたわけではないが、最低限の流れは説明できたのではないかと思う。

筆者は職場の関係から、大学教育における学生の学びと成長を実践的な課題としてもっていて、したがって、学生が大学ないしは広く学校教育を人生の中でどのようにとらえ、どのように活動し、どのように成長したり不適応に陥ったりしているかに関心をもってきた。これらを実践的に進めるために、いつも立ち戻る理論的な視座の一つとして、筆者は「現代青年期」を確立したいと考えてきた。現代青年期へと至る過程で説明に要した歴史的な出来事や統計、それらを説明する考え方や概念・理論自体は、それらの分野を熟知する読者にとっては何ら目新しいものではないだろう。しかし本書の意義は、現代青年期を特徴づけるためにそれらを歴史的に位置づけたことにある。そして、位置づけた結果みえてきたものとして、「インサイドアウト」「自己形成」という現代青年期の特徴を提示したことにある。もっとも、これらの特徴づけが、実際の大学教育の改善や発展にどのような示唆を与えるのか、それは本書の範囲を超えるものであり、次の著作での作業だと考えている。

本書は『現代大学生論――ユニバーシティ・ブルーの風に揺れる』（NHKブックス、二〇〇四）を、筆者の基本的視座である青年期、ないしは青年心理学の観点を強調して、書き直したものである。同じ出版社から改訂版として出すことも一案として考えたが、あれはあれで一著作にして残しておく意味があるかと考え、本書は青年期の観点からゆるやかに大学生を位置づけた論として別書とした。

恥ずかしい話だが、『現代大学生論』を執筆していた二〇〇三年頃は、大学生論と青年期論の区別が筆者の中で明確になされておらず、どっちつかずの説明になっている箇所が多かったと、反省がつきない。根拠となる資料の引用も、青年期論ならば青年期に関連した指標で資料を一貫させなければならないのに、この区別の無自覚さゆえに、消費文化や若者文化からの資料で説明をしてしまっている。本書ではこうした点が、特に意識された大きな改善点である。また、アウトサイドインからインサイドアウトへの力学の転換についても、『現代大学生論』は何ともおおざっぱな印象的議論であり、恥ずかしい限りである。これらの問題は出版される頃にはやばやとわかっていたことだが、さりとて、それを脱却するために何を根拠資料とすればいいか、どのように論を組み立てればいいか、それらを考える作業は難航し、結局本書を仕上げるのに六年を要してしまった。

最後に、本書の断りと関係者への御礼を述べて筆を置きたい。

本書は、大学生を主たる青年の対象として、それをゆるやかに勤労青年、中学生・高校生へと広げて、心理学の立場から、日本の青年期を歴史的に論じたものである。勤労青年、あるいは中学生・高校生を主たる対象として、あるいは社会学や歴史学などの別の専門分野の立場から青年期を論じるならば、主要な部分が重なることはあっても、全体的には違った論になることだろう。青年期の誕生期・創始期の説明についても、それ自体がテーマであるならば、本書での説明はあまりに表面的なものであるに違いない。しかし、その説明の仕方も、すべては現代日本の大学生を主たる対象とした青年期論に位置づけられての結果である。青年期を教育の近代化とメリトクラシー社会の成立を基軸に説明し直したことも、すべては現代の青年期を説明するためである。メリトクラシーなる用語は、青年期の誕生を論じたギリスの『〈若者〉の社会史』でも、まったく関係のないところで一瞬用いられたにすぎず、その他の青年期誕生の論においてはみかけたことさえない。このキーワードで青年期を語る青年心理学者は、いないと言っても過言ではないほど少ない。そのうえで教育の近代化とメリトクラシー社会を青年期論のキーワードとしたのは、現代日本の青年期を論じるためであり、その特徴を歴史的に相対化するためである。以上のような筆者の立場や本書の焦点については再三述べてきたが、重要な点なので再度記しておく。

本書で、翻訳書が出ている洋書の引用には、翻訳書の訳を参考にさせていただいている。先人の大変な苦労とその恩恵にあずかって本書が仕上がっていることを自覚して、厚く感謝を申し上げたい。本書の史的事実を説明するのに参考とした教育史や社会史、比較教育学などの論著は、門外漢の私には難しいところもあり、読解の誤りがあって当然である。それらは先輩諸氏にお叱りを受けながら修正していくこととしたいので、忌憚のないご意見や示唆を与えてくだされば幸いである。

また、「自己形成」というキーワードで説明される筆者の現代青年期論において、そもそも自己形成とはどのような心理的現象なのか、と気になる読者はいると思う。それは、自己形成とアイデンティティ形成との差異も含めて、前著『自己形成の心理学――他者の森をかけ抜けて自己になる』（世界思想社、二〇〇八）で論じている。あわせて読んでもらえれば幸いである。

関西学院大学の谷田薫氏には、関西学院大学総合教育研究室で三〇年以上にわたって収集してきたデータの一部を拝借し、第6章の図6-8に使用させていただいた。忙しい時期に、古いデータの変換ミスなども見直してデータを提供してくださった氏に御礼を申し上げたい。また、大阪教育大学教授の白井利明氏には、特に青年期誕生論に関して有益な助言をいただいた。氏は日本の青年期誕生に言及する数少ない青年心理学者の一人で、本書を執筆するうえでも氏の論著や考えをおおいに参考にさせていただいた。御礼を申し上げたい。

また、財団法人電通育英会の松本宏理事長、森住昌弘専務理事、里村博行事務局長ほか、関係諸氏にも御礼を申し上げたい。本書で紹介した全国調査『大学生のキャリア意識調査』、ならびに調査活動を通して現代大学生について検討する毎年開催の『大学生研究フォーラム』は、財団法人電通育英会と京都大学高等教育研究開発推進センターとの共催事業である。この調査や議論がなければ、本書はここまでのものには仕上がらなかったと思う。厚く御礼を申し上げる。なお、『大学生のキャリア意識調査2007』の調査結果・レポート、ならびに『大学生研究フォーラム』での議論は、電通育英会のウェブサイト（http://www.dentsu-ikueikai.or.jp/）に掲載しているので、関心のある読者は読んでもらえれば幸いである。

最後に、有斐閣編集部の櫻井堂雄氏への御礼である。氏には有斐閣アルマ・シリーズでの『大学生の学び・入門——大学での勉強は役に立つ！』に引き続いてお世話になった。イギリスやドイツ・フランスの教育の近代化とメリトクラシー社会の成立を執筆しているときに、氏が進捗を聞きに研究室に立ち寄ってくださった。しかし、原稿をみて氏が「この本はいったい何の本だろう」と訝しげな顔をされたのを印象深く覚えている。筆者は「最後はちゃんと青年期論になるから、大丈夫です！」と慌てて返したものの、その後なかなか青年期論に接続・転換せず苦心したことをよく覚えている。それも今では良い思い出である。学会や大学へこまめに足を運んで本書の進捗を気にかけてくださり、筆者の議論につきあってくださった氏に心より御礼を申し上げたい。

二〇一〇年六月

溝上慎一

●アルファベット

●さ　行

●た　行

●な　行

●は　行

人名索引

●アルファベット

●な　行

●は　行

●た　行

事項索引

●著者紹介

溝上慎一（みぞかみ しんいち）

1970年1月福岡県生まれ。1996年大阪大学大学院人間科学研究科・博士前期課程修了。同年4月京都大学高等教育教授システム開発センター助手。2000年同講師。2003年京都大学高等教育研究開発推進センター助教授。現在，同准教授。京都大学博士（教育学）。

著書に，『自己の基礎理論』（単著，金子書房，1999年），『大学生の自己と生き方』（編著，ナカニシヤ出版，2001年），『大学生論』（編著，ナカニシヤ出版，2002年），『学生の学びを支援する大学教育』（編著，東信堂，2004年），『現代大学生論』（単著，NHKブックス，2004年），『心理学者，大学教育への挑戦』（共編，ナカニシヤ出版，2005年），『大学生の学び・入門』（単著，有斐閣アルマ，2006年），『対話的自己』（共訳，新曜社，2006年），『自己形成の心理学』（単著，世界思想社，2008年）など多数。

現代青年期の心理学——適応から自己形成の時代へ

The Psychology of Contemporary Adolescence: From the Age of Adjustment to Self Formation

〈有斐閣選書〉

2010年10月5日　初版第1刷発行

著　者　溝上慎一

発行者　江草貞治

発行所　株式会社 有斐閣

郵便番号 101-0051

東京都千代田区神田神保町 2-17

電話 (03)3264-1315〔編集〕

(03)3265-6811〔営業〕

http://www.yuhikaku.co.jp/

印刷・株式会社暁印刷／製本・大口製本印刷株式会社

ISBN 978-4-641-28120-2